LOCUS

LOCUS

L O C U S

LOCUS

from

vision

from 90 快不能解決的事
The Slow Fix: Solve Problems, Work Smarter, and Live Better in a World Addicted to Speed
作者：Carl Honoré
譯者：謝樹寬
責任編輯：潘乃慧
美術編輯：蔡南昇
校對：呂佳眞
法律顧問：全理法律事務所董安丹律師
出版者：大塊文化出版股份有限公司
台北市 105 南京東路四段 25 號 11 樓
www.locuspublishing.com
讀者服務專線：**0800-006689**
TEL：(02) 87123898　FAX：(02) 87123897
郵撥帳號：18955675　　戶名：大塊文化出版股份有限公司

總經銷：大和書報圖書股份有限公司
地址：新北市新莊區五工五路 2 號
TEL：(02) 8990-2588（代表號）　FAX：(02) 2290-1658
製版：瑞豐實業股份有限公司
初版一刷：2013 年 5 月

定價：新台幣 350 元
Printed in Taiwan

The Slow Fix

Solve Problems, Work Smarter, and Live Better in a World Addicted to Speed

快不能解決的事

Carl Honoré 著

謝樹寬 譯

目錄

用製造出問題的相同思維無法解決問題，
我們得學會用嶄新的方式看待世界。

——愛因斯坦（Albert Einstein）

導言 啓動警示燈

沒有耐心的人們是多麼可憐！
哪個創傷不是漸漸才治好的？

——莎士比亞（William Shakespeare）

在倫敦南區一家忙碌的診所裡，一場熟悉的儀式即將在一間狹小無窗的房間展開。讓我們姑且稱它爲「背痛者與專家的約會」。

你也許見識過這個場景：白色的牆壁上除了一張人體解剖圖和幾個髒指痕外，一無所有。光線從頭頂的燈泡照下。空氣中散發著淡淡的消毒水味。診療台旁的小推車上，針灸用的針一字排開，有如中世紀的刑具。

今天，我就是那個要消除背痛的人。臉部朝下躺在診療台上，從墊著衛生紙的泡棉環枕中間，我可以看到地板上晃動的白袍身影。他是針灸師吳大夫。雖然已屆退休年齡，他的行動仍如蹬羚般敏捷優雅。對候診室裡行動蹣跚的病患而言，他是傳統中醫界的看板偶像。

吳大夫沿著我的脊椎扎滿了一排小小的針。每一次把針扎入皮膚，他都會發出含糊的讚嘆聲。每一回我的感覺都一樣：先是灼熱的刺痛，隨之而來的是肌肉緊縮的奇妙舒暢感。我靜臥不動，有如維多利亞時代標本採集者刺針下的蝴蝶。

扎入最後一針之後，吳大夫關掉電燈，留我一人在昏暗的房間裡。隔著薄牆，我可以聽到他和另一位病人的對話，一個年輕女子向他述說背部的毛病。不久之後，吳大夫回來幫我拔針。我們走回櫃台時，我已變得精神抖擻。疼痛舒緩下來，我的身體也較能自在活動，不過吳大夫仍不放心。

「不可以忽略，」他說：「背部是複雜的部位，需要花時間才能痊癒，你要有耐心。」我點點頭，掏出信用卡時，目光已經轉開，因爲我知道接下來他會說什麼。「你至少還要做五次療程。」他說。

我的反應和上次一樣，事實上是每次都一樣：約好下次看診時間的同時，心裡偷偷打算取消。

兩天後，一如往常，我的背部狀況已經改善到可以取消回診，對自己節省下來的時間、金錢和沒必要的爭辯，微微感到洋洋自得。根本不需要好幾回合的針灸，不是嗎？我只需一次治療就可以搞定。

是嗎？三個月後，我又回到吳大夫的診療台上，這回疼痛竄延到我的雙腿，光是躺在床上也會痛。

現在輪到吳大夫洋洋得意了。他把針灸的針一字排開的同時，一邊告訴我缺乏耐心是良好醫療的最大敵人，甚至有點針對我而來：「像你這樣子永遠好不了。」他的語氣裡悲哀多於憤怒。「原因就在你急著想快點把背治好。」

唉唷。

他的診斷切中要害。不僅一語道破我的問題——二十年來我一直急於醫好我的背，更重要的是，我早該有自知之明。畢竟我在世界各地演說，宣揚的正是緩慢從容、放慢腳步是多麼美好，凡事不要只想盡快完成。我甚至曾在醫學會議裡讚頌緩慢。儘管我的生命因爲減速而得以轉化，我的血液裡顯然仍潛伏著匆促的病毒。吳大夫用外科手術般的精準，針砭我逃避多年不願面對的眞相：在治療背痛時，我仍一味地想要一招見效。

我的治療史讀來有如一部走馬看花的觀光行程。過去二十年來，一個接一個的物理復健師、按摩師、整骨專家和脊骨指壓師在我的背上揉捏、拍打和伸展。芳香治療師用樺樹、洋甘菊和黑胡椒精油揉在我的腰椎附近。區域反射治療師在我腳底的背部反射區按摩。我穿過矯正的背架，試過呑止痛藥和肌肉鬆弛劑，花了爲數可觀的金錢在人體工學座椅、矯正鞋墊和硬式健康床墊上面。熱石按摩、拔罐、電療按摩、冰敷熱敷、水晶療法、日本靈氣療法、超音波、瑜伽術、亞歷山大放鬆技巧、皮拉提斯——沒錯，這些我全見識過，甚至還找過一位巴西巫醫。

但是統統沒效。當然，整個過程中有些片刻的紓解，不過經過二十年令人煩擾的治療，我的背痛依舊——而且還在惡化。

也許我還沒找到適合自己的療法。畢竟有些人已經用我治療過程中的一些療法克服了背痛，甚至連那位巴西巫醫都有成功療癒的見證。顯然更有可能的是，吳大夫說對了。也就是說，我治療背痛時只想著立即見效，只求治標而不求治本，得意於暫時的舒緩，抱怨進展的遲緩或者要求太囉唆，迫不及待地換到別的療法，就如長期控制體重者快速變換飲食法。有一回，我看到有個網站在推銷「電磁療法」是背痛的萬靈丹。我最先想到的不是「該不是騙人的郎中吧？」，而是「我們倫敦這裡有沒有？」

本書不是關於背痛的回憶錄。聽別人抱怨他們的痛苦折磨是天底下最無趣的事。我對抗腰椎疼痛的失敗戰役中，唯一值得研究的是，它點明了一個遠遠更嚴重、影響到所有人的問題。就讓我們老實說吧：追求立即見效的，絕不只有在下一人而已。在生活的各個層面，從醫療衛生、人際關係到企業和政治，我們都忍不住想找出快速的解決方法（quick fix）。

尋求捷徑自古有之。兩千年前的普魯塔克（Plutarch）曾斥責江湖郎中兜售靈丹妙藥給易受騙的古羅馬公民。在十八世紀末，不孕的夫妻排著隊，希望在倫敦傳奇的「聖床」受孕。這套情欲設備包括了輕柔的音樂、一面安在天花板的鏡子，還有一張塡滿「甜嫩的麥草稈，混合了香油、玫瑰葉與薰衣草」的床墊，裡面還放了全英國最優良種馬的馬尾巴毛。據說它還通過電流，產生「給神經必要強度和效用」的磁場。它保證立即懷孕。這個專爲受孕而春宵一度的費用：相當於今日的三千英鎊。

不過，快速解決法已經成了如今急速前進、按需求製造、沖泡即食的文化中，各個領域的標準模式。誰還有耐心或時間，來尋求亞里斯多德式的深思熟慮和高瞻遠矚？政治人物需要在下一次大選前，甚或下一場記者會前就做出績效。舉步維艱的企業或是跌跌撞撞的政府如果不能採取立即的行動計畫，就會引來市場恐慌。網路上充斥著保證立即解決的廣告，可以處理所有谷歌（Google）網站上找得到的問題：幫你在性生活中重振雄風的草藥；協助你的高爾夫揮桿更完美的錄影帶；讓你找到眞命天子的應用程式。在過去，想表達對社會的不滿，你可能得投寄請願信、上街抗議或出席市民會議，如今只消按「讚」或是在推特發個同情的短句。世界各地的醫生都面臨快速治好病人的壓力，通常這代表吞下一顆藥丸立即見效。覺得憂鬱嗎？試試百憂解（Prozac，譯註：一種典型抗憂鬱劑）。精神無法集中？來顆利他寧（Ritalin，譯註：專治注意力不集中症候群的興奮劑）。根據一項調查，這種對即刻見效無止無休的追尋，讓每個英國人平均一生要吞進四萬顆藥丸。[1]我很確定，在吳大夫的診療室裡，我絕對不是唯一一個沒耐性的病人。吳大夫說：「現在最快速賺錢的方法不是治病，而是販售立可見效的保證。」

的確，花錢本身也成了快速解決的一途，逛商場被吹捧爲提振疲憊心靈的最快方式。我們炫耀自己買的魯布托（Louboutin，譯註：著名時尚品牌）新高跟鞋或是最新款的 iPad 時，會自我調侃地說這是「血拼療法」。而瘦身產業更把即刻見效化爲藝術。「一週變身比基尼身材！」廣告裡如此大喊：「甩掉十磅……『只要』三天！」

甚至連社交生活的即刻解藥也可以用買的。如果你需要一個在健身房陪你健身的夥伴、你婚禮的伴郎，或是在學校運動會幫你孩子加油的親切大叔，甚至是一個讓你可以哭泣依靠的肩膀，你都可以從租友公司（rent-a-friend）找人。目前在倫敦租一個朋友的費用是每個小時六．五英鎊。

每個快速解決法都喃喃著誘人的相同承諾——「最少花費，最大成效」。問題在於，這兩者無法畫上等號。花點時間想想：向快速解決法頂禮膜拜，是否能讓我們更快樂、更健康，或更有生產力？它是否有助於應付人類在二十一世紀初所面對的巨大挑戰？當然不能。想要匆忙解決問題，有如需要外科手術時卻只打上石膏，或許能帶來暫時的紓解，但是代價往往是稍後累積的更嚴重麻煩。苦澀難以下嚥的眞相是，快速解決法從來無法眞正處理任何事情，有時候還會把事情弄得更糟。

證據俯拾即是。儘管我們投入幾十億英鎊，購買保證在夏天讓我們有好萊塢女星般的美腿和《男性健康》（*Men's Health*）雜誌廣告般腹肌的瘦身產品，全世界人們的腰圍仍然持續膨脹。爲什麼？因爲根本沒有「平坦小腹一招見效」這種事。學術研究顯示，大多數減重的人會在五年內復胖，而且往往比原來更胖。[2]即使是抽脂手術（被戲稱爲纖細手臂競賽的核武器），效果也可能適得其反。從女性的大腿和腹部抽出的脂肪，通常一年內就會在身體其他部位出現，化成蝴蝶袖或是水牛肩。[3]

有時候，快速解決法甚至比乾脆不解決還糟糕。想想看「血拼療法」。購買最新款的路易·威登（Louis Vuitton）手提包或許會提振你的精神，但效果往往短暫易逝。很快你又會上網或是到百貨商場尋找下一個令你心動的獵物——在此同時，成堆等待開啓的帳單，將如雪片般飛到你的家門口。

看看我們對藥物的依賴造成的損害。研究指出，有近兩百萬美國人濫用處方藥，[4]每年還有超過一百萬人因爲藥物副作用就醫。[5]合法藥物使用劑量過度，如今已是美國意外死亡的主因，而難以取得的藥物的黑市需求則導致藥局搶案的案件激增。甚至在婦幼醫院裡，母親服用止痛劑成癮的新生兒病例也顯著增加，其景象一片愁雲慘霧：新生兒因藥癮發作而哭號、抽搐和嘔吐，擤鼻子過度而鼻頭紅腫，連吞嚥與呼吸都有困難。

想要解決難題，光是靠砸錢當然不可能辦到。爲了改善成效欠佳的公立學校，紐約市從二〇〇八年開始，把學生的表現和老師的薪水連結在一起。[6]經過三年撤下超過五千五百萬美元之後，教育官員取消了這個方案，因爲它對測驗成績或教學方法都毫無影響。結果顯示，一如我們在本書稍後會提到的，矯正失敗的學校需要做的事，遠比發績效獎金要複雜許多。

即使是在速度通常代表優勢的企業界，對快速解決法的偏愛，往往也讓我們付出慘重代價。當企業面臨經營環境惡劣，或是面臨必須增加盈餘或提振股價的壓力時，通常我們反射性的反應就是企業縮編。但是倉促地裁減員工很少能達到預期效果，可能讓一家公司空洞化，造成留下來的員工士氣低落，並給消費者和供應商帶來恐慌。往往一些更深層的問題沒有就此解決。管理學教授法朗哥·甘朵爾菲（Franco Gandolfi）根據他三十年來對企業界縱向和橫向的研究，提出一個明確的結論：「企業縮編在財務效應上整體而言是負面的。」[7]

豐田汽車的興衰起落就是充滿警世意味的故事。這家日本車廠憑著從根源解決問題的執拗決心征服了全世界。當生產線出現問題時，即使是最低階的員工，也可以啓動警示燈（日文稱之爲「あんどん」或「行灯」，原意爲「燈籠」），生產線上的燈號便會閃爍並發出警鈴聲。就如同小孩子一樣，員工會一再詢問：「爲什麼？爲什麼？爲什麼？」直到他們找出問題的根源爲止。如果問題很嚴重，他們可能會停止整條生產線。每次出現狀況，他們都會設計出一套永久性的解決方案。

不過當豐田汽車朝向全世界第一大車廠的目標全力衝刺時，這一切卻都變了。管理階層野心過度膨脹，對供應鏈失去了掌控，並且忽視了來自工廠基層的警告。他們在熄滅火勢時，忘了要再過問當初失火的原因。

結果：超過千萬部有設計缺陷的車輛被召回，不僅有害商譽，造成數十億美元的虧損，還引來一連串法律訴訟。在二○一○年，嘗到教訓的公司總裁豐田章男，向美國國會解釋豐田汽車沉淪的原因：「我們追求成長的速度，已經超過我們能夠發展公司人員和組織規模的速度。」說白一點：我們已不再啓動警示燈，只借助權宜的快速解決法。

在職業體壇也可以見到類似的不智之舉。當球隊跌至谷底，觀眾和媒體喧鬧不休要求提振戰績時，球團老闆依據的是最古老的教戰手冊：換掉教頭，找個新人來。隨著世人越來越缺乏耐心，對比賽成績的爭奪越來越瘋狂。自一九九二年至今，英格蘭職業足球的總教練平均任期從三．五年縮短到一．五年。在更低階的聯盟，任期六個月到一年已是常態。但是換教練頻繁如走馬燈並非經營球隊的好方式。[8] 學術界的研究顯示，大多數新教練只在短暫的蜜月期對戰績有幫助。經過十幾場比賽後，球隊的表現和更換教練之前相比，往往沒有改變，甚至變得更差。就像減肥者在採取激進的斷食療法之後，又會一路逐漸復胖。

在戰爭和外交上，我們也可看到相同的錯誤。美國主導的聯軍在二〇〇三年入侵伊拉克的「震懾行動」之後，無力維持它的長期重建計畫。當初西方國家部隊在邊境集結時，美國當時的國防部長倫斯斐（Donald Rumsfeld）用近乎陳腔濫調的說辭，形容士兵們將可「回家歡度聖誕」。他宣稱伊拉克戰爭：「也許要六天，也許要六星期，但我不認爲需要撐到六個月。」隨之而來的是長年的混沌、殺戮和叛亂，最終可恥地撤軍而未竟全功。套用美軍老兵的行話來說，將領們忽視了七個 P 字的金科玉律：Prior Planning and Preparation Prevents Piss-Poor Performance.（事前計畫和準備能避免拙劣的表現。）

即使是科技產業這個高速運轉的大引擎也認識到，光靠處理更多資料、撰寫更好的演算法，沒辦法解決所有問題。有批資訊界專家最近來到世界衛生組織在日內瓦的總部，他們肩負消滅瘧疾和線蟲病這類熱帶疾病的使命。文化衝突就此出現。熱帶疾病研究所和矽谷潮男潮女的工作環境，相隔有百萬英里遠。灰色的檔案櫃和高高疊起的待處理文件排成一條昏暗的走道。一張手寫「故障」的黃色字條就貼在飲料販賣機的投幣孔上。腳踩涼鞋的學院派在辦公室裡安靜工作，頭頂天花板搖著大吊扇。這裡感覺像是經費拮据的大學社會系系辦，或是開發中國家政府在偏遠地區的工作站。和這裡的許多專家一樣，皮耶．布謝（Pierre Boucher）有些吃驚並饒富興味地看著這群趾高氣揚的資訊業入侵者。「這群工程師帶著他們的筆記型電腦來這裡並且說：『把資料和地圖給我們，我們來幫你們解決。』我心想：『現在嗎？』」布謝面露苦笑說：「熱帶疾病是極複雜的問題，不可能只靠鍵盤就想解決。」

「這些電腦怪咖有任何進展嗎？」我問道。

「沒有，什麼都沒有。」布謝說：「他們離開之後，再也沒聽說過他們的下落。」

快速解決問題的大宗師比爾．蓋茲（Bill Gates）也曾學到同樣的教訓。他在二〇〇五年向全世界科學家提出挑戰，徵求以雙倍的速度解決全球醫療衛生最重大的問題。「比爾與米蘭達．蓋茲基金會」（The Bill and Melinda Gates Foundation）提供了四億五千八百萬美元，在總計超過一千五百個湧入的提案中贊助了四十五項。有些提案令人目眩神迷，比如說在五年內發展出無須冷藏的疫苗。但是五年之後一切復歸平淡。即使是最被看好的方案距離提出眞正的解決之道仍有漫漫長路。蓋茲自己也承認：「我們一開始太天眞了。」

這裡的重點很清楚：快速的解決法並不適合用在一些事情上。沒有電腦程式可以「光靠它本身」就解決全球的衛生問題，沒有一件衝動買下的東西可以就此改變人生，沒有一款藥能治好慢性疾病，沒有一盒巧克力能彌補破裂的關係，沒有一張教學光碟能把兒童變成小小愛因斯坦，沒有一場 TED Talk 的演說能馬上改變世界，也沒有一場無人機空襲能消滅掉一個恐怖組織。情況永遠比這還要複雜。

不管在什麼領域——衛生、政治、教育、人際關係、企業、外交、財經、環境——我們面對的問題比以往更加複雜且迫切。遜咖的表現已無法被接受。如今我們應該拒絕半生不熟的解決方案和短期的緩和劑，並開始正確地解決事情。我們必須找出嶄新且更好的方式來處理每一種問題。我們需要學會慢速解決（Slow Fix）的技藝。現在我們要定義一下用詞。並非所有問題生而平等。有的問題可以用快速而簡單的方式解決。輸入一行指令就可以阻止網頁故障帶給公司的災難。當有人吃東西噎住，哈姆利克急救法可把異物從氣管中排出，即時搶救生命。不過本書的重點放在截然不同的問題上，影響它們的參數不明確且不斷變動，往往還牽涉人的行爲，沒有一個所謂「正確」的答案。想想看氣候變遷、肥胖流行病，或是一家過度擴充、難以爲繼的公司。

在處理這類問題時，快速解決方法只能治標、無法治本。它把短期的紓解置於長期根治之前，也沒有考慮到不良的副作用。所有文化裡都有這類頭痛醫頭的膚淺作法。法國人稱之爲「解決靠運氣」（solution de fortune）。阿根廷人說「用電線全綁起來」。英文裡說「ＯＫ繃療法」或「貼膠帶處理法」。芬蘭人開玩笑的說法是「用口香糖補洞」。印度話 jugaad 這個字的意思是把手邊所有碎片拼湊在一起的解決方式——不管它是造汽車還是修水管。我個人最喜歡的比喻是韓國人的說法「在凍僵的腳上尿尿」：帶熱氣的尿液雖然帶來即刻的紓解，但液體在皮膚上結凍之後，結局將更加悲慘。

那麼慢速解決法是什麼？這是我接下來會回答的問題。不過應該已經很清楚，它靠的是一個現今嚴重缺乏的美德：耐心。

米克勒斯（Sam Micklus）比大多數人瞭解這一點。他是創意思維活動（Odyssey of the Mind）的創辦人，這大概是最接近於解決問題的奧林匹克大賽。每一年，全球來自五千所學校的學生要設法解決米克勒斯本人親自設計的六個問題的其中之一。他們可能要用巴薩木（balsa wood）建構出能承載重物的結構，設計一齣舞台劇，讓某個食物品牌在模擬法庭上爲自己的「不健康」辯護，或是描述過去與未來發現的考古學寶藏。隊伍必須通過地區和全國的競賽，才有機會參加年度的世界決賽。美國太空總署（NASA）是創意思維活動的主要贊助者，還會派員到現場尋才。

二〇一〇年，我在密西根州東蘭辛（East Lansing）舉辦的世界決賽碰到米克勒斯。這位來自紐澤西的退休工業設計教授，如今定居佛羅里達，看上去就是典型的美國退休老人，穿著便鞋，一頭銀髮和曬得稍微黝黑的膚色。不過在世界決賽上，當他被圍繞在一群忙著整理服裝、爲簡報做最後準備的學童之間，看起來就像聖誕節早晨喧鬧的孩子。大家都暱稱他「山姆博士」。

在主持創意思維活動三十年的期間，米克勒斯目睹快速解決法的風潮日益掌控了流行文化。「現今眞正的問題在於，再也沒有人願爲任何事多等一會兒。」他說：「當我要求人們思考一個問題一、兩分鐘，他們十秒之後就開始看自己的手錶。」

他拿起塑膠瓶喝了一口水，環顧我們聊天所在的巨大體育館。它像倫敦西區（West

End）音樂劇的後台，孩童們來回急忙奔跑，高聲下達指令，或組裝舞台的支架，或設計精細程度令人驚嘆的台車。米克勒斯的目光留駐在一群十一歲的小女生身上。她們正試圖修理自製露營車一條故障的鎖鏈。

「即使在世界決賽這裡，我們談的是解決未來問題的最佳人選，還是有很多孩子急著要拿出第一個想到的想法，讓它馬上奏效，」他說：「但是你第一個想到的方法往往未必是最好的方法，可能要幾星期、甚至更久，才會找到一個問題的正確解決方法，才有辦法讓它逐步實現。」

當然，包括米克勒斯在內，沒有人會認爲每個問題都要慢慢解決，比如爲戰場的士兵包紮，或是冷卻受損的日本核反應爐。有時候，坐下來摸著下巴思考長期的願景和策略並不是好選項。你應該要聯絡馬蓋先（MacGyver，譯註：美國電視影集中著名的急智英雄），立刻找膠帶拼湊一個馬上可行的解決辦法。當阿波羅十三號的太空人在一九七○年向休士頓發射訊號報告他們的「問題」時，太空總署任務控制中心的科學家並未針對太空飛行器的氧氣缸爲何爆炸展開全面調查，而是捲起袖子和時間競賽，設計一套快速而簡陋的步驟修改二氧化碳過濾器，好讓太空人用登月小艇當作逃生器。四十個小時內，休士頓負責解決問題的人找出一個天才解答，完全利用太空船上現有的材料：紙板、水管、塑膠貯存袋，甚至膠帶。這不是永久的解決辦法，但是它把阿波羅十三號的組員平安送回家。[9] 事後太空總署啓動了「警示燈」，用幾千小時的時間找出氧氣缸故障的確切原因，並設計出一套「慢速解決法」，以確保爆炸事件不再發生。[10]

但是有多少人會追隨太空總署的作法？當一個快速解決法舒緩了問題的徵兆，像是針灸治療了我的背痛一樣，我們對啓動「警示燈」的興趣往往隨之消散。在二〇〇八年威脅摧毀全球經濟的壞帳危機爆發之後，世界各國政府迅速地募集到超過五兆美元的紓困金額。這也是必要的快速解決法。然而，一旦全球金融體系崩潰的危機消退，後續處理更深層問題的意願也跟著減退。不管是哪一國的政治人物，都沒能推動根本的改革，來防範「金融末日二部曲：續集」的出現。

當一套快速解決法失敗時，我們最常做的往往就是擰著雙手，承諾要從頭來過，卻把原本的錯誤再犯一遍。「即使需要做出更根本的改變時，人們還是會陷入快速解決的模式。」哈佛管理學院的企業管理教授蘭傑·古拉提（Ranjay Gulati）如此說道：「人們似乎會發出正確的警告並採取正確的步驟，但是最終無法把後續動作完成，所以即使一開始採取慢速解決法，到最後不免又成了另一個快速解決法。這是很常見的問題。」

英國石油公司（British Petroleum，譯註：後以BP爲公司正式名稱）就是一個教科書案例。二〇〇五年，這家公司在德州的煉油廠爆炸，有十五名工人罹難，還有一百八十人受傷。不到一年，在阿拉斯加外海一條已腐蝕的二十五公里管線兩度發生原油外洩。兩起事件如此密集地發生，應該是一項嚴重警訊，顯示這些年來省事權宜的作法已經導致不良後果。在二〇〇六年，當時的英國石油執行長約翰．布朗（John Browne）似乎也認爲，快速解決法的時代該過去了。「我們必須把優先順序弄正確。」他如此宣布：「首要工作是處理發生的那些事，改正並解決。我們不只是做表面上的處理，還要做深度的修正。」

但結果並非如此。相反地，英國石油的運作一成不變，做不到布朗宣示的承諾，招致官方的懲處和大筆的罰金。二〇一〇年四月，這家公司爲自己的魯莽行徑付出了代價，它的「深水地平線」鑽油平台爆炸，造成十一名工人喪生，還有十七人受傷，總計超過兩億加侖原油外洩流入墨西哥灣，成爲美國史上最嚴重的環境災難。

英國石油的慘劇正好提醒了我們，對快速解決法的依賴固著程度有多嚴重。即使是付出了人命和大筆金錢的代價，即使是從健康、人際關係、到我們的工作和整個生態環境都受到傷害，甚至即使有大量證據告訴你ＯＫ繃式的解決法是通往災難之路，我們仍傾向選擇快速解決法，一如撲向火焰的飛蛾。

好消息是我們可以克服這種成癮般的依賴。在各行各業都有越來越多人開始認同，想要處理困難問題，越快並不一定越好，只有投注足夠的時間、努力和資源，最佳解決辦法才能成形。換句話說，就是當我們慢下來時。

在本書中有許多問題需要一一解答。什麼是慢速解決法？是否每個毛病都有相同的藥單？我們如何得知一個問題已獲得適切的解決？最重要的是，我們如何把慢速解決法運行在一個迷戀追求快速的世界？

爲了回答這些問題，我旅行世界各地，拜訪用新鮮方式解決困難問題的人們。我在哥倫比亞會見了啓動大衆運輸革命的波哥大市長；在挪威最先進的監獄裡與典獄長和囚犯們聊天；在冰島探索他們如何改造民主制度。我所見識到的一些解決方法，或許對你的生活、組織或社區有幫助，不過我的目標比這些還要更深層一些。我希望就問題發生時如何找出最佳解決方法，描繪出某些普遍性的原則。這意味著在表面上看來毫不相關的問題之間找出共同之處。舉例來說，斡旋中東和平的談判者，能否從西班牙的器官捐贈制度學到心得？越南的社區重建計畫，如何幫助提振一家加拿大企業的生產力？想要發明新式水瓶的法國研究者，怎樣從洛杉磯改造失敗學校的計畫得到啟發？從太空總署的問題處理專家、創意思維活動的年輕問題解決者，到每天共花上幾十億小時處理線上問題的遊戲玩家，我們可以從他們身上學到什麼？

這本書也是個人的一場探索。經過多年的虛幻期待和半途而廢，一再的抄捷徑和病急亂投醫，我想要弄清楚我的背出了什麼問題。和飲食習慣有關嗎？我的姿勢？我的生活形態？我背脊的困擾是否根源於情感或心理上的因素？我終於準備好要慢下來，進行徹底治好背痛的困難任務。不要再有膠帶、ＯＫ繃，或是黏口香糖式的解決辦法。不要再在凍僵的雙腿上尿尿。

慢速解決法的時刻終於到了。

1 追求速效原因何在？

我全都想要，而且現在就要。

——搖滾團體「皇后」合唱團

跟奧地利首都維也納市區的喧囂擾攘比起來，聖彼得教堂顯得遺世獨立。教堂矗立在狹窄的廣場內，與商店林立的熱鬧街道格格不入，建築物像士兵一樣圍繞在教堂四周，錯身而過的遊客往往沒注意到教堂細緻的巴洛克式立面和綠色圓頂。

跨過教堂巨大的木門，彷彿進入時光隧道，根本毋須匆忙，格利高里聖歌的低吟聲從隱藏式喇叭傳來，燭光搖曳閃爍在鍍金祭壇和聖母馬利亞的畫像上，香薰讓空氣中增添香甜的氣味，順著歷經風霜的蜿蜒石階而下，通往有千年歷史的地窖。沉厚的石牆阻隔了手機訊號，這種靜默似乎到了形而上的境界。

我來聖彼得教堂的目的，是爲了主講「慢活之美」，這是一個爲企業界人士籌備的晚會，但也有一些神職人員出席。晚會結束之際，大部分的賓客隨維也納的夜色逐漸散去，這時穿著亮紫色法袍的馬汀．施拉格（Martin Schlag）主教，似乎帶著些許怯意向我走來，坦言：「我剛聽你的演說，突然領悟到現代生活步調緊湊，所有人都很容易受到影響。以我來說，我必須坦承，最近禱告的速度太快了。」

神職人員的行爲卻像上班族一樣，反諷意味讓我們兩人都忍不住發笑，不過這種不合身分的舉止，正好說明了快速解決法的意念已深植人心。畢竟祈禱是解決問題最原始的儀式。無論歷史上哪個時代，無論東西方文化，人類的老祖宗只要碰上問題、有所求的時候，或是遭遇洪水、飢荒、乾旱、疾病，解決問題的習慣方法就是求神問卜，儘管禱告是否有用不得而知，不過有件事是可以確定的：神並不會救助那些草草禱告的人。「祈禱不是爲了抄捷徑。」施拉格主教說：「祈禱的重點在於靜下來、傾聽、沉思。如果草率禱告，就失去它的意義和力量，成了空有其名的快速解決法。」

想要治本，就要先徹底探討快速解決問題對我們的致命吸引力。要先瞭解爲什麼像施拉格主教這樣在聖彼得教堂投身屬靈生活的神職人員，還會採取快速解決法。難道我們已不自覺地習慣採用「貼膠帶解決法」？還是現代化社會讓人們忍不住想要「在凍僵的腳上尿尿」？

與主教交流之後，我轉向研究人類大腦的世俗專家求教，美國加州大學洛杉磯分校西梅爾神經科學暨人類行爲研究所所長彼得．懷布羅（Peter Whybrow）是心理學專家，也是《美國瘋狂》（*American Mania*）一書的作者。此書探討大腦機制的運作，讓人類的遠祖在物資匱乏的年代生存下來，卻也造就在現代這個衣食無缺的時代，人類還是沿襲囫圇吞棗的壞習慣。根據腦神經科學領域的研究，懷布羅認爲人類習慣快速解決法，有生理學上的因素。

人的大腦有兩個解決問題的基本機制，通常稱爲「系統一」和「系統二」。系統一是快速、直覺的，幾乎就是不假思索。一旦看到獅子在水塘對面瞪著我們，大腦會立刻下達指令，繪製一條逃生路線，助我們逃離獅爪，這就是快速解決法，麻煩解決了。但系統一不只解決這等攸關生死的大事，也是我們日常生活中選擇捷徑的指南針。試想，若是每個決定，像是買什麼口味的三明治當午餐，或是要不要對捷運上的陌生人微笑，這些芝麻蒜皮小事都要經過深思熟慮或是沙盤推演的話，那麼日子也未免過得太戰戰兢就了吧!好在系統一幫我們解決了困擾。

相反地,系統二是慢想、斟酌,指的是有意識的思考,像是回答二十三乘十六等於多少,或是分析新的社會政策可能伴隨而來的副作用。慢想需要有計畫、嚴謹分析,以及理性思維,這部分是由出生到青春期的大腦發展來負責,也是為什麼孩子們只追求立即的滿足。毫無意外,系統二需要消耗比較多的能量。

系統一的大腦運作機制適合遠古時代的生活,人類的老祖宗不需要細嚼慢嚥,也不用深謀遠慮,他們餓了就吃、渴了就喝、累了就睡,正如同懷布羅所言:「生活在熱帶草原上,沒有明天可言,活下去靠的是今天的收穫,所以大腦和身體遺傳的生理系統,會著重在找出短期解決方案,並鼓勵我們追尋這類方法。」一萬年前,進入農業時代,人們才開始學會為未來打算。如今,到了後工業時代,世界變得更複雜了,系統二理應才是王道。

但事實並非如此,為什麼呢?其中一個原因是我們這顆二十一世紀的腦袋,採用的仍是漫遊在熱帶大草原上的運作模式,系統一仍然當道,因為它省時又省力,一旦採用系統一這套運作機制,大腦就會不斷分泌多巴胺來打賞,產生快感,鼓勵人們一再採用系統一。這也是爲什麼我們在玩憤怒鳥破關時，或是在待辦事項上槓掉一件事後，往往喜不自禁：工作搞定了、獲得犒賞、著手進行下一件興奮之事。在腦神經科學的成分與利潤運算中，系統一給最小的勞力提供最大的回饋。這種匆促求快有時本身就是目的。就像喝咖啡上癮的人渴望咖啡因的刺激，或是吸菸者急著衝到外面抽菸，我們甚至連執行快速解決法時，都忍不住想要快速解決。相較之下，系統二像是嚴厲的工頭，要求我們今天勞累犧牲，承諾未來含糊不清的回報，又像是對我們大吼大叫的個人訓練員，要我們別吃法式巧克力泡芙，改做二十個伏地挺身，或是像嘮叨的父母要我們多看書別往外跑。亨利．福特（Henry T. Ford）曾說：「思考是最困難的工作，或許這就是很少人想去思考的原因。」他指的就是系統二的思考。

系統二有時也像是政治媒體公關，把你對短期回報的偏好合理化。在受不了誘惑吃下法式巧克力泡芙之後，我們會說服自己相信，該犒賞自己一下、需要補充能量，或者等一下在健身房會消耗掉多餘的熱量。「結論就是原始的腦部一直以來都是和快速解決法相連結的。」懷布羅說：「隨著眼光放遠去感受延遲的快感是件困難的事。快速解決法對我們而言比較自然。那是我們得到快樂的方式。我們很享受，之後我們會越來越想快點得到。」

也因此，我們的祖先早在豐田汽車發明警示燈之前，就警告我們要小心快速解決法。在聖經中，彼得鼓勵基督徒要有耐心：「主並不像一般人所想的，遲遲不實現他的應許。相反地，他寬容你們；因爲他不願意有一個人沉淪，卻要人人悔改。」換成白話文來說，上帝不提供立即的解答。並不是只有宗教界會針對人性的弱點來提醒我們避免短視。啓蒙時代重要的思想家約翰．洛克（John Locke）警告販賣速效藥的商販正通往毀滅之路。他寫道：「那些無法駕馭自己的天性，不知如何抗拒現時對歡樂或苦痛的強求，去追尋理性告訴他應做之事的人，缺乏美德和勤勉這些眞正原則，而且將有一事無成的危險。」一百年之後，美國建國先賢之一的亞歷山大．漢彌頓（Alexander Hamilton），又重提了這個危險：「暫時的激情與即刻的利益，比起廣泛或長遠的政策、應用或公義的考量，對人類行爲更有主動強大的控制力。」即使到了現代，對匆促決定的不信任感仍在延續。在被診斷出罹患嚴重、困難的疾病時，傳統上會建議尋求第二位醫師的意見。政府、企業和其他組織機構會花費數十億美元來收集資料、研究和分析，以幫助他們徹底解決問題。

既然有這些警告和鼓勵，爲什麼我們還是往往落入快速解決的模式？系統一思考模式的誘惑只解釋了部分原因。幾十萬年來，人類腦部已經演化出一整套反應機制，它扭曲了我們的思考，把我們朝同一個方向推動。

想想看我們傾向樂觀的天性。跨越各個文化與時代的研究顯示，我們大部分人所預期的未來，都比實際上更好。我們會大大低估自己被資遣、離婚或被診斷出致命疾病的機會。我們常預期自己會生出天賦聰穎的孩子，表現勝過同儕對手，比實際活的壽命更久。套句強斯頓（Samuel Johnston）的話來說，我們讓希望勝過了經驗。這種人性傾向或許有演化上的原因，激勵我們奮發前進，而不要退縮到黑暗的角落去咀嚼世間的不公平。在《樂觀偏見》（*The Optimism Bias*）這本書裡，作者塔莉・沙洛特（Tali Sharot）認爲，對更美好未來的信念可以在更健康的身體中培養更健康的心靈。不過她也警告太過樂觀會有反效果。畢竟，如果一切順利，誰還需要定期健康檢查或爲退休儲蓄？「『吸菸致命』的警告不會有用，因爲人們認爲自己罹癌的機會低。」沙洛特說：「離婚率有五〇%，但人們覺得自己跟他們不一樣。我們腦部存在很基本的偏見。」這種偏見影響到我們處理問題的方式。當你想像著一片美好的未來光景，簡單的快速解決法突然變得非常可信。

人腦也天生偏好熟悉的解決法。與其花時間去瞭解一個問題的優劣好壞，我們習慣找尋過去遇到類似問題時有效的解決方法，即使更好的解決法早已現前。衆多研究中發現的這種偏見，被稱爲「定勢效應」（Einstellung effect）。它在過去人類面對少數迫切而直接的問題時，相當有用，比如說如何避免被獅子吃掉；在現代社會問題日趨複雜的情況下，幫助就不大了。定勢效應是我們在政治、人際關係及工作上會重複犯相同錯誤的原因之一。

另一個原因是我們厭惡改變。希望事情保持原來的樣子並非保守派的專利。即使有很有力的論證支持嶄新的開始，人性本能還是想維持不動。所以我們可以讀一本關於自助的書，對內容從頭到尾點頭同意，最後卻沒有實際應用裡面任何的建議。心理學家把這種惰性稱爲「現狀偏誤」（status-quo bias）。它解釋了，即使沒有規定，爲何我們上課常會坐同一個位置，到同一家銀行，找同一家保險公司或電力公司，即使競爭對手明明提供了更好的條件。我們的血液裡，一直流著這種抗拒改變的想法。我們會說「東西沒壞就不要修」，或是「老狗學不了新把戲」。和定勢效應一樣，現狀偏誤讓我們難以打破快速解決法的習慣。

如果再加上不願承認錯誤的天性，我們又會碰上另一個慢速解決法的阻礙：所謂的「正統問題」（legacy problem）。我們對一個解決方案投入越多，包括人力、技術、行銷、名聲，就越不願去質疑或尋找其他更好的方法。這表示我們寧可堅持一個行不通的方法，也不願去尋找解決問題的答案。即使最靈活的問題解決者也可能落入這個陷阱。在二〇〇〇年代初，愛沙尼亞三名電腦軟體天才寫了一套程式碼，讓透過網路打電話變得很容易。於是，二十一世紀成長最快速的公司就此誕生。十年之後，位於愛沙尼亞首都塔林的 Skype 總部裸露的磚牆、懶骨頭沙發及放客藝術（funky art），仍是許多新興創業者心目中的聖殿。放眼望去，來自各個不同國家的時髦人士啜飲著礦泉水或是把玩手上的 iPad。在靠近房間的一塊平台上，我見到了安德烈・庫特（Andres Kütt），這位留著山羊鬍子的青年是 Skype 企業理念的傳道者，他身旁的白板上寫滿前一場腦力激盪活動留下的潦草字跡。

即便是在這個離經叛道的巢穴中，錯誤的解決方法仍有死忠的捍衛者。三十六歲的庫特已經是經驗豐富的問題解決者。他協助開發網路銀行，並領導設計讓愛沙尼亞人上網填報退稅資料。他擔心公司成長得夠久也夠大，可能因爲既得利益喪失了解決問題的魔力。他說：「我們的正統問題也很嚴重，你投注大量資源去解決一個問題，突然之間，這個問題被一大群想要證明自身存在價值的人和制度所包圍。最後的情況就是原本問題的根源湮沒，難以追查。」在這種情境下，與其改變方向，人們寧可繼續原本的解決方法。庫特說：「退一步來想，原本舊的解決法可能不管用，再想想，要找出更好的解決方法需要投資的時間、金錢和精力，實在很可怕。你會覺得，留在原本的舒適圈比較容易也安全得多。」

死守沉沒中的船也許並不理性，不過實際上，我們通常並非自己想像的那般理性。許多研究顯示，人們會認爲聲音較低沉（通常是男性）的人比聲調較高的人（通常是女性）聰明，也比較可靠。此外，人們常高估外表好看的人的聰明程度和能力。或者，想想看「沙拉副餐幻覺」（Side Salad Illusion）。克洛格管理學院進行的一項研究中，要求人們估算非健康食品，例如培根乳酪奶蛋餅的熱量。接著，要他們猜猜相同食物配上一盤健康副餐，像是一盤胡蘿蔔和芹菜的熱量。重複實驗的結果顯示，人們認定搭配健康副餐之後，「所有」食物的熱量會減少，彷彿認爲吃了健康食物，會讓吃不健康食物的人較不容易增胖。對那些熱中減肥的人來說，這種光環效應的放大效果更是一般人的三倍。首席研究員亞歷山大・車聶夫（Alexander Chernev）的結論是：「人們的行爲模式常常不合邏輯，而且對自己追求的目標造成反效果。」[1]

這話說得眞好。我們隧道視野的能力似乎沒有止境。當我們遇到突兀的事實挑戰既有的觀念，比如快速解決法行不通的證據，我們往往把它當成特例，或是「例外反能證明規律」的證據，這被稱爲「確認偏誤」（confirmation bias）。佛洛伊德（S. Freud）稱之爲「否定」（denial），通常與正統問題和現狀偏誤一起出現，產生強大的「眞實扭曲場」。當醫生告訴病患將不久人世，許多人根本拒絕接受。[2]有時候即使活生生的事實擺在眼前，我們仍會堅持自己與事實相反的信念。看看至今拒絕承認納粹大屠殺的人有多少，或是一九九〇年代後期的南非總統姆貝基（Thabo Mbeki），拒絕承認造成超過三十三萬人死亡的愛滋病是由ＨＩＶ病毒傳染的科學證據。[3]

即使沒有既得利益扭曲或過濾資訊，我們仍常常產生隧道視野。在 YouTube 網站上一個重複十幾次的實驗裡，受測者被要求計算影帶裡兩支籃球隊其中一隊的傳球數目。由於只有一個球，加上球員不斷來回穿梭，這項任務需要高度專注力。一般情況下這種專注力很有用，讓我們在深度思考時避免分心，不過有時會窄化我們的視野，讓我們錯失重要的訊息，落入見樹不見林的狀態。在影帶的中段有個大猩猩裝扮的男子走入球場中央，朝著攝影鏡頭捶打胸膛，再離開球場。猜猜看有多少人沒注意到大猩猩。超過一半的人。

這提醒了我們一個值得警惕的事實：人腦經常是不可靠的。樂觀主義、現狀偏誤和確認偏誤；系統一的誘惑；定勢效應；否定和正統問題——有時候，擁抱快速解決法似乎是我們生物學上的宿命。不過腦神經的運作還只是事實的一部分。飆速文化帶領我們走上快速解決法的大道。

這些日子以來，「快一點」成了我們對每個問題的解答。我們走路走得快，說話快，閱讀快，吃得快，做愛快，思考也快。這是個速成瑜伽和一分鐘床邊故事的年代，「剛好趕到」這個和「隨到隨辦」那個的年代。身邊圍繞的各種配件，只要一按滑鼠或是一觸螢幕，就上演小小的奇蹟，以至於我們期待所有事發生的速度和電腦軟體一樣快，即使是最神聖的儀式也面臨簡化、加速的壓力。美國的教堂實驗過「得來速」葬禮（drive-thru funeral）。前陣子梵蒂岡被迫提醒天主教徒，不能透過智慧手機的應用程式告解。即便是休閒的解壓劑，也把我們推向快速解決模式：酒精、安非他命和古柯鹼都把腦子推向系統一的模式。

經濟模式也拉高了快速解決的壓力。資本主義早在高頻率貿易之前就獎勵快速。投資人獲利越快，就能越快把錢拿去投資賺更多錢。任何能夠維持資金暢通或讓股價上漲的解決方法，都有機會大行其道——因爲現在就有錢可賺，爛攤子可以留給其他人去收拾。這種心態在過去二十年更加明顯。許多公司花更多時間注意今天的股價，而不去關心如何讓公司一年後更加壯大。許多人只在乎短期合約，不斷轉換工作，迫於產生立即的效應和解決一些無關長期發展的問題。在董事會裡，尤其如此，跨國企業執行長的平均任期近年來急遽縮水。在二〇一一年，李艾科（Leo Apotheker）上任不到十一個月，就被惠普公司解除了執行長的職務。全球頂尖的麥肯錫顧問公司（McKinsey and Company）總裁鮑達民（Dominic Barton）聽到了全世界總裁們共同的抱怨：我們不再有足夠的時間或是激勵措施去找尋新的快速解決法。他下的定論是：「資本主義變得太短線了。」[4]

現代的辦公室文化似乎強化了這種窄化的視野。你上一次有時間好好看手邊問題是什麼時候？甚至有沒有花幾分鐘去認眞思考？更別提要處理像是五年後你要做什麼，或是怎樣把工作環境大改造這一類的大問題。大部分的人都因爲沒完沒了的瑣碎小事而太過分心，例如要送簽的文件、要出席的會議、要回覆的電話。研究顯示，今天企業界專業人士的工作時間，有一半花在處理電子郵件和社群網站的信箱。[5] 一日復一日，一週復一週，立即待辦的事總是排在重要事項的前面。

政治也同樣傾向快速解決法。民選的公職人員大有理由讓一些討好的政策在下次選舉前就看出績效。內閣官員則需要在下一次改組前做出成果。有政治分析家認爲，美國每一個政府都只有六個月，也就是從參議院同意白宮人事案到期中選舉開始的這段時間，可以超脫每天的報紙頭條和民調數字，專心於長期的戰略性決策。而人們喜歡有魄力、反應迅速的領導風格，對情況更沒有幫助。人們喜歡把政治人物想像成騎馬進城的獨行俠，鞍上的皮囊內有隨時準備好的解決方案。有幾個人贏得政權是靠「我得花很多時間解決這些問題」這樣的政見？放慢腳步思考、分析和諮商，會顯得自己太軟弱和縱容，特別是在危機時刻。如一位政論家批評比較知性思考的歐巴馬（Barack Obama）所說的：「我們需要的是領袖，不是閱讀者。」《快思慢想》（*Thinking, Fast and Slow*）的作者，同時也是第二位以心理學家身分贏得諾貝爾經濟獎的康納曼（Daniel Kahneman）認爲，天生偏好憑直覺行動的政治人物，已經把民主政治變成快速解決法的旋轉木馬。他說：「公眾喜歡快速的決策。這鼓勵領導人照自己最糟糕的直覺去做事。」[6]

不過，如今不是只有政治人物和企業領袖相信自己可以揮動手上的魔杖。在這個充斥廢話、大話和馬屁話的時代，人人都無法幸免。看看《X音素》（*The X Factor*，英國實境選秀節目）中成群毫無音感卻夢想成爲大明星的參賽者，宣示自己要成爲下一個麥可・傑克森或卡卡女神。想要出人頭地的成名壓力，驅使我們潤飾履歷表，在臉書貼上討喜的照片，在部落格和推特想辦法引人注意。最近一項研究發現，八六%的十一歲兒童運用社群網站，建立自己的網路「個人品牌」。[7]這種自我吹捧有時或許可以贏得友誼或影響力，但同時也把我們推向快速解決法。爲什麼？因爲到頭來我們將失去應有的謙卑，不敢去承認自己沒有全部的答案，不敢承認我們需要時間和他人的幫助。

教人如何自力救助的產業也該負一些責任。湯姆・巴特勒—波登（Tom Butler-Bowdon）多年來研讀並撰寫關於個人發展的書籍之後，喪失對這門領域的熱情。他認爲，太多鼓舞人心的大師們，用實際上不會奏效的簡單捷徑和快速解決法蒙蔽了大眾。他出版了《成就偉大從不嫌晚》（*Never Too Late to Be Great*）作爲他的反駁，在書裡面，他說明在每一個領域裡，從藝術到商業到科學，最好的解決方法爲何通常有一個長時間的孕育期。他說：「創造任何有品質的事物都需要時間。由於忽略了這件事，教人如何自力救助的產業培養出一個期待每件事明天就能解決的世代。」

媒體也讓情況火上加油。凡事一出問題——不管是政治、企業、名人的婚姻——記者就立刻出擊，滿心雀躍地剖析危機並要求立即的補救之道。當高球名將老虎·伍茲（Tiger Woods）被揭露是感情出軌的慣犯，他在公衆面前整整消失了三個月，最後才打破沉默承認錯誤，並宣布自己正接受性愛成癮症的治療。媒體對如此漫長的等待是如何回應？憤怒與不滿。公衆人物最大的罪惡就是沒有提出即刻的下場機制。

這種耐心的缺乏，更讓人們過度誇大一些實際上無效的解決方法。工程師出身的馬可·佩特魯茲（Marco Petruzzi）曾經花了十五年擔任巡迴全球的管理諮詢顧問，最後退出企業界，轉而致力爲美國窮苦學童創辦更好的學校。本書稍後會再度討論他，不過現在我們先看看他對當今「膨風文化」的批評。「在過去，認眞工作的企業家花時間發展出令人驚嘆的事物，而且他們『做到』了，他們不是『光說不練』，他們『做到』了。」他說：「如今我們的世界，話語變得廉價，天馬行空的創意理念無需實現就可以創造出大量財富。有些億萬富豪什麼事都沒做，只不過掌握投資的週期，然後在適當時間點上鼓動這個週期。這更強化了一股時代風氣：人們不想投入時間和精力，去找出眞正持久的問題解決方式。因爲他們只要打對了手上的牌，就不需要擔心未來，可以得到財務上立即的回報。」

從諸多角度來看，快速解決法似乎無懈可擊。從我們腦部的構造到世界運作的方式，一切似乎都傾向選擇ＯＫ繃式的解決方法。不過這並非大勢已去。我們仍有希望。今天不管你走到哪裡、從事什麼工作，都可以看到有越來越多的人摒棄快速解決法，想找到解決問題更好的方式。有些人還苦尋未果，也有人一夕成名，不過他們有一個共同點：那就是渴望打造眞正有效的解決方法。

好消息是這個世界充滿了慢速解決法。只要你肯花時間，就可以找到，並從中學習。

2

坦承錯誤：犯錯與認錯的魔法

成功不代表不曾犯錯，而是同樣的錯誤不犯第二次。

——愛爾蘭劇作家蕭伯納（George Bernard Shaw）

在一個涼爽的九月初夜晚，四架颱風型戰鬥機（Typhoon fighter jet）在北海冰凍的海面上呼嘯而過。它們正在進行二對二空戰訓練，時而俯衝，時而傾斜飛行，以五百英里的時速劃過夜空，尋找致命一擊的機會。這是一項演習操練，但是對飛官而言，卻如同實際作戰。迪奇．帕圖納斯（Dicky Patounas）中校在機艙裡面綁著安全帶，指尖正操控著這部兩萬四千磅的殺人戰機。他的腎上腺素飆升，這是他首次駕駛這款史上威力最強大的戰機，進行夜間戰術單機出擊。

「我們將燈關掉，因爲我們想營造眞實作戰的情境，我們不常如此。四周一片漆黑，我只配戴護目鏡與飛行裝置。」帕圖納斯回憶當時的情況。「我設定雷達，縮短射程，改變海拔高度，都是些基本動作，但是我並不熟悉這架新戰機，所以還是使出渾身解數。」接下來，有件事出錯了。

幾個月後，帕圖納斯在地面上回憶起那一晚。他的空軍基地是位於林肯郡的皇家空軍科寧斯比基地，那是英格蘭東部一處毫無特色的平坦地域，比起觀光客，飛行員更愛這個地方。帕圖納斯身穿有拉鍊的綠色飛行裝，看起來就像電影《捍衛戰士》（*Top Gun*）裡的主角飛官——方正的下巴、寬闊的肩膀、直挺挺的姿勢、削薄的短髮。他抽出筆紙，以英國軍方那種短促清晰的口吻，說明九月那個夜晚接下來發生的事情。

帕圖納斯當時尾隨在兩架「敵方」颱風戰機的後方，決定要衝飛過頭執行所謂第三階段目測（Phase 3 Visual Identification）的機動動作。他需要猛然把飛機拉左邊，再如彈弓般彈回到原本的航道，迅速出現在第二架敵機的正後方。但是，這時發生一件預料之外的事情。兩架敵機並未維持原本的路線，而是向左傾斜，以閃避一架二十英里外的直升機。這兩名飛官透過無線電宣布改變路線，但是帕圖納斯並未留意，因爲他一心只顧著執行動作。他說：「這個動作非常需要技巧，你必須將戰機傾斜六十度，並往左轉六十度，然後滑行二十秒，降低掃描裝置四度，接著將雷達規格改成以十英里爲單位。二十秒之後，往右四十五度傾斜，做一百二十度的轉彎，找出你雷達上的目標，他這時應該距離你四英里。我要執行所有這些動作，根本沒有聽見無線電通知的新航向。」

當帕圖納斯結束整套戰術動作時，他發現一架敵方的颱風戰機，正如預期地出現在他前方。他興奮莫名。「這架戰機出現在我設定的瞄準範圍內，不偏不倚。我心想，我的超越動作無懈可擊。」他說：「我設定雷達，也拚了命完成，漆黑之中，我尋找的這傢伙就出現在我的瞄準範圍內。我心裡想著，我眞的是個天才，我棒透了。我那時眞的認爲，這是我最完美的飛行任務。」

他搖著頭，一臉尷尬苦笑，嘲笑自己的自大。原來，出現在瞄準範圍內的，並非他追蹤的第二架戰機。而是前導的第一架戰機，但是帕圖納斯渾然不覺。「這是我的錯，我基本上跟丟了這兩架戰機。」他說：「我一心認爲它們就在那裡，卻沒有確認追蹤兩架飛機的路徑。我應該擴大雷達範圍找出另一架飛機在哪裡，我卻沒有這麼做，因爲我當時志得意滿，心想：『這眞是太完美了。』」

結果是，帕圖納斯距離後方戰機僅僅三千英尺。「還沒到要完蛋的近，但重點是，我渾然未覺，因爲我根本不知道它就在那裡。」他說：「它也有可能只離我三英尺，或是我可能直接撞上它。」帕圖納斯靜默了一陣子，似乎在想像最糟糕的情況。在那個九月的夜晚，他的中隊組員目睹整個失敗過程，他們知道不會有相撞的危險，繼續完成演習，但是在戰場上，類似的小錯誤往往會引發大災難，帕圖納斯非常清楚這一點。

民航機的經驗法則是，一起典型的飛安意外，是七項人爲錯誤的結果。[1] 每項錯誤都沒有傷害性，甚至微不足道，但是七項連續發生時，連鎖效應就會致命。駕駛現代戰機，操作它們如惡魔般複雜的電腦系統，則更加危險。二〇一一年，一架美國 F-15E 戰機，在執行利比亞禁航區轟炸任務時，在班加西附近因爲機械故障墜毀。一個月後，兩架泰國皇家空軍的 F-16s 戰機，在例行操練時從天墜落。

而北海上空的颱風戰機事件，讓人意外的並非事件本身，而是帕圖納斯的反應。他告訴所有人他犯的錯誤。在強調男子氣概的飛官世界中，承認自己的錯誤是很稀有的。帕圖納斯是位資歷二十二年的英國皇家空軍老手，指揮一支擁有十八名颱風戰機飛行員的空軍中隊。雖然可能對自己相當不利，他仍然召集隊員，向他們坦承錯誤。「我大可祕而不宣，但是坦承錯誤，將它寫進報告中，呈報出去，這才是正確的。」他說：「我向中隊組員說明，我如何犯錯以及犯的是什麼錯。如此一來，人們將瞭解到，我樂於舉起雙手表示我也會搞砸，我也是個凡人。」

這讓我們想起來，慢速解決法的第一要素：承認錯誤，從錯誤中學習。意思是說，不只要爲嚴重的過失負責，也要替小錯及有驚無險的失手承擔責任，這些小錯通常都是更大麻煩的預警。

但是，凸顯自己的錯誤，實際去做要比聽起來困難。爲什麼呢？因爲坦白錯誤是人類最討厭的事情。身爲群居動物，我們重視身分地位。就像義大利人說的，誰不喜歡做得漂漂亮亮（*fare bella figura*），或是在同儕面前維持良好形象。最損害形象的，莫過於搞砸事情。

這就是爲什麼推諉責任在職場上是一項藝術。我第一個老闆曾經給我一個建議：「切記！成功是大家的，失敗卻無人承擔責任。」瞧瞧你的履歷表，你有列舉上一個工作犯下的錯誤嗎？在實境節目《誰是接班人》（*The Apprentice*）中，每到會議室最後攤牌時刻，多數參賽者都將自己的過錯推給對手。即使涉及的金錢數目龐大，而且危在旦夕，公司行號仍經常選擇逃避問題，而非正視錯誤。近半數的金融服務機構，都要等到錯過截止期限或是超過預算時，才會插手解救一個早已岌岌可危的計畫。[2] 一五%的金融服務機構則缺乏正式的機制，以處理失敗的方案。

而更壞事的是，社會通常會懲罰承認錯誤的人。在一個極度競爭的世界，對手抓到我們的小辮子，或是嗅到一丁點可疑之處，就會藉機攻擊。雖然日本的商場領袖與政客，有時候會鞠躬請求原諒，但是其他國家的商人與政客，說了半天，甚至賠掉信譽，就是不願意直截了當承認錯誤。在英國，「問題」（problem）這個字在日常生活裡，往往被婉轉地說成是「議題」（issue）或「挑戰」（challenge）。研究顯示，向老闆隱藏壞消息的管理階層，在公司爬升得比較快，這種研究結果並不讓人意外。[3]

美國前總統柯林頓（Bill Clinton）退休後，總是每天說一次「我錯了」或是「我不知道」。如果沒有辦法自然而然說這兩句話，他就想辦法替自己製造機會。他這麼做，是爲了縮短定勢效應以及我們前面談到的各種偏見。柯林頓知道，在一個複雜而多變的世界，解決問題的不二法門就是保持開放的心胸，而敞開心胸的唯一辦法，則是坦然接受自己也會犯錯。但是，你能想像當他還是美國總統時，說得出這兩句話嗎？根本不可能。我們期待國家元首展露說服力與確定性。改變方向或心思，絕對不是學習能力與適應能力的評判標準，反而會被嘲笑是見風轉舵或意志薄弱。如果柯林頓總統在任內就坦承犯錯，或是質疑自己的政策，他的政敵以及媒體會將他攻擊到體無完膚。

而唯恐吃上官司，也是另一個迴避坦承錯誤的動機。保險公司總是建議顧客，在車禍現場，就算明顯是他們的錯，也絕對不能承認錯誤。還記得墨西哥灣漏油事件過了多久，英國石油才發布一紙類似官方道歉的聲明嗎？答案是將近兩個月。暗地裡，律師與公關高手鑽研先前的相關判例，擬出一份得以平息衆怒又能避免官司纏身的聲明。不只是公司不願承擔責任；即使卸任了，無須再討好選民，政客仍舊很難坦承錯誤。就像英、美兩國不曾在伊拉克尋獲根本不存在的大規模毀滅性武器，布萊爾（Tony Blair）與小布希（George W. Bush）兩人，也不曾爲了入侵伊拉克恰當地道歉。即使把個人自我意識的因素去除掉，我們多半仍會迴避坦承錯誤。在將近四十年之後，英國才針對一九七二年發生在北愛爾蘭的「血腥星期天」大屠殺，正式道歉。二〇〇八年，澳洲終於爲了加諸於原住民身上的迫害，向他們道歉。而一年之後，美國參議院才針對奴役非洲裔美國人的錯誤道歉。

即使沒有目擊者目睹我們犯錯，承認做錯仍舊是痛苦的。貝多芬曾說：「最讓人無法忍受的事情，就是對自己承認自己的過錯。」這將逼迫你正視自身的缺陷與極限，重新思考你是誰以及你在世界的身分。當你搞砸一件事情，並且對自己坦承錯誤時，你將無處躲藏。「這才是眞眞切切去感受錯誤。」凱瑟琳・舒茲（Kathryn Schulz）在她的書《犯錯》（*Being Wrong*）中寫道：「它卸除我們所有的理論，包括我們對自己的看法……我們將感覺被剝了皮，赤裸裸地向世界展示自己。」對不起，眞的是最難說出口的字眼。

這眞的很可惜，因爲錯誤是人生十分有用的資產。俗語說，人非聖賢，孰能無過？錯誤能以全新角度向我們展示這個世界，藉此幫助我們解決問題。危機這個字，中文以兩個字組成，一個意爲危險，一個意爲機會。換句話說，所有搞砸的事情都包含了改善的希望，只要我們把握機會承認錯誤，並且從中學習。藝術家幾世紀以來早已領悟這個道理。「錯誤幾乎總是帶著神聖的性質。」畫家達利（Salvador Dalí）曾說：「千萬不要試著去改正它。相反地，要找出合理的解釋，徹底瞭解它們。如此一來，你才有可能將它們昇華。」

同樣的精神，也統御著更爲嚴謹的科學領域。科學領域中，一次失敗的實驗能夠產生豐富而深刻的理解，並且開啓新的探索途徑。許多改變世界的發明得以成功，都是因爲科學家選擇探究錯誤，而非遮掩錯誤。一九二八年八月，亞歷山大．佛萊明（Alexander Fleming）爵士要與家人外出度假，離開倫敦之前，他不小心忘了將地下實驗室內一只裝有葡萄球菌的培養皿蓋上蓋子。當他一個月後返回倫敦，發現一種眞菌已經汙染了樣本，殺光周圍的細菌。他並沒有將培養皿丟進垃圾桶，而是分析黴菌的斑點，結果發現它具有十分強大、足以對抗傳染的媒介。他將它命名爲青黴菌。二十年後，世界上第一種、而且目前仍被廣泛利用的抗生素上市，帶來醫療保健的革命，也讓佛萊明贏得諾貝爾醫學獎。愛因斯坦曾說：「從不犯錯的人，是不曾嘗試嶄新事物的人。」

軍方人員都知道，坦承錯誤是學習與解決問題的基本要素。對空軍而言，失誤的代價就是人命，所以飛安通常比維持良好形象來得重要。飛行員與技師在英國皇家空軍發行多年的月刊《天空線索》（*Air Clues*）中，撰寫專欄，陳述犯過的錯誤與從中學到的教訓。機組人員一旦解決問題，就會受到盛宴款待。在最近的一期月刊中，一名隸屬於航空管制單位的下士，滿臉微笑，領取飛安獎，因爲他在一次飛官起飛時，察覺到翼梢觸地，駁回飛行員的起飛要求，中止了這趟飛行任務。

英國皇家空軍如同世界各地的多數空軍，要求戰機飛行員在每一次突擊任務後，都必須知無不言、言無不盡地進行簡報，藉以檢視哪些部分順利、哪些部分出了差錯。但是執行起來，總是不夠徹底。英國皇家空軍的機組人員只想與夥伴交流，卻不願意與上司或其他中隊分享錯誤。如同一名資深軍官所說：「許多能夠提升飛行員安全的寶貴經驗，都從指縫中流逝。」

爲了應付這種情況，英國皇家空軍雇用在民航界頗有名聲的貝恩斯・席孟斯（Baines Simmons）顧問公司，設計出一套能夠掌握錯誤並從中學習的系統，這樣的系統，在運輸業、礦產業、食物與藥品安全業都已行之有年。

空軍大隊長賽門・布雷斯福特（Simon Brailsford）目前負責監督這項新制度。他十八歲加入英國皇家空軍，先後在波士尼亞、科索沃、北伊拉克與阿富汗擔任領航員，駕駛C130大力士運輸機。現年四十六歲的他，不只擁有軍隊出身那種吹毛求疵的特質，擔任過女王伊莉莎白二世（Elizabeth II）侍從長達三年的他，還具備從容不迫的魅力。

他使用紅色氈尖筆，在他辦公室的白板上，描繪出一架墜毀的噴射機、一名殉職飛官及一縷煙。「航空是一項危險的營生。」他說：「我們想要停止收屍與撿拾飛機殘骸，所以要正本溯源，找出各種過失與險些出事的情況，這些都可能釀成大禍，希望墜機意外在第一時間根本不會發生。我們要在問題擴大成疑難雜症之前，就解決它。」

皇家空軍科寧斯比基地強烈要求全體人員，每當做出危及飛安的事情時，必須線上提交報告，或是塡寫釘在基地各處工作站的特殊表格。這些報告將向上呈報核心高層，由他們決定是否需要進一步的調查。

爲了讓這套系統行得通，皇家空軍試圖營造所謂的「公平文化」（just culture），當有人犯錯，上級的無意識反應並非責怪與懲罰，而是探究哪裡出了錯，藉以修正與吸取教訓。「必須讓他們覺得，坦承錯誤也不會惹上大麻煩，否則出差錯時，他們不只不會告訴你，甚至會設法掩飾。」布雷斯福特說：「這不是說他們不會遭受批評或行政處罰，或無需接受額外訓練，但是，他們會面對合宜的公平處置，上級會全盤考量事件的來龍去脈。如果你眞的犯錯，舉手承認，我們會跟你道謝。重點是，要讓所有人瞭解，我們鼓勵大家分享錯誤，而不是隱藏錯誤。這麼一來，我們才能預防嚴重事故，讓他與他的弟兄免於喪命。」

皇家空軍科寧斯比基地強迫灌輸這項文化。基地的各個角落，包括走廊、福利社，甚至是男用尿斗上方，都張貼海報鼓勵全體人員，就算是最小的飛安顧慮，都必須呈報。廁所也擺放輕薄的宣傳冊子，解釋要維持飛行安全，連最輕微的災難都需要提出報告。豎立在主要入口旁邊的是一張海報，印有基地飛行安全官的照片，他對前方指著食指，擺出基欽能爾爵士（Lord Kitchener）的經典姿勢。在他的辦公室電話號碼上方印有一排字：「你今天覺得如何？」軍方也灌輸軍校學生，坦承錯誤有其必要性。「一開始長官就不斷灌輸我們一個觀念，那就是，我們情願你們搞砸並通知上級。」一名科寧斯比基地的年輕機師說：「當然，你的同袍會因此懲罰與取笑你，但是我們必須瞭解，坦承錯誤不管是在當下或是未來，都是解決問題的最佳方法。」

皇家空軍也保證，會讓全體人員看見勇於認錯的成果。安全調查員會在二十四小時內致電這些呈報問題的人員，並在稍後通知他們案例的評斷結果。他們還與技師舉行每週一次的研討會，解釋所有調查的結果以及人員接受某項處置的原因。一名調查員說：「當他們知道，他們不會因爲犯錯而受罰，甚至還會得到讚賞時，他們都很吃驚。」

入伍十七年的小組隊長史黛芬妮・辛普森（Stephanie Simpson），負責科寧斯比基地工程部門的安全措施。她的雙眼敏捷，隨時保持警戒，頭髮則是往後緊緊紮成小圓髻。她告訴我，這項新制度最近大有收穫，一名技師察覺到，颱風戰機的一項例行測試切斷了座艙罩結構的暗榫。你可能因此無法打開損壞的座艙罩，意思是，飛行員在緊急狀況下嘗試彈出逃生時，下場可能是重重撞上駕駛艙玻璃。

這名技師提交報告，辛普森的小組隨即採取行動。二十四小時不到，他們便發現，測試座艙罩時的一個基本錯誤，可能損壞了暗榫。官方並未要求事後檢查。全歐洲與沙烏地阿拉伯的颱風戰機飛行組員，馬上檢查了被懷疑有問題的零件。處理程序隨後修改，以確保暗榫不會在測試時再度損毀。

「十年前，這樣的情況可能不會呈報，技師可能只會想，喔，暗榫壞了，換一個吧，然後繼續執行測試。」辛普森說：「現在，我們營造一種文化，大家會想，糟了，基地裡的其他戰機可能也有同樣狀況，而且以後可能察覺不到，所以我最好告訴大家。因爲如此，我們才能防微杜漸。」

由於帕圖納斯的坦承，皇家空軍事後調查才能發現因爲一連串的差錯，導致北海上空的驚險一瞬間。第一個錯誤是他自己的疏忽，沒有聽到向左傾斜的命令。第二個錯誤則是，在他不知道航向改變的情況下，其他飛行員仍逕行改變航線。接著，在帕圖納斯完成超越前機的動作之後，整個小組忘記要開燈。帕圖納斯說：「結果是所有的環節都沒有確實完成。如果每個人都做到他該做的，這起事件就不會發生。往好處想，這提醒了所有人夜間執行第三階段目測的規則。如此一來，我們下回就不會再犯同樣的錯誤。」

而中隊的其他人已經遵照他的指示。在我到訪的前一日，一名年輕下士指出有些程序並未確實執行。「她說的事情並不特別動聽，但是她的報告卻極具建設性，因爲即使可能遭受懲罰，她仍有勇氣違反常理坦承錯誤。」帕圖納斯說：「二十年前，她不會提出這樣的疑問，就算會，上司也會告訴她：『妳是說我的中隊是廢物嗎！妳知道家醜不外揚吧！』而現在，我反而要對她說謝謝。」

皇家空軍並不是解決問題的完美典範。不是每一次的錯誤與險些出事的情況都會呈報上去。如果類似案例無法以相同方法處理，將損害所謂的公平文化。要說服飛行員與技師將暴露不可告人的祕密視爲一種美德，一些軍官對此仍舊抱持懷疑的態度。在《天空線索》雜誌中，許多「坦承錯誤」（*mea culpa*）專欄的文章作者仍舊維持匿名。「對不起」在英國皇家空軍體系中，依然是個難以啓齒的字眼。

然而，這種改變已經帶來成果。這項新制度開始執行的頭三年，在科寧斯比基地，總共有兩百一十宗僥倖脫險或是過失被呈報。其中有七十三宗經過調查。每一次調查都會採取相關措施，確保相同錯誤不會再次發生。「我們以往不會呈報差一點就出事的案例。這是非常巨大的改變，也是人們重大的『信仰跳躍』。」布雷斯福特說：「我們不再掩飾問題，而是深入調查並處理問題的根本。我們在萌芽階段就消滅問題，防患於未然。」其他國家的空軍，從以色列到澳洲，也都注意到這項改變。

將坦承錯誤加入解決問題的工具箱，不僅僅是軍方受用。以艾克森美孚（ExxonMobil）石油公司爲例。自從一九八九年，艾克森．瓦迪茲號（Exxon Valdez）油輪在阿拉斯加外海發生慘烈的漏油意外，這家石油公司便著手理解並調查所有混亂的狀況，不論這些狀況有多微小。它因此放棄墨西哥灣的大型鑽油計畫，因爲不同於英國石油公司，艾克森美孚評估在墨西哥灣鑽油太過冒險。安全儼然成爲企業DNA的一部分，公司辦活動提供的自助餐點旁都立了警告標誌，提醒這些食物兩小時後就無法食用。在公司員工餐廳內，工作人員也隨時監控沙拉醬的溫度。

每當艾克森美孚石油公司的設施出現問題，上級本能的反應並非懲罰當事者，而是從中學習教訓。雇員會一起討論險些失手的事件所餽贈的教訓。一名服務將近三十年的員工葛倫．墨瑞（Glenn Murry），當年參與瓦迪茲號漏油事件的清理工作，如今是公司安全部門的負責人，他相信，沒有錯誤是小到可以忽視的。他說：「每一次有驚無險的情形，如果花時間調查，都能從中學到些什麼。」

如同英國皇家空軍與豐田汽車，艾克森美孚石油公司鼓勵員工，即使是最資淺的雇員，出差錯時都要大聲說出來。不久之前，一名新進工程師對西非鑽油案有所疑慮，於是自行暫停這項鑽油計畫。「他暫停這項耗資數百萬美金的計畫，因爲他認爲有潛在性的問題，我們應該暫停並進行通盤的思考，而管理階層也力挺他。」墨瑞說：「我們甚至讓他在一項活動上擔起全責，封他爲本季最佳員工。」如今，以任何標準來檢視，艾克森美孚石油公司在業界都擁有最無懈可擊的安全紀錄。

處理客戶的問題時，錯誤也可能是一項資產。每五種新推出的產品中，有四種在一年內就會宣告失敗，但最佳的公司總是懂得從失敗中學習。[4] 牛頓信息板（Newton MessagePad）、遊戲主機 Pippin，以及麥金塔筆記型電腦（Macintosh Portable），都是蘋果公司（Apple）徹底失敗的商品，卻替之後成功的商品鋪出康莊大道，例如平板電腦 iPad。

品牌管理的世界有如割喉戰一般競爭激烈，最小的失足也會讓顧客驚逃亂竄，拒絕再買，讓最大型的公司陷入困境，但承認錯誤可以帶給品牌競爭優勢。二〇〇九年，達美樂披薩（Domino's Pizza）在美國的業績急遽下滑，於是請顧客評斷他們的食物。顧客的回應相當尖酸刻薄。其中一名顧客說：「這是我嘗過最糟的披薩。」另一名顧客說：「索然無味。」還有許多客人更將它的餅皮比喻成厚紙板。

達美樂披薩對於這樣的結果並沒有生氣或置之不理，而是徹底坦承錯誤。在充滿紀錄片風格的電視廣告中，公司執行長派翠克・朵耶（Patrick Doyle）承認連鎖店披薩的製作出了差錯，並承諾未來會提供品質更好的披薩。[5]達美樂披薩接著重啓爐灶，將披薩從麵糰、醬汁到起司徹底改造。

這場披薩改造大戰成果豐碩，隔年同期的銷售量上揚一四・三%，這是速食業有史以來最大的業績增幅。道歉兩年後，公司股價上漲了二三三%。當然，這要歸功於新的披薩配方，但是起始點還是達美樂披薩做了英國皇家空軍與艾克森美孚期盼機組人員及雇員做的事——承認錯誤。這讓公司瞭解哪裡出了錯，並進行改善，同時消除消費者心中的陰影。這段時間，許多公司行號都大力宣傳經過改造的嶄新產品，最終卻只是颳起一陣讓消費者打冷顫的嘈雜旋風罷了。但是達美樂披薩勇於認錯，克服困境，恢復了與顧客的關係。

公關專家也同意，公司行號處理過失的最佳方法，就是道歉以及解釋因應之道，這與我自己的經驗一致。有一回，一筆入帳的款項不正確。在聽了二十分鐘銀行客服的藉口之後，我的聲音開始提高，我的血液因憤怒而沸騰。接著，換成一名經理跟我講電話，她說：「歐諾黑先生，非常對不起，我們轉入這筆款項時發生了錯誤。」當她解釋這筆錢將如何重新轉入我的帳戶時，我的怒氣消退了，最後，我們甚至聊起了天氣及暑假計畫。

公開道歉也會有類似安撫的效果。二〇一一年耶誕節旺季期間，一名客人拍到聯邦快遞（FedEx）的駕駛將一個裝有電腦螢幕的包裹，拋越一道六英尺高的籬笆。這段影片有如病毒般在網路上迅速擴散，眼看就要摧毀聯邦快遞一年中最忙碌旺季的業績。聯邦快遞並未推諉規避，而是毫不遲疑地立即道歉。在一篇命名為〈絕對、確實無法接受〉（Absolutely, Positively Unacceptable）的部落格公告上，聯邦快遞的美國區資深副總裁表示，針對這起事件，他感到苦惱、尷尬與抱歉。[6]公司還贈送這名顧客一台新的螢幕，並且懲處這名駕駛。最終，聯邦快遞平息了這場風波。

甚至當我們浪費別人的錢時，認錯並從失敗中得到教訓，往往才是最好的策略。二

○一一年，加拿大的工程師無國界協會（EWB），設立一個名爲「承認錯誤」的網站（AdmittingFailure.com），援助人員可以在上面發布自己犯下的錯誤，當作警告文章。EWB的企業風險領導人艾希莉．古德（Ashley Good）說：「在我們這個領域，如此坦白違反常理，因此這項新政策是很大的冒險。」成效卻很豐碩。EWB的工作人員不再擔心犯錯會當眾受辱，變得較願意冒險，而這通常是創意突破的跳板。「員工覺得他們現在擁有更多自由可以做實驗、自我督促及冒險，因爲他們知道如果第一次嘗試失敗也不會被責怪。」古德說：「當你如此挑戰極限，就能想出更有創意的解答。」比方說，在經歷多次嘗試與錯誤之後，EWB透過動員在馬拉威當地政府、私營企業與社區，設計出改善用水與衛生服務的系統。如今，發展部門的全體員工都會在「承認錯誤」網站上張貼自己的故事。EWB的捐款人也喜愛這項新制度，他們並不急於抽手，反而歡迎這種渴望從錯中學習的態度。古德說：「我們發現，開誠布公確實在我們與捐款人之間建立了更堅實的關係及更高的互信。」

　　而這套理論在人際關係上也管用。與伴侶、朋友、父母或小孩吵架之後，修補關係的第一步，就是各方分擔這個錯誤的責任。承認錯誤可以讓犯錯的那一方減輕折磨人的罪惡感與羞愧感，幫助受害的那一方克服阻礙他們原諒的那股怒氣。在巴黎執業的家庭治療師瑪希安・貝特杭（Marianne Bertrand），每週都會在工作時目睹承認錯誤的魔法。「許多人坐在我的辦公室內，無法開口陳述他們的問題。他們因爲出錯，深陷在暴怒與憤恨中無法自拔。」她說：「但是當他們終於接受事實，眞誠地爲錯誤道歉，聆聽他人同樣認錯時，你眞的可以感受到房間內的氣氛頓時改變，緊張的狀況消失，然後我們才能開始調解。」[7]

現在連醫師都樂於承認錯誤。一再有研究顯示，多數病人在面對醫療失誤時，想要的不是巨額賠償或醫院關門大吉。他們眞正渴望的，是像聯邦快遞處理扔擲包裹事件時所傳達的訊息：誠心誠意的道歉，充分解釋錯誤爲何發生，以及提出清楚明白、保證同樣錯誤不會再犯的方案。在美國，提出醫療過失訴訟的病人中，有將近四〇%表示，如果主治醫生能夠出面解釋與道歉，他們就不會提告了。[8] 傷腦筋的是，許多醫界專家太過高傲或害怕，以至於無法說「對不起」。

但是，願意說對不起的醫生也獲得了報償。位於肯塔基州雷克星頓的退伍軍人事務部醫學中心，在一九八〇年代後期成爲美國首間挖掘認錯力量的醫院。每當醫護人員犯錯，導致傷害，即使病患沒有察覺，他們還是會通知病人及其家屬。如果發現這是主治醫師的錯，他就必須以感同身受的態度清楚地向病人賠罪。醫院也會解釋它將採取哪些步驟，確保同樣錯誤不再發生，還可能提供某些形式的賠償。但是這項新政策的基石仍舊是簡單的一句「對不起」。這家醫院的辦公室主任喬瑟夫．佩勒奇亞（Joseph Pellecchia）說：「我們相信，這段期間，醫療過失訴訟所耗費的時間與金錢大幅減少，都歸功於這項政策。」

道歉還能增進醫療品質。當醫護人員能夠坦率地處理犯錯之後所產生的情緒後遺症，他們的壓力也會減輕，而且更能從錯誤中學習。「醫生不是神，他們是凡人，所以也會犯錯。」佩勒奇亞說道：「當我們從出事就嚴懲的環境，轉換成鼓勵學習的環境，便出現讓人難以置信的轉變。醫生也可以問問題，比方說，『這裡發生什麼事？』『哪裡出了差錯？』『這是系統出了問題？』『這是我的問題嗎？』他們從錯誤中學習，進而提供更好的醫療服務。」世界各地的醫院也起而效尤。美國與加拿大的州政府與省政府，則同樣制定所謂的「對不起法」（sorry laws），禁止訴訟關係人將醫生的道歉當作呈堂證供。最終的效果放諸四海皆相同：醫生更開心，病患更快樂，而訴訟也相形減少。

事實是，名副其實的慢速解決法通常都是從認錯開始。無論是職場上或是人際關係中，多數人都傾向於假裝一切都很好，回想一下之前提到的現狀偏誤及正統問題吧。承認出了狀況，接受自己必須承擔的責任，能夠讓我們擺脫窠臼。匿名戒酒協會（Alcoholic Anonymous）發明的十二步驟計畫，現在也被用來對抗其他許多成癮症，第一個步驟就是承認你無法控制自己的行爲。「哈囉，我叫作卡爾，我是一個速效上癮者。」

爲了要克服人類厭惡認錯的天性（特別是在職場上），第一步通常是撤銷懲處。而提供獎勵，鼓勵我們認錯就有獎賞，同樣大有幫助。還記得艾克森美孚石油那位獲頒本季最佳員工的年輕工程師吧？還有飛行安全獎。任何指出錯誤、讓軍方將來省下一大筆錢的人，英國皇家空軍就會付給他一筆現金紅利。至於從事援助工作的組織，如果分享進行發展計畫過程中所犯下的錯，就可以贏得聰明失敗獎。而線上薪資服務公司SurePayroll的員工，還能夠自己提名角逐最佳新錯誤獎的寶座。在輕鬆愉快的年度聚會上，他們聆聽同事講述搞砸工作的故事，以及所有人都能從中學到教訓的重大錯誤。誰能提出最受用的錯誤，就能贏得現金獎勵。

而在教育領域中，學生如果拙劣地在考卷上拼湊答案，將會徹底破壞他進入一流大學的機會，但是有的學校也開始獎勵承認錯誤的學生。倫敦一所頂尖女校擔心成績優異的學生會失去在智能上冒險的欲望，於是在二〇一二年舉辦失敗週。在老師與家長的協助下，溫布頓高校的學生透過會議、個別指導與其他活動，探索錯誤的好處。「成功人士從錯誤中學習，並且重新振作後向前邁進。」女校長海瑟・漢伯里（Heather Hanbury）說：「長遠來看，出錯可能會是他們人生中最棒的經歷，比方說激發創意，雖然事發當下，他們會覺得這是一場災難。」失敗週改變了學校的氣氛，老師不再縱容溺愛學生，就算直截了當告訴學生答錯了，也不會覺得不自在，也更容易要求學生找到更棒的答案。這些女孩子比較願意冒險，在課堂上研究的方式更加大膽，參加創意寫作比賽的人數也因此增多。學校辯論社的社員提出更爲犀利的論點，贏得更多比賽。「失敗週賜予我們最重要的事情，或許是提供一種討論失敗的語言，我們不再避諱討論失敗，而是把它當作學習、改善與解決問題的根本要素。」漢伯里說：「如果有女孩不滿意她低劣的分數，其他學生現在可能會開個友善的玩笑，或是告訴她：『好啦，妳是失敗了，但是妳也從中學到了些什麼吧？』」

而職場上更是迫切需要類似的文化轉型。回想那些沒有學到的教訓，那些懸而未決並且惡化的問題，那些在心中翻攪的惡劣情緒，那些浪費掉的時間、精力與金錢，這些都要歸功於人類掩蓋錯誤的本能。現在請你試著想想，如果任何錯誤都能夠激發出更聰明的工作方式，那麼你工作的地方將會變得多有效率，更別說會令人多愉快了。與其繼續得過且過，你可以從根本上改革你的辦公室或是工廠。

當我們要執行認錯以及從錯誤中學習這兩件事，有幾個步驟可以遵行。安排每日的柯林頓時刻。當你說：「我錯了。」然後找到出錯的原因。當你工作搞砸時，精確地指出一到兩個能從災難中獲得的教訓，然後立即坦承錯誤。當其他人搞砸時，壓抑嘲笑或幸災樂禍的欲望，相反地，幫助他們看見烏雲中那道曙光。在公司、學校或是家裡，討論認錯爲何能夠啓發具有創造力的進步。要讓這個訊息更有說服力，你可以使用讓人聽了愉快的措辭，比如「禮物」或「紅利」，來描述這些有好處的錯誤，或是引用名人的語句，像是福特汽車創辦人亨利．福特的話：「失敗不過是再做一次的機會。只是這一次，你會做得更有智慧。」

它也有利於創造分享空間，例如公開錯誤的網路論壇室或意見簿。借用豐田汽車的點子，帕圖納斯在中隊總部內設立溝通委員會，讓所有隊員提報問題，而中隊也會迅速調查並解決每個案例。「這非常受歡迎，技師與飛行員都會跑來。」帕圖納斯說：「它明確而實際，我對此非常有信心。」

而瞭解自身的錯誤通常沒有想像中那麼嚴重，還絕對有益。其他人並未如我們以爲的那麼注意或關心我們的過錯與失態。心理學家將這種人人自比爲宇宙中心的心理稱爲「聚光燈效應」。當你參與一場大型會議時發現絲襪破掉或領帶沾了蛋液，通常會覺得很窘，但是與會者注意到的機率卻微乎其微。康乃爾大學進行的一項研究，要求學生穿上印有美國老牌歌手巴瑞・曼尼洛（Barry Manilow）的T恤走進一間房間，穿著巴瑞・曼尼洛的T恤對自認是潮人的年輕人而言，是一種毀滅性的社交行爲。當這些實驗對象窘到不行時，房間內卻只有二三％的人注意到這位褪流行的歌手。[9]

坦承錯誤並不像我們擔心的那麼糟糕，它還是慢速解決法的第一步。接下來，我們將花些時間探討在第一時間如何以及爲何會犯錯。

3 認眞思考：退一步是爲了跳得更遠

別老是要做點什麼事，站著別動。

——《愛麗絲夢遊仙境》裡的白兔

如果想設計一個讓員工在星期一早晨期待去上班的辦公室，挪塞夫（Norsafe）的總部可能是你要的答案。每個窗戶都是對著外面綺麗的田園風光，木造房子坐落林間，原木碼頭旁的小船隨著水波盪漾，海鷗在晴朗無雲的天際翱翔，到了傍晚，夕陽灑在挪威南部的狹窄水道上，成了一條閃閃發光的銀帶。

挪塞夫的財務報表過去很長一段時間也同樣美麗如畫。這家總部位於挪威的造船公司創立於一九〇三年，對挪威這個海岸線比美國還要長的北歐國家來說，造船業可是一門大生意。直到今天，仍有七分之一的挪威人擁有至少一種水上交通工具。但現實可能與你想像的截然不同，不久前，挪塞夫還是一家瀕臨破產的公司，員工根本不想星期一進公司上班。

挪塞夫的專長是打造救生艇，買家以鑽油公司和超級油輪爲主，這家公司生產的救生艇長得就像潛水艇，外觀是鮮豔的橘色，在滿載的情況下，還能從四十公尺的高處墜入海面，讓人順利逃生。二〇〇〇年代中期，當全球經濟一片欣欣向榮時，公司訂單接不完，業績暴衝三倍。然而，就在公司賺大錢的同時，挪塞夫也陷入跟豐田汽車一樣的麻煩，內部運作失控難以維持。交貨延遲，製造過程無法察覺設計的錯誤，客訴石沉大海。隨著官司打不完，公司獲利大跌，設計、生產和業務各部門交相指責，每個人都知道公司大有問題，卻都束手無策。

直到二〇〇九年才出現轉機，挪塞夫聘請蓋爾．貝瑟爾森（Geir Berthelsen）當顧問，主導改革。四十八歲的貝瑟爾森是挪威人，他頂著一顆大光頭，有對深邃的眼睛，看起來就像禪宗大師，早從一九九〇年代初開始，貝瑟爾森的岩漿（Magma）顧問公司，就運用他所鼓吹的慢速解決法，幫全球好幾家搖搖欲墜的公司修修補補。不管顧客是哪一國的公司或哪一種產業，貝瑟爾森解決的第一步始終如一：花時間找出眞正的問題。

「幾乎每家公司都只想盡快解決，光會頭痛醫頭、腳痛醫腳，無法發現眞正問題所在。」貝瑟爾森說：「要找到問題核心，必須慢慢瞭解公司全貌，採取跟豐田汽車一樣的措施，一而再、再而三地問『爲什麼』，並且花足夠的時間分析、瞭解。」

這正是下一個要談的慢速解決法要素的總結精華：花時間、認眞思考做出正確的診斷。有人問愛因斯坦，如果只有一個小時可以拯救世界的話，他要怎麼辦？愛因斯坦回答：「我會用五十五分鐘的時間界定問題之所在，再用剩下的五分鐘尋找解答。」大多數人的作法剛好相反。不信的話，想想你最近一次去看家庭醫師的情況，看診時間可能才幾分鐘，而你努力想說出所有的話。一份研究顯示，病患解釋病情時大約二十三秒後就會被醫生打斷。[1]這是否正是誤診偏多的原因呢？

同樣的道理，光靠電子郵件、開會或是看年度報表，很難有辦法找出一家公司江河日下的眞正原因。正如我們稍早所見，當公司出了差錯，員工往往會推諉責任、怕丟臉或怕傷了同事的感受，所以選擇什麼都不說。在這個鼓勵行動而非思考的世界，時間何等寶貴，像愛因斯坦一樣花五十五分鐘認眞思考，需要很大的勇氣。然而不管是醫界、商界或任何行業，有時候「無爲」就是解藥。有些問題可能只是一時的亂流，或是無關宏旨的騷動。其實只要「熬一下」就過去了。但即便是要出手干預才能解決的問題，也應該先停下來，經過一番深思熟慮、敏銳觀察，才能踏出聰明解決問題的第一步。所以醫生診斷罕見的病例時，往往需要好幾天、好幾週，甚至好幾個月的時間，測試、觀察病情的發展、做更多分析，最後才會做出診斷，著手進行治療。「什麼都不做其實是世上最艱難的事。」王爾德（Oscar Wilde）說：「那是最難也是最有智慧的事。」

正因爲如此，岩漿顧問公司一開始會花很長時間不採取主動出擊，而是跟受雇公司的員工相處，觀察、傾聽、學習、爭取他們的信任，解讀問題的箇中玄機。「我們總是先從基層著手，在工廠或公司的生產線上駐點，直到完全瞭解整個系統，以及所有人如何在這系統中運作的情況爲止。」貝瑟爾森說：「給出解答前，總要先知道問題是什麼吧！這樣才能眞的解決問題。」

岩漿團隊花了一段時間，徹底找出挪塞夫的問題在於：公司已經擴張成大企業了，但營運模式還很落伍。隨著訂單越來越複雜，員工卻越來越容易忽略細節，這對打造最先進的救生艇，包含一千五百個零件，還有一大堆規定和要求要遵守的公司來說，實在是一個致命的錯誤。設計師既不考慮成本問題，也不管是否符合物理原則，草率地繪製設計圖。業務部也不費心去瞭解細節內容，就讓計畫放行。位在總部大樓旁獨棟建築裡的製造部門，費盡心力試圖維持收支平衡。各部門之間爭功諉過，公司淪爲烏合之衆。「我們過去常常無法要到業務部門應該提供的未來訂單或是其他資訊，也沒有人有辦法打破設計部門的靜默無言。」挪塞夫老闆兼執行長蓋爾‧史卡拉（Geir Skaala）說：「過去我常覺得，在總公司，只有我一個人有興趣知道公司的生產部門到底發生了什麼問題。」

預習好該做的功課之後，岩漿顧問公司爲挪塞夫設計出一套能像大企業運作的模式。第一步就是花更多時間研究合約。如今業務部仔細研讀每一筆訂單，身爲老闆的史卡拉親自審閱每一份合同，用紅筆圈出不同意的地方，用黃筆標出需要釐清的部分。現在設計圖上，都會標示所有相關特殊要求的清單。每個人的工作都分配得很清楚，員工要定期塡寫工作日誌。

岩漿顧問公司也打破了各部門之間的門戶之見，設計部、業務部和生產部的同仁，定期召開跨部門會議，把手機關機，專心談論合約內容、未來的計畫和工廠的情況。他們就跟皇家空軍科寧斯比基地和艾克森美孚石油公司的員工一樣，即使是最微小的問題，都鼓勵員工向上呈報，並提出解決方案。爲了強化新的開放精神，史卡拉不再一個人待在辦公室裡吃午餐，而是到公司附設的餐廳跟大家一起用餐。

這種慢速解決法絕非一蹴可幾，亦非不勞可獲，而是需要花好幾個月的時間向員工解說、取得信任，以及再訓練。期間，員工的自尊和之間的情誼受到挑戰。雖然對營運現狀不滿，很多員工還是很難接受新的工作方式。「他們心裡會想：『過去我是這樣做事，我的爸爸和爺爺也都用同樣的方式工作，爲什麼我現在要改變？』」史卡拉說：「他們不是出於惡意，只是過去做事的方法對他們比較容易。」這正是所謂的現狀偏誤。不過最終挪塞夫大多數的員工還是願意接受新政策，只有兩個不認同理念的人離開了。

員工似乎對公司的改變很滿意。漢斯．彼得．荷曼森（Hans Petter Hermansen）在挪塞夫擔任生產部門經理一職超過二十年了，他的皮膚黝黑、滿頭白髮、有一雙銳利的藍眼睛，看起來像知名義大利設計師喬治．亞曼尼（Giorgio Armani）及海明威（Ernest Hemingway）著名小說《老人與海》（*The Old Man and the Sea*）主人翁兩者的綜合體。「岩漿顧問公司教我們，如果訂單上有問題，應該立刻反映，甚至停止生產，而不是硬把貨趕出來。」他說：「現在公司上下一心，事事討論，團隊合作，做事更加有效率，而不是事情做到後半段才要修正錯誤。」

這種慢速解決法還有很多路要走。從業務和法務部門開始的這場革命，正逐步推廣到公司其他部門。在中國和希臘，工廠作業方式的改變還需要更長一段時間。即使在挪威總部，這套新的運作模式也還在磨合當中。我去造訪挪塞夫總部當天，公司正在測試一款新救生艇的原型，只見幾個緊張兮兮的設計師站在碼頭上，望著他們設計的救生艇沒入水中進行實驗。結果救生艇浮出水面後，沒有通過三分鐘內自動轉正的國際標準。設計師們垂頭喪氣，荷曼森臉上卻掛著冷笑。「他們還摸不著頭緒，其實我跟他們說過了，只要在救生艇的頂篷邊框加上四公分厚的泡沫塑料就可以了。」他喃喃自語地說：「這說明了就算公司運作流程正確，員工也不一定會全聽你的。」

雖然如此，至少挪塞夫改頭換面了。合約在公司內部的流程順暢，救生艇能以良好狀態準時交貨，獲利大幅增加。公司不再官司纏身，內部過去烏雲罩頂的氣氛一掃而空。二〇一一年，挪威國內重要的財經報紙刊登的一篇文章，形容挪塞夫是「挪威的金雞母」。身爲老闆的史卡拉非常滿意。「所有事都運作得很順暢，上班不再是件苦差事。」他說：「這不複雜，也不是變戲法，其實一點也不難理解，我們需要的就是放慢腳步，認眞思索找出眞正的問題，再動手解決。」

縱然沒有顧問公司獻計，其他一些面對危機的公司也採用深度、慢速的思考來渡過難關。一九八〇年代後期，總部位於加州、生產智慧型環保戶外服裝和用品的巴塔戈尼亞（Patagonia），由於公司擴張太快，趕不上訓練新進經理的速度，導致快速膨脹的生產部門與配送管道失控。公司創辦人兼老闆伊馮．喬依納德（Yvon Chouinard）試圖以快速解決法改變現況，他在五年內五度重組公司。事後他寫道：「我把大家都逼瘋了，當時只是不斷地嘗試新法子，卻沒有設想公司未來的明確方向，好好想想到底該怎麼做。」爲了幫公司找出方向，喬依納德最後拉了警示燈。一九九一年，他帶領十幾位公司的高階主管，到阿根廷南部眞正的巴塔戈尼亞高原上健行。就像聖經裡的先知在荒漠中尋找眞理一樣，這群公司的核心幹部花了兩週時間，待在環境惡劣多風的地方，腦袋思索著一個「重大問題」：「我們到底要打造一個什麼樣的公司？」他們結束阿根廷之旅後，已有不少想法浮現，最終淬煉出一份聲明：「生產最好的產品、不造成不必要的損害、透過企業鼓勵並落實解決環保危機。」爲了貫徹這個信念，喬依納德接著招待公司中階主管到美國國家公園閉關一個星期。巴塔戈尼亞公司花時間思索「重大問題」，公司運作總算回復正軌，簡化管理階層，精簡產品類別，疏通銷售管道。如今公司的年營收超過五億四千萬美元，同時延續自一九八五年開始的公司政策，每年捐出一%的營業額參與環保活動。

企業並非認眞思考的唯一受益者。英國皇家空軍基地實施的新安全措施，聘請心理學家抽絲剝繭找出每起事故中的「人爲失誤」，同樣發揮了作用。「每一塊拼圖背後都有一個故事，而每一個故事的背後又蘊含了一個接一個的故事——不管是因爲有人前一天太晚回家、一大早出門，和老婆或女友吵架，或是要工作時發現參考書籍不在。」空軍大隊長布雷斯福特說：「我們要的是啓動警示燈，以便找出每個問題的根源，也就是說在行動之前，我們花比較長的時間去思考。這麼一來，一旦付諸行動，我們才能以正確的方式解決問題。」

心也一樣。要彌補破裂的關係，首先要花時間去瞭解問題出在哪裡，才能找出正確的補救方法。戴夫·培瑞（Dave Perry）在多倫多擔任婚姻諮商，他在輔導夫妻時，會在他與客戶之間的桌子上放一隻陶瓷小烏龜。「它是個視覺上的提醒，教人要有耐心，以慢的方法來到達問題的核心。」他說：「一開始，人們很排斥，因爲他們想要速戰速決，一旦他們發覺自己有慢下來的權利時，反倒會大大鬆一口氣。」

花時間去辨識和設定問題所在，正是IDEO公司的運作模式，這個國際設計公司以深度研究之後提供解決方案而知名。當美國印第安納州的南灣紀念醫院（Memorial Hospital and Health System of South Bend）請求協助設計新的心血管醫學中心時，IDEO的人員花了幾星期在醫院裡觀察、傾聽並提出問題。他們訪談病患、家屬、醫師、護士、行政人員、技術人員和醫院志工，也舉辦工作坊，甚至從病患和家屬的角度重新建構到院後，從單純的問診到開心手術的可能經驗。他們提供的許多建議成了醫院新部門設計的最後內容。「我們研究病人需求並不光是直接問他們『你想要什麼？』，我們還做了包括浸透和滲流的冥想式、經驗式研究，」IDEO的管理合夥人兼創意主任珍．富爾頓．蘇利（Jane Fulton Suri）說：「你花越多時間深入熟悉一個問題，就有更多的空間創造出新穎、令人驚喜的洞見。」

這甚至可以從頭改造原本的問題。如果有客戶想要一個新型、改良式的烤麵包機，IDEO可能回過頭來問：烤麵包有沒有更好的方法？或者是怎樣讓早餐變得不一樣？IDEO協助蘋果電腦在一九八〇年發展出革命性的電腦滑鼠，用的就是同樣的方式。「從一開始，我們就問：『我們眞正要處理的問題是什麼？』」蘇利說：「我們在設定原本問題的過程中，可能就預設了解決方式。如果我們花點時間重新設定問題，或許就可以開啓一個另類、更好的解決方式來滿足眞正的需要。」

同樣的原則甚至對看似平穩的交通管理領域也有幫助。當同一段道路不斷發生交通事故時，傳統的解決方法是整修道路設施——比如說，增設新的燈號、減速障礙，或是設立警告標語。爲什麼？因爲給汽車駕駛更多指示，就會開得比較好。

但果眞如此嗎？在多年的觀察之後，這個黃金守則似乎無助於道路安全，有些設計者開始懷疑他們設定的問題根本就不對。與其問我們應該在道路上「加點」什麼好讓它更安全，他們用的是 IDEO 反直覺式的思考，改問：「一條比較安全的道路看起來應該是什麼樣子？」他們的發現連他們自己都大感意外。結果有關交通安全的傳統智慧顯然是錯誤的。關於駕駛人應如何行爲，往往你跟他們說得「越少」，他們開車反倒「越」安全。仔細想一下，大部分的車禍事故發生在學校門口和行人穿越道，或是公車與自行車的專用道。這些地方通常豎立了許多交通標誌、燈號和指示牌。這是因爲太多的指示會讓駕駛人分心，誤認爲這是比較安全的區域，導致他們開車經過時不會特別留心。

盡量減少燈號、標誌和視覺上的提示，駕駛人就必須靠自己思考。他們的眼光必須注意行人和腳踏車，調整車子在市區的通行，計畫下一步的行動，結果就是交通變得更順暢也更安全。在倫敦最繁忙商區的肯辛頓大道上，交通號誌的大幅減少就讓交通事故減少了四七%。[2]

腦神經學上的理由也支持我們花時間緩慢而深刻地思考問題。截止期限對於找出解決問題扮演著一定的角色，但是趕時間往往會讓思考漏洞百出且流於表面。哈佛商學院的教授兼研究主任泰瑞莎·阿瑪比爾（Teresa Amabile），過去三十年致力研究職場的創造力。她的研究有發人深省的結論：匆促行動會減損我們的創意。「雖然適當的時間壓力不會損害創造力，極度的時間壓力卻會讓我們喪失創意，因爲人們無法深入研究問題。」阿瑪比爾說：「創造力通常需要醞釀的階段；人們需要時間浸淫在問題之中，才有辦法讓創意靈感湧現。」

我們都可以從經驗理解這一點。最好的想法浮現，就在我們高喊「我想到了！」、讓整個局面徹底改觀的時刻，很少會出現在急速行動，忙亂收發電子郵件，在氣氛緊張的會議中試圖發言，或是趕著把工作報告交給沒有耐性的老闆的時候。創意湧現往往是在遛狗、泡澡、躺在吊床上的時刻。當我們冷靜、不匆忙、沒有壓力也沒有外務讓我們分心時，頭腦就會進入更豐富、更微妙的思考模式。[3]有人稱它爲慢的思考（Slow Thinking），而一些偉大人物都瞭解它的力量。米蘭·昆德拉（Milan Kundera）談論「慢的智慧」，柯南·道爾（Conan Doyle）描寫福爾摩斯在思索犯罪現場的物證時，會進入半冥想的境界，「眼神裡有如夢一般空洞的表情」。達爾文（Charles Darwin）則形容自己是「慢的思想者」。

即使環境不允許你花上幾星期耐心觀察，或是在巴塔哥尼亞高原進行哲思漫步，慢下來思考仍舊有必要。就統計數據來說，警察人員單獨行動時，出現槍戰、逮捕和攻擊的場面，會比有同伴在旁邊的時候少。爲什麼？因爲警察單獨行動時會比較小心謹慎，採取行動前，會多花一點時間去衡量局面。[4]稍稍的停頓甚至會提高我們的道德感。[5]約翰霍普金斯大學的研究顯示，在面臨明顯的是非抉擇時，如果有時間多想一下，我們有五倍的機會做出好的決定。其他研究也認爲只要兩分鐘理性的思考，就能幫助我們超越偏見，接受理性論證。

爲了營造豐富、有創意的思考空間，我們要先掃除二十一世紀文化中將緩慢視爲禁忌的觀念。我們必須接受，在正確的時刻做合理的減速能幫我們變得更聰明。這代表，當整個團隊在處理問題時，我們不要太在意那些占據舞台焦點的快速思考者，應該多聽聽那些坐在後面思索問題的害羞的人。創意思維活動的教練提姆．派金斯（Tim Perkins）對這種情況已經習以爲常。「去年有個小朋友在腦力激盪活動裡，一直安安靜靜地坐著，我們幾乎忘了她的存在。」他說：「但是實際上，她是花時間在消化我們下達的指示，大概十到十五分鐘之後，才開始發言。通常全隊到最後都會採取她提供的解決方法。」

每個人都可以採取步驟努力思考。即使沒有任何事需要改正，你也應該在自己的行程表裡安排時間，擺脫科技的束縛，讓心智隨意漫遊。在處理新問題時，規定自己至少要隔天一覺醒來之後，再提出解決方案。一再追問自己爲什麼、爲什麼、爲什麼，直到眞正找出問題根源爲止。在書桌上擺設一個物品，比如說一尊雕塑、一隻木刻的蝸牛或一張你最喜歡的旅遊景點的照片，提醒自己慢下來，在行動前再想一想。最重要的是，不管看起來多煩瑣，都要一再反覆測試你的解決方案。

即使我們已經設計出一套防範制度，一般人還是很容易犯錯，把希望寄託在初期看來很有效果的快速解決法。才剛剛接受過解讀「人爲因素」和追查問題根本原因訓練的英國空軍科寧斯比基地調查員，就曾經落入這種陷阱。在不久前的一次例行維修工作，一名工程人員打開了颱風型戰機的艙底門。門重重撞上它底下的千斤頂，留下一道彷彿被砲火擊中的凹痕。在過去，這位年輕士官應該會受到懲處並遭到同袍嘲笑，也有可能爲了逃避責罰而竄改證據。不論是哪一種情況，隊友們應該只會更換艙底門，而不會想到要研究事故原因。

在新的規定下，工程人員提交現場報告而啓動全面的調查。空軍上校辛普森的團隊很快地發現，可防止艙底門在致命時刻下降的安全門不見了。問題到這裡還算正常。但是進一步調查又發現了一個讓人吃驚的疏忽：雖然安全門明白列載在颱風型戰機的手冊裡，英國皇家空軍四個飛行中隊竟有三個沒有把它安裝上去。

辛普森上校大吃一驚。她說：「每個人都要遵守手冊清單。每個人受的訓練都是根據這份清單。每個人都看得到安全門裝設位置的圖片，卻沒有人注意到我們根本沒有購買這些安全門。」這像是實施新安全政策最有力的背書。英國空軍立刻購買了安全門，並把事件列入「底艙門損害案例」中，歸檔結案。

「每個人都說：『這個新制度眞聰明對吧？我們以前絕不會找出這個問題。』」辛普森說：「我們以爲一切都處理好了，問題都解決了。」但事實上並沒有。幾個星期後，另一架颱風型戰機的門因爲幾乎一模一樣的事故而損壞。

安全門的問題其實無關宏旨。當調查人員花時間更深一步地思考，他們發現一堆其他導致艙門意外的因素：機工人員因爲調班而分心；機庫裡的照明不足；指導手冊裡的一個圖示把千斤頂放置的角度弄錯。

「我們太滿意我們找到安全門這個明顯的答案，結果完全被解答蒙蔽而不再去想其他原因。」辛普森有點不敢去回想，她說：「不過往好處想，我們學到很寶貴的教訓：光是找到一個幾乎是最佳解答的因素，還不能停下來，仍需繼續調查、研究、提出疑問，直到掌握整個事件的全面圖像及處理問題的方法爲止。」

換句話說，如果你的第一個解決方法完美到不像眞的，它可能就不是眞的。

當我問辛普森認眞思考是否會到達一個完全透徹的時刻，她靜默了幾秒鐘才回答：「到某個程度你會知道該怎麼做，但是很少會像發射神奇子彈那般簡單。」她說：「總是會有多重的因素需要連結在一起。」

4 全面思考：把虛線連起來

萬物皆有關聯……事情不會自己改變。

——環保人士保羅・霍肯（Paul Hawken）

他們稱之爲貧民窟跛行。你曾在美國電視影集《火線重案組》（*The Wire*）中看到它，也曾在製作費上百萬美金的嘻哈音樂錄影帶中見過，或是可能在自己居住的城市街道上親眼目睹。在黑道橫行的社區內，許多年輕男子都喜歡這樣蹦跳、邁著大步行走。它暗示這個人可能挨過子彈，或是他的垮褲裡藏著一支槍。這是阿飛的標記，街頭混混的裝腔作勢，這個姿勢傳達給周遭所有人一個訊息：「少惹我，因爲我是個心狠手辣的混帳東西。」

當我乍見路易斯・普萊斯（Lewis Price）時，覺得他的貧民窟跛行非常有道上兄弟的氣魄，頭髮往後梳成辮子頭；穿著垮褲；腳上踩著一雙黑紅相間、招搖的喬丹鞋（Air Jordans），鞋帶沒綁；手腕上則刺上MOB（饒舌團體：金錢勝過馬子）。他現年十七歲，全身結實，肌肉發達，爆發力十足，有如站在起跑線上的運動員，或是一隻隨時等著一躍而起的老虎。

然而，當普萊斯一開口說話，你就會明白，他絕對不是什麼心狠手辣的混帳東西。他的笑容親切，舉止溫和，與其外表天差地別。他喜歡聊天，抓緊任何機會聊天，雙眼環視房間，似乎在尋找下一個笑點。幫派暴力摧殘洛杉磯中南部，但是普萊斯與其他捲入幫派暴力的年輕人不同，他跛著腳走路不是裝出來的。他十四歲時，一名敵對幫派的成員趁他在人行道上閒晃時，朝他近距離射擊，子彈劃過他的右腿，卡在左腿，由於卡得太深，醫生決定將它留在裡頭。他再也無法踢足球或是打籃球，路人則老是誤以爲他是流氓。他說：「人們以爲我是故意那樣走路，以爲我走路像個混混是在宣示什麼，但是我挨子彈之後只能這樣走路。你知道，以我的角度來說，還能走路已經算是很幸運了。」

普萊斯最近總是往好處想。他已經金盆洗手，登上學校的榮譽榜，並且計畫上大學。這對於出身瓦特茲（Watts）的孩子而言，誠屬難得。

洛杉磯的這個區域，長久以來就是黑人鬥爭的前線。在一九六五年，瓦特茲暴動將這片面積五十平方英里的土地變成戰場，建築物被燒得焦黑，示威群衆與國民警衛隊陷入激戰。之後，幫派控制了這個地區，傳聞中的血幫與瘸子幫藉由暴力火併爭奪地盤。而過去十年，拉丁裔移民大舉遷入，瓦特茲仍舊深受城市的絕望所苦：貧窮、犯罪、不及格的學校、健康狀況不佳、失業、破碎的家庭、毒品、未成年懷孕、營養不良、不負責的父親、家庭暴力。幫派分子多達數千人，互毆、械鬥以及讓普萊斯終身殘廢的槍戰。很少瓦特茲的孩子上得了大學。

普萊斯不是第一個改過自新的幫派分子。但是厥功甚偉的不是教會、家庭或是英雄般的社工，他將自己的改過向上歸功於母校。許多瓦特茲居民對此又驚又喜，這所叫「亞尼莫．洛克」（Animo Locke）的當地高中，已經從廢物的溫床變成希望的燈塔。

「要不是洛克高中，我無法成爲今天的自己。」普萊斯說：「在我進入這裡就讀前，老天啊，我總以爲自己只能在街上逞凶鬥狠度日子，但是當我來到這兒，他們喚醒了我。」他說完陷入一陣沉默，似乎在沉思他放棄的那條路。接著，他又補充道：「要不是洛克高中，我會像我以前的朋友那樣，不是被打死，就是被抓去關，但是現在，你知道，我看見了未來。我如今是個好學生，我一定有辦法成功的。」

許多國家都在不斷努力，試圖終止貧窮學生在爛學校中誤入歧途、朝社會底層墜落的惡性循環。這種情況在美國特別嚴重，全美有一〇%的高中位於都市中無法無天的社區，有將近一半的學生輟學。[1]目前採行的一個解決辦法，是在同一區域設立全新且更好的學校。非營利的特許管理組織（CMOs）就是採用這種辦法，這些組織從一九九〇年代開始使用公帑，開設並管理全美數百間免費學校。自歐巴馬政府上任之後，則採取不同方針：派遣明星校長，賦予經費與新的命令，徹底重建這些不及格的學校。這兩種不同策略的成果優劣參半。而洛克高中融合兩種策略的優點，最後脫穎而出。

二〇〇七年，洛杉磯學區邀請一個名叫「綠點」（Green Dot）的特許管理組織，在洛克高中精心策畫一項改造計畫。這是美國第一次有特許組織同意改造不及格的學校，洛克高中當時絕對是糟糕透頂的學校。作爲瓦特茲暴動之後的革新象徵，這所高中設立於一九六七年，是以首位贏得羅德斯獎學金、進入牛津大學就讀的非裔美國人亞蘭・勒洛伊・洛克（Alain Leroy Locke）命名的。但是這些年下來，工作機會與中產階級不斷從這個社區流失，學校經費也跟著逐年縮水。直到綠點介入經營前，橫跨六個街區、擁有三千一百名學生的洛克高中，變成經常出現在電影中的中輟生工廠，校舍布滿塗鴉，窗戶破裂，燈泡損毀，教室油漆斑駁，垃圾如同風滾草、在破舊的校園中隨風飄動，車子停得到處都是，連手球場都變成停車場。

學生老是翹課，在走廊上閒晃，或是一大群人聚集在外頭擲骰子與吸大麻。他們在學校裡面縱火，在屋頂上辦派對。幫派分子在體育館外頭兜售毒品。學校警衛大多數時間都在勸架，或是將敵對的混混分開。好幾名學生就在校門口遭到槍殺。

還是有老師如英雄般，辛苦地給予少數願意學習或是有能力學習的學生適當的教誨，但是情勢比人強，許多老師乾脆放棄。由於老師在課堂上太常放電影，家長替洛克高中取了「貧民窟電影城」的綽號。不少老師在課堂上看報紙或是讀小說，放任學生胡鬧、玩牌。連教授求生技能的老師都是醉醺醺地來上課。當洛城當局在二〇〇七年，出動直升機與鎮暴警察，前來驅散一場數百名學生涉入的打鬥事件後，洛克高中的名聲跌到谷底。而在槍擊、性侵與毆打占據新聞頭版的同時，它更創下最糟糕的統計數字：二〇〇四學年度，有一四五一名九年級生入學，四年之後，不到六%的學生畢業、修滿可以申請加州州立大學的學分。

並非官方放棄洛克高中。相反地，洛城當局在這間學校，奮力祭出一次又一次的改造行動：新的出席政策、新穎的閱讀計畫，一段時間之後又革新紀律規範，諸如此類的方法不及備載。問題是，當局從來不曾花時間綜觀全局。他們只是一個辦法接一個辦法地嘗試，就像我治療背痛一樣。體育課主任史蒂芬．米尼克斯（Stephan Minix）見證了這一連串萬花筒般的速效辦法。米尼克斯說：「年復一年，西裝筆挺的人現身，在學校做點這個、做點那個。他們總是說，這將能解決問題，然後便一走了之。他們老是做做表面工夫，執行學區當局交代下來的政策，卻從不思考這些政策對於洛克高中的意義何在，所以成效不彰。面對如此深沉的問題，他們只是提出救急方案。」

所以，綠點一開始面對相當程度的懷疑。洛克高中的老師，包括明尼克斯，都懷疑這些新來的又是一夥販賣速效辦法的商人。許多瓦特茲居民並不信任這些能言善道的局外人。一名家長就說：「對許多居民來說，這就像是來了幾個白人。這些香客搭起帳篷，築起柵欄，承諾要改造我們的學校與我們的孩子，但是我們沒有插嘴的餘地。當方法行不通時，他們驅馬奔向夕陽，離我們而去，甚至留下比以前還嚴重的混亂。」

但是綠點不做救急的生意，而是把洛克高中直接推進醫院動大手術。負責人名叫馬可・佩特魯茲，他針對我們稍早討論過的大肆宣傳和膨風文化，有銳利而中肯的見解。我問他洛克高中的改頭換面，顯示何種解決問題的藝術，他毫不猶豫地回答我：「主要的教訓就是，僅靠一項政策、一種軟體、單一環境的改變，是無法修復一所破碎的學校。」他還說：「問題非常多，你必須搞清楚它們是什麼，彼此的關聯性，最後再將它們一網打盡。」

他說的就是慢速解決法的下一個元素：將點跟點連起來，採取全面性手段。在第三章中，我們瞭解到，花時間探究問題的真正本質很重要。它通常揭示許多互有關聯的因素，而單一神奇子彈無法闡釋所有因素。複雜的問題，從氣候變遷、中東衝突到觸礁的婚姻，都需要更廣泛地檢視，通盤地處理。當美國公司在一九八〇年代斥資研發科技時，專家只是坐著乾等哪天生產力會大幅提升，但是這並未發生。老闆後來瞭解到，裝設迷人新穎的硬碟與軟體還不夠；從重新訓練員工到改造工作習慣，都必須進行全面的系統改造。就經驗法則計算，每花一美元研發新科技，公司就必須額外投資五到十美金自我整頓，才能善用這項新科技。[2]

這種全面性手段在藥學上同樣頗具效果，身體症狀涉及的層面更爲廣泛，需要推敲心理與身體之間的關聯性。許多醫院如今利用藝術、音樂，甚至小丑，幫助病人消除緊繃、減輕痛苦與改善治療品質。

修補破碎的關係同樣適用。我們之前介紹過的巴黎家庭治療師瑪希安・貝特杭發現，敵對的伴侶發牢騷通常只針對單一事情，比方說外遇。但是這樣的事情鮮少會沒來由地發生，而是更爲深沉、更加複雜的因素引發的症狀。如同英國皇家空軍在意外發生之後，抽絲剝繭找出問題核心，貝特杭幫助這些伴侶拆解開隱藏於表象底下的故事。她說：「你無法單靠聆聽獨白就瞭解莎士比亞的戲劇。一段關係就像巨型而複雜的拼圖，你必須檢視每一片，才能找出適合雙方的解答。」

麻煩的是，全面通盤的思考並不容易。我們稍早曾討論到，人類大腦有隧道視野的傾向，還記得觀看那段 YouTube 影片時，超過一半的人都沒看見那個穿著猩猩裝、在籃球場上閒晃的男子。所以，即使是頂尖的問題剋星都需要費盡心思，才能將所有的點串連起來。「我們揭露該系統的人員遭遇到的狀況，試圖挖掘出每一個問題。」IDEO 設計公司的珍・富爾頓・蘇利說：「找出事情的關聯性，而不同參與者的活動又是如何結合、形成一個場所的文化，以及要有所改變時，這些人事物又必須涉入多深。」綠點就是以同樣的精神，從內部開始改革洛克高中。

爲了營造一個更親密的環境，它將學校分割成許多小型學院，以臨時籬笆與隔板隔開。每班人數也大刀一砍，從四十人減少到三十人左右。他們先解雇所有老師，再邀請他們重新應徵職缺。經過嚴格的面試，綠點重新雇用其中三分之一的教員，剩下的職缺則從外部聘用求職若渴的年輕教師。持續不斷的訓練及評量，使得新舊老師都得隨時上緊發條。

教員以往下午三點下課鐘一響就急著閃人，現在則是留到晚上，提供申請大學的學生額外的個別指導及建議，或者只是好意傾聽學生遭遇的難題。他們還會做家庭訪問，並提供私人電話號碼給家長。普萊斯說：「這些老師教導我們，但是他們做的不只如此。爲了確保我們充分理解上課內容，他們歡迎學生隨時找他們提問。我們可以在深夜打電話給老師，告訴他們，我解不出來你給的作業，你可以幫我嗎？他們就會解釋到我們懂爲止。」

教學改革有其實際的意圖。綠點要將一種思維植入校園文化中：只要有足夠的努力與想像力，每個孩子畢業後總有一天能上大學。這種思維如同祈禱文一般不斷地被複誦。老師從每個學生九年級開始，就會協助他們擬定一項升學計畫。大學的旗幟及招生小冊子，連同近期畢業校友的學士照，一起掛在教室裡面。校友返校描述大學生活。課堂上，老師也會用一些措詞喋喋不休地刺激學生，比方說，「當你們上大學時……」以及「你們的大學教授將……」。

在讓教學重新上軌道的同時，綠點也改造了洛克高中的外觀與氣氛。先是用媲美洛城整型醫師的功力翻新校園：重新粉刷校舍；清理垃圾；修理破掉的窗戶與壞掉的照明設施；將校園正中央破碎的混凝土建築，換成周圍綴以花朵、灌木、橄欖樹與胡椒樹的如茵綠地；在圖書館外頭，裝設附有遮陽傘的野餐桌子。以往被畫滿塗鴉、貼滿幫派標籤的走廊，如今整潔無瑕，取而代之的是活動海報，宣布即將到來的足球賽，或是陳列學生的課堂作品。我在一個走廊上，看見幾篇關於「憲法第二修正案」的A^+論文，幾首寫得還不錯的詩，以及詼諧政治明信片的展覽。

學生也進行大變身。他們現在穿著制服——卡其布絲光黃斜紋褲以及有領子的襯衫，顏色則是任選一種校色。洛克高中也不鼓勵學生穿著紅、藍與其他鮮豔顏色的夾克，偏好與幫派無關的中性色彩。沒有穿制服上學會被送回家穿好再來或是租借一套制服，不過週三則例外，所有人在這一天可以穿牛仔褲與大學紀念衫。學生表示，這項新制度實施之後，他們比較不會爲了爭論誰穿對襯衫或穿錯褲子而吵架。制服也成爲行走於學校附近險惡街道的護身符。「你會注意到，當你穿一般衣服時，人們會盯著你瞧。」一名眼睛突出、儼然是班上開心果的十一年級生莫瑞斯．傑克森（Maurice Jackson）說：「但是當你穿上制服，他們的眼神會從你身上移開，他們不會關心你是誰，只會想，喔，只是一個要上學的孩子，他對我沒有威脅性，然後就不理你了。」

讓孩子覺得安全，是綠點的慢速解決計畫的宗旨。無論老師多麼優秀，校園如何美麗，或是制服變得何等時髦漂亮，如果學生總是回頭望，擔憂某人會朝他出拳或是亮槍，那麼他永遠無法專心向學。根據米尼克斯的說法，在洛克高中內，每個人總是憤怒與害怕。

爲了應付這個情況，綠點徹底檢討安全制度。如今，下課休息時間，教員會帶著對講機，在校園內採取戰略位置，指揮交通並且維持秩序。一名郡警長辦公室的警官與私人保鑣，會和無武裝的地方治安維持團一起巡邏校園。常備武裝巡邏隊負責確保學校半徑兩個街區內安全無虞，沒有幫派活動，有時候，安全防鎖線的區域還會擴大。洛克高中還備有校車，接送偏遠社區的孩子，並且將留校上輔導課或運動的學生送回家。安全人員仍然會搜學生的身，檢查他們是否攜帶武器，但是方法較爲謹愼。以往，他們總是在上課時便蠻不講理地闖入教室，當著所有學生的面搜身，現在，他們會在隔離而隱蔽的房間進行。一名曾在一九九〇年代就讀洛克高中的無武裝保全人員雅各．麥可基尼（Jacob McKinney）說：「要對孩子更加體諒包容。」

要理解孩子們的想法，就表示串連每一個點的策略必須走出校園，洛克高中有超過五分之一的學生生活在寄養家庭，將近一半的學生來自單親家庭。家庭暴力與未成年懷孕的現象十分普遍，營養不良更是常見，許多孩子好幾年沒看牙醫或是醫生。爲了減輕負擔，綠點與對街的托兒所合作，委請他們照顧洛克高中學生產下的兩百多名嬰兒。他們還雇用一組輔導員，並請來牙醫替孩子治療牙痛，替學生配眼鏡。當妓女或幫派分子開始在附近的公園內糾纏洛克高中的學生時，學校職員就會跑到墨西哥玉米捲餅攤，試著與他們講和。如同許多學生，住在寄養家庭的十一年級生安德烈．沃克（Andre Walker），將學校當作第二個家，學校如同天使般，在他貧瘠生活的每個角落守護著他。「我沒有父母，有時候，當我想找人說說話時，我就會跑來找一位老師，他叫作麥可，我會告訴他對於過去生活的感受。」他說：「或許以前，每當我需要放下某件事情時，我總是壓抑情緒或憤怒，但是現在我可以去找他。我們的教職員基本上就像代理父母，在你需要的時候引導你。」

綠點也說服家長與監護人關心學校事務。他們可以來和校長吃早餐，學校行政人員會打電話給家長，讓他們瞭解小孩的情況，包括留校察看、家庭作業、得獎、遲到，以及小孩在生活中遭遇的坎坷挫折。「他們經常打來，一有機會就打，我媽就非常喜歡。」普萊斯笑著說：「每次學校打來，她都馬上接起來。不過這很棒啊，知道大家都在關心我是很棒的。」

總括來說，這間一度破敗的學校，如今已經大幅改善，而我則趁著午餐時間親眼見證。一些男女學生在草地上玩一種有趣的足球遊戲。其他人則在附近的陰涼處放鬆，玩手機或是聽MP3。幾個女孩子輪流替別人編辮子。在學校餐廳外面，四名男孩喧鬧著對著牆壁比賽手球，還有人騎BMX單車或是溜滑板，炫耀特技絕活。麥可基尼一邊用手遮擋低角度的冬陽來保護眼睛，一邊俯瞰校園，平滑而圓潤的臉上綻放笑容。在以往糟糕的日子裡，午餐時間代表制止群架以及搜查藏匿的槍枝。現在，麥可基尼與溜滑板的學生以拳頭相碰致意，互開無傷大雅的玩笑。「如果我要替發生的改變下標題，我會稱它爲『洛克高中復活』。」他說：「校友回來後都難以相信。每天從早到晚，所有學生都乖乖上課，行爲端正，一起出去玩，看起來眞的像是一間學校了。」

這其中蘊藏著許多眞理。以往的家長會只有幾十個家長出席，現在卻有超過一千人參加。一些家長穿上洛克高中的T恤，幫忙供餐或清理校園。考試分數與出席率都有提升，輟學率也大幅下降。當我拜訪體育組時，米尼克斯爲了最新出爐的成績單，開心到都要翻筋斗了。學校籃球與足球隊的兩百名選手，只有兩人成績達不到留下來的低標。在學校進行大改造前，多達六、七十人未能達到低標。「進步眞是驚人，而且讓人難以置信。」米尼克斯說：「我一整天眉開眼笑，歌頌這一切。」

衡量洛克高中的成功，不能單單以考試成績或出席率來評斷。當你從各個角度破解問題時，困境的元素五花八門，處理的方法更要多元，才會產生更深入的改變。在洛克高中內，綠點針對學校的每一個環節施展魔法般的手段，認同紀律、勤奮與尊敬才是明燈。如果要以 PowerPoint 簡報圖形軟體將其量化是很困難的，然而你每天都能在上百個瞬間當中目睹這些改善。

我與新校風的第一次邂逅，發生在開明途徑學院（Advanced Path academy），該學院是幫助有困難的學生取得足夠的畢業學分。教室裡有八十名學生，坐在一排排的電腦前面。我瞧見一名女孩子朝垃圾桶丟擲揉成一團的紙，只是她失手了，那團紙掉到地上，我們四目相對，緊張的氣氛隨之而來。我後來才知道，她是一名十七歲的單親媽媽，有施暴紀錄。如果是在以前，她可能會翻白眼，或是對我比中指。但是現在，她卻笑了，舉起手做出「我失手了」的手勢，然後撿起那團紙，丟進垃圾桶。

而師長叨叨絮絮談論大學事物，似乎也有成果。洛克高中雖然還沒有辦法在短期內將大量的學生送進常春藤名校，但是渴望進入耶魯或史丹佛大學就讀，不會再被嘲笑或是霸凌。茱莉亞．馬奎茲（Julia Marquez）是一名安靜的十一年級生，希望成爲小兒科醫師的她喜歡這種新氣氛。「眞正改變的地方是，聰明是一件很酷的事情。如果是以前，你會惹上麻煩。現在，每科都拿A是件很酷的事情。」

當然，像馬奎茲這樣勤奮好學的女孩，對綠點而言是輕而易舉的目標。眞正的挑戰是讓普萊斯這種學生改過自新。根據他的描述，他不到十二歲就開始墮落，在街頭混，逃學，抽大麻，打群架，替幫派跑腿。後來還有自己的手下，因而晉升爲OG等級，OG就是Original Gangster（大尾鱸鰻）。「我爬到頂端了。」他說：「我只有十四歲，卻擁有相當大的權力，感覺很棒。」即使是一顆子彈卡在大腿裡，還是無法改變他的想法。相反地，他乾脆更加使勁耍狠，證明自己是個心狠手辣的混帳東西。「如果我放手不管，人們會把我看成傻瓜或混蛋，所以我必須站起來，我必須報復。」他說：「我人還在醫院，我的手下就已經展開報復，和對方開打了。我們開車過去嗆聲，他們開車過來挑釁，我們朝他們開槍，他們對著我們掃射。許多無辜的人在雙方交火時中彈，但是我們無所謂。這是一場戰爭。」他的兩個朋友在小規模戰鬥中死了之後，普萊斯更是隨身攜帶他的格洛克九釐米手槍。「我覺得除了自己與槍，沒有人可以保護我。」他說：「只要你進入幫派，擁槍是必要的。如果你沒有槍，等於是廢物，只是一個移動的目標。」

普萊斯是個十分矛盾的人。有時候，他談起混幫派的過往時，一臉神往的誇張模樣，彷彿在回味電玩遊戲的精華片段。其他時間，他對於發生過的那些事情似乎感到懼怕。不過當他回憶到一個時間點時，卻變得一致而堅定，那就是當他描述洛克高中的職員如何幫他全面修復人生。

「當我進入洛克高中時，他們對我非常有耐心。」他說：「他們要我坐下，思考所有幫派的事情。他們幫助我瞭解到，我從中毫無所獲，我沒有車子，沒有錢，沒有珠寶，只有我傷害別人，別人又傷害我。他們不帶批判地聆聽我說話，以往沒人會這樣對我。他們讓我認眞思考我可以改變哪些狀況。」

普萊斯不只是有生以來第一次用功念書，買的衣服不再那麼寬鬆，丟掉多倫多藍鳥隊的棒球帽，因為藍色代表他曾是瘸子幫的一員。他也不再探望過去的巢穴。他的人生新目標是成為一名外科醫生。

我稍後又與普萊斯約在一間小小的兩房公寓見面，他與媽媽珊卓及三個弟弟同住。在父親因為一個舊槍傷過世前，他是與父親一塊住的。我們一抵達這間公寓，便聞到珊卓正在煮雞胗當點心。牆上的電漿電視播放的是購物頻道。珊卓一看到普萊斯就寬心了。她說：「他以前麻煩很多。他中彈時，我好緊張，但是洛克高中幫他很多，他現在有未來了。但是因為他的外表，他走路的方式，還是有可能成為目標。」普萊斯告訴媽媽別擔心之後，就直接帶我去他的房間，牆上掛著他榮登榮譽榜的證書。當他的弟弟跑來跳進他敞開的雙臂時，他緊緊擁抱他，還搔他癢。「你知道嗎？」他說：「我覺得洛克高中是全世界最棒的學校。」

但是可別得意忘形啊！雖然經過大翻修，洛克高中仍舊破舊，有時候感覺像是監獄的天井。一九九〇年代架設的金屬柵欄依然矗立四周。窗戶全被金屬絲網遮蔽了，自動販賣機用重型金屬籠子保護，到處都設有監視器。站在校門口的武裝保安人員戴著全罩式太陽眼鏡，腰帶上則掛著金屬罐噴霧器。

當期望變大時，孩子們的牢騷也變多了。他們排斥將校園分割成不同學院的隔板，不滿建於一九六〇年代的陳舊建築物以及學校餐廳的伙食。他們要求增加升學指導，要求父母更加關心他們，還有更多的課後輔導。

綠點的許多成員認爲，現在就做出提升學術成績的承諾，太過躁進。由於長年接受劣等的教育，許多學生進入洛克時，根本不知道九九乘法表，也幾乎不識字。而一開始，年輕老師獲得的支援與訓練又太少，助益有限。即使是現在，職員也不得不承認，洛克高中需要安排更多的寫作課程，提供有特殊需要的學生更多協助，幫助英語非母語的學生學習英語。綠點並未承諾盡快提升考試成績，因爲這通常需要長時間才能見效，他們表示，應該先著重在較易達成的目標，比方說，降低輟學率以及營造更好的校園風氣。

然而，情況顯然是朝著好的方向前進。洛城教育當局對於洛克高中的改頭換面印象深刻，於是聘請綠點對另外兩家不及格的學校施展相同的魔法，而且已經出現初步的成效。華盛頓州的教育局也爲洛克高中喝采，盛讚它是值得學習的楷模。

就算修復一所破碎的學校不是你的工作，我們仍舊可以學習綠點這種全盤性的方法。當遭遇任何複雜的問題時，花時間去評斷所有不同的可變因素與它們之間的關聯性。將它們詳細列舉在一張紙上，搞清楚彼此的關係。然後設計出可以一併處理的解決妙方。然而，無論你多麼急著想解決，萬萬不能承諾太多、太快。

眼光要長遠，這是普萊斯從洛克高中的改造中學習到的最寶貴教訓。「綠點教導我們，現在在你身邊的人，以後不一定會伴你左右，會一直隨侍在側的只有你自己，你自己以及書本，還有你學到的知識。」他說：「受教育才是長遠之計，無論現在的情況有多糟，你都可以企盼未來。」

5 長期思考：未雨綢繆

在這個相信凡事都有捷徑的年代，人生中最值得學習的一課，從長遠的觀點來看，就是最困難的反而最容易。

——美國劇作家亨利．米勒（Henry Miller）

「我想你會大開眼界。」阿爾．霍伊達爾（Are Hoeidal）邊說邊推開門，帶我走進小屋。我們跨過門前印著「歡迎光臨」的腳踏墊，進入具有斯堪地納維亞風格的舒適「繭形房」：裸露的原木梁柱，雙人床上擺著潔白柔軟的羽絨被子，地板上鋪了羊毛地毯。正值挪威南部的初夏時節，陽光透過寬敞的窗口投射進來。空氣中彌漫著一股新鮮的松樹味道。

在客廳，我們坐在皮椅上欣賞房間裡的設施：只見牆上掛著一台電漿電視及複製的印象派畫作；架子上放滿了哈利波特小說、一盒盒的樂高積木和拼圖，廚房裡擺放著一個復古式鉻黃垃圾箱。

霍伊達爾推開屋後的滑動門，我們步上一個木製平台。只見草地上擺著野餐桌和長凳，還有幾張金屬椅子，其中一張是藍色的，附有螺旋狀的遮棚，牢牢釘在地面上，目的是方便小孩使用。微風輕輕吹拂花園四周的樹叢與黑醋栗灌木林。霍伊達爾貪婪地呼吸著這涼爽的北歐空氣，像是拿了滿手好牌的人那樣微笑說道：「闔家團聚，這是再舒服不過的地方了！」他追問道：「難道你不這麼認爲嗎？」

我當然同意。我很自然就能想像一家人在這兒會玩得多麼開心。就如千千萬萬遠離塵囂、隱藏於密林深處或湖邊水澤的小屋，這小屋讓我想起我們一家子最近在落磯山脈度過的假期。我想像自己在後陽台生火烤肉，孩子們則在附近騎馬玩耍。

只是有一個景象怵目驚心：一堵高達六公尺的水泥牆在森林中蜿蜒伸展，遠至目光所及。

我們可是身處一間新設立、名爲「哈登」（Halden）的重刑犯監獄！霍伊達爾就是監獄的典獄長。被判刑的走私毒犯、殺人犯和強姦犯都被關押在這些小屋裡，前來探訪的家人也住在裡面。「來自其他國家的人，看到我們這裡招待犯人親友過夜的房間設施之完善，無不嘖嘖稱奇，但對挪威人來說，在監獄裡擁有這樣的設施再合理不過了！」霍伊達爾解釋道：「完善的監獄設施，其實是有效的矯正之一！」

環顧全球，許多國家正爲刑罰系統的失敗傷透腦筋、煞費苦心，但往往受刑人在刑期服滿後，反而成爲格格不入的社會邊緣人，監獄就是造成適得其反的原因。許多罪犯跨出監獄之後，發覺自己內心仍充滿憤怒，憂心忡忡，擔心自己能否找到工作、租到房子，甚至連跟人談話交流也感到吃力。二〇一〇年，哈登監獄開放使用後，時任英國新聯合政府內政大臣的肯恩・克拉克（Ken Clarke）認爲，當時有越來越多犯人被關進監獄，而且刑期越來越長，效果卻適得其反，於是廢除了他本人隸屬的保守黨的一項相關法令。他說：「許多時候，監獄使用的方法證明了成本高昂卻毫無成效，根本無法把罪犯改造成守法的公民。在我們最糟糕的監獄裡，只會產生更凶狠的犯人。」數字說明一切，在美國、英國和德國，超過一半的囚犯在離開監獄後，三年內又被抓進牢裡；在挪威，再犯率也在二〇%左右。[1]

我來哈登是爲了一探究竟。霍伊達爾本人似乎秉持一種截然不同的刑罰理念。在他身上，你看不到好萊塢電影裡獄卒們嘴銜著雪茄、亂踢囚犯屁股的惡形惡狀。相反地，和藹可親、慈眉善目、整天臉上掛著微笑，這才是霍伊達爾眞正的一面。當我發電子郵件給他、要求安排採訪時，他只是簡潔地回覆一句：「歡迎你來！」中餐，他吃的是沙拉。

霍伊達爾非常清楚挪威的刑罰行得通的原因。對於監獄管理，許多國家只是採取短期觀點。他指出，這會令懲罰與禁錮變成主要、甚至是唯一的目的。這意味著人們大都主張讓罪犯們服更長的刑期，也意味著監獄裡的條件，必然是擺盪在斯巴達式的嚴酷與徹頭徹尾的痛苦之間。即使是稍微給予囚犯一些舒適享受，也會引起公眾的強烈不滿。當哈登監獄敞開大門，歡迎來訪者之際，全世界媒體對監獄內配置的平面電視、「設備完善」的浴室及「豪華圖書館」冷嘲熱諷，稱之爲「世界上最豪華的監獄」。來自美國的大學生抱怨，哈登監獄的智慧化程度遠甚於他們的宿舍。一位法國部落客形容哈登監獄等於是公開邀請全歐洲的罪犯到挪威去犯案。

然而，大部分挪威人對來自國外的冷嘲熱諷並不在意。這個地處北歐、盛產石油、擁有四百八十萬人口的國家相信，對於犯罪的眞正懲罰就是讓罪犯們失去自由。監獄需要做的，應該是爲囚犯們鋪平道路，讓其刑滿釋放時得以適應社會。例如，在巴士陀（Bastøy）島，囚犯生活在類似村莊的環境裡，這裡設施一應俱全，包括商店、學校與教堂及紅黃牆板的囚屋。挪威政府二〇〇八年發布的白皮書總結道：「監獄內外生活水準差異越小，從監獄到自由之轉化過程越容易。」

這個理念爲「慢速解決法」提出下一個重要成分。我們已經知道認眞思考，以及將虛線連起來以求取一個整體解決方案的重要性。挪威獄政系統的成功範例提醒我們：要眞正獲得成功，就必須有長遠的眼光。當然，思考未來並非自然而然地適用於我們先做了再說的文化。還是想想那些在頭腦發熱之際，信誓旦旦地向朋友、家人和同事發誓、承諾，後來卻糾纏不休、讓你傷透腦筋的尷尬事！目光短淺只會帶給商界無窮的後患。許多公司經常大幅削減成本，以求度過今天面臨的困境，而不會思考一下，一旦生意好轉時該如何應對。一九九三年，通用汽車（General Motors）透過慷慨的提前退休計畫，用以削減人工成本。誰知道才過了一年，美國工廠卻鬧起人才荒，不得不靠最高兩萬一千美元的獎金，吸引退休員工重返工作崗位。

在大多數國家，犯罪後，人們最先想到的都是如何懲處。人們都想看到犯罪者爲其惡行付出代價，讓他們遠離大街，以免繼續作奸犯科。挪威人也要這樣做。但是，即使是罪犯犯下窮凶極惡的罪行之後，挪威人首先提出的問題之一卻是如何改造罪犯。「在挪威的監獄制度中，我們不主張以牙還牙、以眼還眼。」霍伊達爾說道：「相反地，我們關注的是當這些罪犯刑滿獲得釋放，成為你的鄰居之時，會變成什麼樣的人。如果你對囚犯惡意相待，只是在牢房裡將他們關上幾年，他們離開監獄的時候，自然不會搖身一變成為良民。因此，我們在哈登監獄的工作，不會只是關注我們今天、下週或下個月對囚犯做了些什麼，而是真心實意地幫助他們再度成為正常的公民。」

哈登監獄的作法就是讓囚犯跟在監獄外的親人保持聯繫。許多研究表明：在囚禁期間仍與家人保持緊密聯繫的罪犯，刑滿之後的再犯率大幅下降。[2] 然而，在許多國家，罪犯僅偶爾享有監督下的探訪或用電話與家人保持聯繫。而在哈登監獄，囚犯每週可和最親密的人通電話達三十分鐘；可以在擺滿木製玩具、懶骨頭沙發及斑馬、犀牛照片的私人房間裡，與家人團聚傾談；或者訂一間兩房小屋，跟家人歡聚。

挪威政府也不阻止受刑人行使公民權，他們可以在監獄裡投票，甚至打電話參與電視辯論，還鼓勵國民探訪犯人。當哈登打開大門歡迎來客時，首日便有九千人參加了哈登監獄之旅。「我們盡量讓人們看到囚犯的眞實生活，展示其平凡的一面，讓人們知道囚犯並非異類，他們也是人。」奧斯陸大學的犯罪學教授尼爾斯．克利斯提（Nils Christie）說道：「其他國家把罪犯幻想成四處亂竄的怪物，有必要終身監禁，在挪威，大家卻不這麼想。」

這並不代表所有挪威人都認同其刑罰制度。鑑於最長刑期只有二十一年，一些右翼政治家呼籲加重暴力罪犯的刑期。許多挪威人認爲占哈登監獄三分之一的外籍受刑人，應當移監到沒這麼舒適的其他地方服刑。然而，對局外人而言，挪威人對監獄的看法相對輕鬆。在其他國家，一份名爲「你最不想與誰爲鄰」的排名中，監獄只排在戀童癖與核電廠之後。與此形成強烈對照的是，新設立的哈登監獄卻獲得本地居民的歡迎，認爲它可以促進區域經濟的發展。儘管對白吃白住的外國人有些抱怨，所有主流政黨都支持這座新監獄的興建。

這與挪威的犯罪問題並不嚴重，當然也有關係。挪威的報告顯示：以人口比例計算，挪威與美國相比，謀殺罪只有十分之一，受刑人數也僅有十分之一。挪威罪犯服刑原因主要是偷竊、酒駕或其他普通犯罪。此外，挪威媒體也發揮了功用。在其他國家，八卦報紙與電視犯罪影集充斥大量加油添醋、譁衆取寵的內容；而在挪威，記者即使在報導駭人聽聞的犯罪事件，也會適度節制，壓抑爲了短期利益而做迎合大衆的報導的衝動。相反地，他們強調的是如何改造犯罪者。

然而在二〇一一年，這種低調處理社會案件報導的作法遭受了嚴峻挑戰。轟動一時的奧斯陸爆炸及槍擊案，一位名爲布雷維克（Andres Behring Breivik）的右翼極端分子，先在奧斯陸引爆一枚炸彈，然後前往一個青少年營地槍殺了七十七人。事件發生後，部分挪威人呼籲判他死刑，甚至有人揚言在他獲釋後要殺了他，也有人要求通過一項新法律容許執行終身監禁。然而結果是可以預期的，像挪威這樣一個會蓋哈登監獄的國家，不會因爲任何個案改變刑罰制度。我在攻擊案發生一個月後曾訪問奧斯陸，發覺人們的心態令人詫異地溫和。而在此同時，倫敦的法官正把那些利用臉書、在全國煽動暴亂而被捕的人判處四年有期徒刑。相反地，挪威儘管發生史上最嚴重的大規模屠殺事件，卻能達成堅定的共識，認爲某個瘋子犯下的罪行，不能讓這個國家爲了逞一時之快的報復，放棄長期以來改造罪犯的目標。臉書上發起的「殺了布雷維克」的活動，只有幾百名粉絲，其中大多數還是來自海外。

改造罪犯的理念，在挪威已深植人心。十九世紀中葉，斯堪地納維亞人開始把監獄重塑成罪犯可以學習謀生技能並尋求上帝的地方。二戰後，人們對納粹俘虜營的記憶猶新，許多歐洲人已經著手削弱監獄的懲罰色彩。一九九〇年代末，挪威以矯正犯罪行爲作爲監獄理念的基礎，把刑罰的網絡組織更名爲「犯罪關懷系統」，採用電子追蹤器並開放監獄。獄警變身成爲個人聯絡官，充當囚犯「教練兼密友」的角色。這是一項持續進展的工作。許多罪犯仍以傳統方式在封閉的監獄裡服刑。與低度安全戒備的巴士陀或關重刑犯的哈登監獄相比，這些監獄顯然沒那麼舒適宜人。許多囚犯每天二十四小時有二十三小時要待在牢房裡，濫用藥物的情況依然普遍。然而，遵循讓囚犯在監獄內外的生活盡量保持一致水準的「正常化原則」，挪威承諾把境內監獄改造得更適合人居。哈登正是下一階段的樣板。「理念與現實之間仍然橫亙一條巨大鴻溝。但是，我們已看到重大的變化。」霍伊達爾說道。

爲了提醒受刑人他們仍是社會的一分子，還是要工作，以便將來重返社會，挪威建築師把哈登這座監獄設計成一個小村莊。與以往的冷酷堅硬、雨漬斑斑的水泥牆體不同，這裡的建築物都以磚頭、落葉松木和鍍鋅鋼板構建。窗戶上沒有鐵欄杆，圍牆也只是部分以樹木遮掩。塗鴉藝術家多爾克（Dolk）貢獻了三面巨大的塗鴉畫作，其中一幅的主角是穿著條紋睡衣的受刑人，拿綁著鐵球的鎖鏈練習擲鉛球。監獄四周設置大量監視器，但在監獄外，這種監視器幾乎無所不在。受刑人穿著便服，獄警騎著時髦機車到處穿梭。從某個角度來看，哈登監獄看起來跟一般大學校園，甚至跟位於矽谷的新興科技企業總部沒什麼兩樣。

監獄裡的氣氛也十分宜人，採光佳，裝飾著水仙花和巴黎街景的圖片，有乒乓球桌和健身腳踏車，還有加寬的走廊，給人寬敞舒適的感覺。單人房有中級商務旅館的水準，配備有桌子、床以及金色原木衣櫃。大扇立窗裝有通風設備，引進外面的新鮮空氣。每間舍房都配備平板電視、小冰箱及設備完善的浴室；浴室內貼著潔白瓷磚，備有鬆軟的大毛巾。到了晚上，精巧的亞麻窗簾和LED燈光，營造出一種與精品店相去不遠的氛圍。爲了打造家的感覺，十幾間單獨的舍房共享一塊有如客廳的公共空間，配有舒適的沙發、桌子和大螢幕平板電視。受刑人可以雇人去採購，然後在廚房動手做幾道自己喜歡的菜。

儘管從晚上八點半到次日早上七點必須待在自己的房間裡，受刑人還能出來使用許多設施，因爲每人每天可以拿到五十三塊挪威克郎（將近二百七十元台幣）的零用錢。他們可以踢足球或打籃球；在設備一流的錄音室裡一展歌喉；在健身房做運動或在攀岩牆上攀爬；在大工廠裡學習機械、鐵工、木工；或在燈火通明的專業廚房，學做魚排或葡萄柚雪酪。他們也可以爲外面的承包商打點小工。我碰上一群受刑人，一邊把文件夾打包裝箱，一邊爲低俗的笑話而大笑。「一個人整天坐著不動並不好。」霍伊達爾說：「如果讓他們忙碌起來，反而會更加開心，不致變得越來越體制化。」

與一般站在耐震玻璃後面，或交叉著雙臂、或斜靠在牆上惡目相對的獄警大相逕庭，哈登監獄的獄警跟受刑人一起吃飯、運動，閒來無事還會跟他們到處溜達。沒有一個獄警佩戴武器。「我們無須帶槍。我們來到這兒是爲了關心他們，與他們交談，而非恐嚇他們。」霍伊達爾說：「即使在其他斯堪地納維亞半島的國家，你也會發覺工作人員與犯人間存在很大的距離。但在這兒，我們已融入環境當中，與他們形影不離。」

挪威對獄政人員做的投資比其他國家更多，這顯然有所幫助。許多獄警花兩年時間在監獄官學院研讀、完成實際訓練之前，已經擁有學士學位，其專業領域通常爲犯罪學與心理學。對於那些不滿足於上鎖及防止囚犯鬥毆的獄警來說，這可是一份讓人心動的職業。學院每次開課只接受十人申請。

一位年輕獄警，或者在哈登監獄被稱爲「個人聯絡官」的奧斯蒙擔任我的導遊。他很有教養、彬彬有禮且態度和善，具有斯堪地納維亞式的優良傳統。在我們走訪不同區域時，他與受刑人邊聊天邊說笑。「我們不只是守衛，我們也是社工。」他說：「在這裡始終是安全第一。但是，我們大部分的工作是盡可能營造一個以良好關係與信任爲基礎的環境，這樣受刑人就可以對自己的生命負責，並在將來重新融入正常社會。我們在這裡所做的每一件事都是對他們未來的投資。」這種理念透過語言本身得以完全表達出來，挪威語中的「監獄守衛」譯成英文，就是「監獄公僕」（prison servant）的意思。在哈登監獄，每個細節都經過妥善處理，讓受刑人能輕鬆過渡到平民生活。爲了防止犯人變成肌肉發達、具威脅性的人物，健身房裡沒有啞鈴之類的舉重設備。同時，哈登監獄有一半獄警是女性。霍伊達爾說：「這讓監獄降低了攻擊性，同時還能讓受刑人學習到更自在地與女性相處。這對他們將來重返社會十分重要。」

受刑人似乎喜歡這種管理制度。我參訪行程的第一站是錄音室，裡面像藏有金銀珠寶的阿拉丁洞穴：設置有嶄新的樂器和最先進的 iMac；電視影集《越獄》（*Prison Break*）

的海報則掛在門上。

馬庫斯・諾德伯格（Marcus Nordberg）正在錄音室裡操作 iMac 的混音系統。幾個月前，他從另一座監獄移監到哈登。諾德伯格年約五十歲，過去從事音樂與電影工作。他留著一把山羊鬍子，戴著墨鏡，腳踏平底人字拖。他不願告訴我究竟犯了什麼罪被關進來，但他很快便稱讚起哈登。他說：「這裡安全戒備嚴密，卻不像一所監獄。這裡的工作人員態度溫和，讓人不自覺變得積極起來，同時，他們會幫助你思考未來。」

我問諾德伯格：「你覺得這些警衛配得上『個人聯絡官』的稱號嗎？」

諾德伯格點頭同意。「雖然有些工作人員仍抱持『監禁』的老觀念，他們只懂得開關門。但是，大部分獄警樂意和我們交流，」他繼續說：「跟我們一起運動、打撲克牌。他們會坐在會客室裡和我們一起聊天，營造出一種正常而尊重人的氛圍。在這裡服滿刑期後重返社會，這些都是不錯的訓練。大多數受刑人都喜歡這種氛圍。」

當我問到這裡的監獄制度會不會過於寬鬆，諾德伯格瞥了我一眼。上個月，他想請假出國參加父親的葬禮時，卻被打了回票。說起這段往事，諾德伯格有點哽咽，眼眶也跟著泛紅。「監獄就是監獄，不能因爲它環境不錯，懲罰程度就減輕。」他說：「即便這裡像五星級飯店，你還是被關著。這多可怕，眞是可怕。」

以前我只會把它當成自怨自艾的抱怨，但在哈登監獄待了一天後，我的想法不同了。我能明顯感受到這裡跟其他地方完全不同。雖然確確實實是個設施完善的好地方，應有盡有。但是正如諾德伯格所說的，它畢竟還是一座監獄。失去自由對人類心靈是巨大的打擊。曾有六個星期，我因爲踝關節受傷不得不打上石膏，那是我人生中最沮喪的時刻。折磨我的並不是病痛，而是失去隨心所欲到處走動的自由。與至關重要的人、甚或跟任何人相處的權利被剝奪，都是讓人非常沮喪的事。狄更斯（Charles Dickens）深知失去自由有多苦，他曾形容單獨囚禁是最殘酷的處罰：「我認爲這種緩慢、每日都發生，源自於頭腦奧祕的困擾，遠比身體上的折磨，嚴重千百倍。」在哈登繞了幾小時後，我發覺自己忍不住以焦慮的目光望向圍牆。它在森林之中高高聳立，有如電影《2001：太空漫遊》（*2001: A Space Odyssey*）的巨石——厚實、堅固、不可調和，提醒我們再也無法隨心所欲自由進出。在走回圖書館的路上，我突然間意識到我再也聽不到奧斯蒙在介紹什麼，我滿腦子只想著如何逃離哈登這個地方。

來到圖書館內，阿恩・倫德（Arne Lunde）正在看一本關於奧爾・希蘭（Ole Høiland）的書，也就是挪威版的羅賓漢。三十七歲的倫德仍有學童般嬰兒肥的臉龐和熱切溫和的眼神。他因爲殺害自己的母親而入監服刑。

倫德以前是老師，在哈登監獄裡有「地下哲學大師」的封號，受刑人喜歡找他幫忙修改履歷表或準備考試之類的。他正在修讀歷史碩士課程，計畫七年刑期結束後，重回課堂執教。廣泛閱讀、瞭解世界各地的監獄後，他成爲挪威刑罰制度的堅定擁護者。

「在這裡，你會感到監獄是在幫助你，而非傷害你。」他說：「來到像哈登這樣的監獄，從第一天開始就可以著手重塑你的生活，以便有朝一日重返外面的世界。」

當然，哈登監獄還是有不足的地方。有的受刑人甚至走私毒品，把毒品用健達出奇蛋的塑膠盒塞在肛門裡夾帶進來；有的受刑人發脾氣時會大打出手；有時候，獄警會把鬧事的受刑人扔進安全區的單人拘禁室：裡頭的四堵牆壁光禿禿，什麼也沒有，只有地面一塊床墊和一扇小小的窗戶。有些犯人因爲工作人員整天花太多時間守著他們，而感到厭煩；其他犯人則抱怨一些菜鳥獄警不習慣與犯人相處。批評人士也懷疑，讓工作人員同時扮演看守者與密友兩種角色是否恰當。「這傢伙隨便翻看我的信件、接聽我的電話，他究竟是精神病輔導員，還是臥底的間諜？」克利斯提教授評論道：「我把他當作一位特殊的聯絡人，但我跟他到底可以坦白到什麼程度呢？」

甚至最熱心的樂觀主義者也不認爲挪威可以將再犯率降到零，霍伊達爾則將目標鎖定在一〇%。諾德伯格同意道：「我認爲哈登監獄對那些死硬分子太仁厚。」他對著我說：「他們認爲這裡其實就是一家旅館，等待時機復出，再度爲非作歹。」

即便如此，挪威政府在受刑人獲釋後仍繼續幫助他們，專家認同這種作法，認爲這樣能夠有效降低再犯率。大多數人刑期的最後階段，是待在融入本地社區的開放式監獄，確保可以獲得一份工作，並找到地方居住，儘管現實運作不盡如人意，但畢竟挪威是一個社會福利政策優渥的國家，可以提供他們協助。相較之下，美國受刑人獲釋時，通常只能拿到一張巴士車票和幾美元現金。

說到降低犯罪率和再犯率，社會福利制度完善的國家似乎做得比較好。[3]世界各國的研究都顯示：貧窮與社會不公正是犯罪的主要誘因——在衛生、教育和社會福利方面投資較多的國家，獄政預算較少。與之相反，在美國加州，花在獄政的預算比高等教育還要多。

換句話說，在美國設立一座類似哈登的監獄，將是注定失敗的快速解決法。「挪威式的監獄要想在美國行得通，可能也需要有挪威人那種對待犯罪和改造犯人的態度，並擁有良好的社會福利制度做後盾。」威靈頓的維多利亞大學犯罪學教授、北歐獄政制度專家約翰．普拉特（John Pratt）說：「除此之外，挪威沒有明顯的社會階級差異，人口結構的同質性較高，因此犯人不至於被當成和其他人大不相同的可怕禽獸和危險物種。」

不過，仍有一些國家師法挪威的獄政理念，獲得類似的成功。一九九〇年代末，新加坡把矯正犯人行爲當作懲罰制度的核心，因而解決了再犯率的問題。這個島國將監獄官重新命名爲「生命隊長」和「私人監護人」，重新訓練他們跟受刑人攜手合作，使受刑人重返社會的過程更加順利。新加坡政府發起一項全國性宣傳活動，宣導受刑人改造的長期效益，並制定計畫鼓勵社區給予更生人改過的機會。有些受刑人現在獲准佩戴電子腳鐐，在家完成部分或全部刑期。此外，新加坡監獄內的生活也起了變化。受刑人獲得更多與外面就業相關的教育和訓練。雇主甚至可以到監獄裡面試，受刑人獲釋後就有工作。當某人被收監時，義工會幫助他的家人調適、申請國家補助，並爲其入獄家人的歸來做準備。一旦獲釋，監獄官、社福專家、社工，以及由更生人組成的人際網絡，隨時候命協助他們重返社會。結果，到了二〇〇九年，這十一年間，新加坡的再犯率下降了一八％。如今獄政人員在新加坡是最受歡迎的公務員選項之一，比從前吸引到更優秀的求職者。新加坡監獄總署署長蘇衛華說：「除了看管罪犯、維護社會安全，我們也強化自己的能力，成爲改造犯人的代理人。」用白話文說就是：長期思考奏效。

有時候，解決複雜問題的最佳途徑就是訂出長期、清晰的目標，以這個目標爲基礎，作爲判斷所有行爲的依據。這就是挪威獄政制度成功的原因。這也是「哈林兒童區」（Harlem Children's Zone，簡稱 HCZ）成功的背後所秉持的理念。哈林兒童區是一項社會拓展計畫，意在打破紐約市九十七個街區的貧窮兒童問題。爲了推展計畫，哈林兒童區的作法，比起我們在洛克中學看到的整體分析方法更爲深入。該計畫從兒童出生之日起，即鎖定可能影響兒童未來發展的每項變數：健康、飲食、房屋、教育、休閒、教養、環境、監管、街頭犯罪和社區發展。當社區許多小孩罹患氣喘時，哈林兒童區的工作人員會遊說房東清除屋內那些影響兒童健康的黴菌和蟑螂。同時，他們勸告父母避免養寵物或是在室內吸菸，教導他們監測兒童的肺活量並使用減緩氣喘的吸入器。結果，因爲氣喘發作而未到校上課的學生比例下降了五分之一。

哈林兒童區所做的一切，都指向一個共同的長期目標：讓每個小孩上大學。在營養午餐與午休之間的時段，三到四歲的小朋友就在自學教育中心學習數字、色彩和英語，以及法語和西班牙語的基本詞彙。我訪問其中一個中心時，裡頭三間房間每一間都以名校命名：哈佛、哥倫比亞和斯貝爾曼。這雖然只是些小細節，效果卻很驚人。「我們就從這個非常簡單的概念出發，協助每個小孩上大學，並全力以赴實現這個計畫。」在二〇〇四年加入哈林兒童區的馬蒂・李普（Marty Lipp）說：「擁有長遠的眼光，能夠讓你現在做的每件事情都清晰起來，而且互相關聯。」

長遠目標也有助於在恐慌時壓抑快刀斬亂麻的衝動。亨利・福特提到：「長遠的生活觀帶給我們寧靜。」《成就偉大從不嫌晚》的作者湯姆・巴特勒－波登認為，做長遠打算可以讓我們更有效率，並在短期行動中按部就班、循序漸進：「當你擁有清晰的目標，並認定你的解決方案會隨著時間發展，就可以放鬆自己，專注於把眼前的事情做好，不需要一再瞻前顧後或太在乎周遭的人。」

這就是那些把短期獲利奉為圭臬的公司之所以無法從好變成卓越的原因。研究顯示：那些耗費大部分時間研究單季獲利的公司，在長期發展都趨於緩慢。[4] 此外，它們在研究和發展方面的投資往往也較少。在誤判形勢之前，豐田汽車曾以十年計畫取代每日計畫，榮登汽車業界的榜首。公司給行政階層的忠告是：「必須從長期觀點制定管理決策，即使犧牲短期財務目標也在所不惜。」在高科技領域，許多公司在追求資金快速累積的過程中失靈停擺，抱持長遠觀點仍是通往成功的門票。比爾．蓋茲有一次說起微軟（Microsoft）的創業階段：「沒有所謂短期計畫這種事。事情總要歷經數十載才會有成功的一天，沒有捷徑。我們都屬於一步一腳印的那種人。」

亞馬遜（Amazon）正因爲遵守這樣的信念，如今才成爲全球性的企業。其創辦者傑夫．貝佐斯（Jeff Bezos）抱持「不要只在乎下一次董事會」的信條。他在一九九七年給股東的第一封信中寫道：「這全與長期發展有關。」從那時起，貝佐斯不惜犧牲短期利益，雖然造成部分股東不諒解，但這樣做是爲了支援技術創新，成效要日後才看得到。亞馬遜在二〇〇六年將雲端運算服務賣給高科技公司時，許多評論家對此冷嘲熱諷。但是現在，亞馬遜已成爲這個領域的佼佼者。貝佐斯認爲長遠計畫帶來競爭優勢，當眾人爲此時此地激烈爭奪時，他們能夠搶占未來。「如果你做的事只有三年計畫，那你要跟很多人競爭。」他說：「但如果你願意做爲期七年的投資，你只需要跟其中一部分人競爭，因爲很少公司願意這麼做。僅需延長計畫時間，你就可以實現以其他方式操作時永遠無法獲得的結果。」巴菲特（Warren Buffett）正因爲長期持有的投資策略，才成爲全世界最著名的理財大師。

我們在生活中，要怎樣才能想得更長遠？首先要設定一個全面性的目標，像是掌握產業裡最忠誠的客戶；保留更多夫妻相處的時間；把做運動視爲樂事而非苦差。這些目標可以清楚指引你方向，但也不至於過度明確而難以下手。把目標寫下來，擺在隨時看得到的地方，例如放在皮夾裡的卡片、冰箱上的貼紙或是電腦旁邊的便條紙。研判你的每個行動對達成目標有多少幫助。

設定里程碑作爲進展的評估和獎勵依據，可能會有所幫助，不過要小心不要濫設目標。目標往往是專注於單一目標的短期行爲，可能會模糊願景，影響大局。當西爾斯（Sears）替汽車維修部門設下營業額度後，維修人員開始對客戶超額收費，胡亂增添修護項目。[5]在公共部門裡，設定定額的目標讓警力重新部署，派員警執行較輕鬆的案子，以達到逮捕囚犯的額度；醫生則會把病情較輕的患者放在優先診療名單，以減少等候時間。二〇一一年，調查人員偵破美國公立學校史上最大的詐騙醜聞。喬治亞州亞特蘭大全市四十四間學校，近一百八十名教師和校長被指控長期竄改學生的考卷分數。然而，揭發醜聞的人卻遭到霸凌、限制教學，甚至解雇的命運。追求短期目標以及伴隨而來的名譽和金錢，跟爲學童奠定扎實教育基礎的長期目標比起來，居然更受到重視。

最好的慢速解決法會審慎制定目標。艾克森美孚會追蹤公司裡虛驚事故（near miss）的數目，但不會把它當成業績評量的標準。爲什麼要這樣做？爲的就是避免讓目標成爲終極追求而已。艾克森美孚的葛倫．墨瑞說：「如果你把它變成一家公司的衡量標準，可能會造成錯誤的結果。你可能無意間鼓勵了員工避免向上彙報，或是更想壓低事故的數字。記錄這些數據的眞正價值在於更貼近實際工作情況。」

不要過度強調金錢獎勵對慢速解決法也會有所幫助。把複雜問題簡化爲金錢，往往會關閉討論的空間、趕走細微巧妙的念頭，讓人視野變狹小。腦神經專家證實：賺錢一事對大腦產生的驚人作用相當於嗎啡，同樣會妨礙較深入的系統二思考。設置鼓勵解決問題的現金獎勵，最終可能反而造成判斷力與優先順序的扭曲。[6]想想非理性的過度繁榮，如何把金融市場變成追逐豐厚獎金的狂歡。二〇〇九年分析過五十一項研究之後，倫敦經濟學院的研究員獲得一項結論：短期的財務激勵措施會損害公司長期的經營績效。[7]另一項由哈佛商學院進行的研究發現，專業藝術家事先收取佣金的作品，往往比較缺少創造力。[8]研究中的一位藝術家說：「當我爲自己工作時，我能夠享受到純粹的創作快樂，我會通宵達旦工作而不自知。但受客戶委託的創作，就會變得小心翼翼去設想客戶的需求。」

難怪在提倡慢速解決法時，都盡量不提到錢。以艾克森美孚石油公司爲例，在年度安全報告日，就沒有提及利潤與生產率。葛倫・墨瑞害怕將報酬與安全目標連結在一起，會鼓勵員工沾染上他所謂的「錯誤類型」（wrong types）行爲。當我問空軍上校辛普森那被打破的颱風戰鬥機機翼讓英國皇家空軍遭受多大的損失時，她只是在座椅上輕微扭動一下。就像石油工業，空軍基地操作價格高昂的設備，即使是輕微的錯誤也會導致巨大的損失。跟艾克森美孚石油公司一樣，辛普森喜歡把金錢與解決安全問題的業務區分開來。她說：「我盡量不去想錯誤造成的財務損失。如果那樣做，人們又會回到互相指責的文化。比如說，相互指著對方說：『你害我們損失了五十萬英鎊。』這並非我們的本意與目的。」

然而，短期主義的專橫實在難以抗拒。貝佐斯就警告：「採取長遠的眼光經常意味著『願意長期被誤解』，而這點很關鍵。當你膽敢採用一個緩慢的解決方法時，絕對少不了批評和攻擊，懷疑你的人會說你太縱容、太花錢、太慢了。要克服這些反對聲浪，就要說明清楚：徹底解決問題並不是縱容或浪費，而是對未來明智而必要的投資。若此刻不把問題根除，未來就要付出更難、更高的代價。如果今天捨得花費時間、精力和資源，將來在業務、人際關係或健康方面就能有所收穫。舉一個例子：由於一開始的重大投資，如今綠點經營洛克中學花在每位學生的經費，已經比改革之前政府所花費的經費還要少。

當然，完全忽視短期計畫也非明智之舉。只要力度與精神配合得當，目標明確就能專心一致，並引進能量。仔細計算今天的一分一毫，對明天都是明智的投資。在討論完宏觀和長遠的思考之後，每個採用慢速解決法的人，同樣會告訴你要注意微小的事物。或者如霍伊達爾所說的：「在思考問題時，你得培養一種宏觀的思維方法；但同時，你也需要顧及微觀的細節。」

6 思索細微之處：魔鬼就藏在細節裡

瑣碎的細節不可或缺。微不足道的事情催生重大事件。

——籃球名人堂大學教練約翰·伍登（John Wooden）

在一九六九年一月一個晴朗涼爽的早晨，一組潛水員檢查了距離南加州海岸十公里的一座鑽油平台。所見的情況讓他們擔憂。「你看到的每個環節都走捷徑。」其中一名潛水員霍斯·麥可納特（Hoss McNutt）回憶道：「你發現這家公司爲了省時省錢偷工減料，我們一回到岸上便如實報告。」這座鑽油平台的所有人——聯合石油（Union Oil），選擇忽視警告，三週後，A平台爆炸，最終有二十萬加侖的原油湧入聖塔芭芭拉外海。黑色焦油沖上當地海灘，超過一萬隻的海鳥與海豹、海豚、魚類及其他海洋生物死亡。

四十一年後，我在東蘭辛市的密西根州立大學、創意思維活動二〇一〇年總決賽的會場上，遇到麥可納特。那是一場爲學童舉辦的國際性解決問題比賽。每一台新聞頻道都在播出原油從墨西哥灣海底受損的英國石油馬康多油井噴發出來的畫面。麥可納特看著這些模糊的影像，搖著頭，附和石油工業消息靈通人士口耳相傳的判斷。「這是歷史的重演。」他說：「英國石油忽視風險與警告，他們採取速效的方式，如今看看他們有多狼狽。」

當談到解決問題的藝術，六十多歲、藍色眼睛的麥可納特已經看透一切。他結束水底下麻煩終結者的生涯之後，成爲加州波特維爾市波頓中學的機器人學老師。他過去三十年也擔任創意思維活動總決賽的教練。許多他指導過的學生現在都在全美各地的會議室、工廠與實驗室解決疑難雜症。

雖然他指導的隊伍侷限於錦標賽的範圍，他們所做的多數事情，無論對錯，都提供真實世界有益的教訓。而在邁入四十年之際，創意思維世活動有如慢速解決法的大型試驗場。

在二〇一〇年創意思維活動總決賽，麥可納特指導六名九年級生。他們選擇處理一號難題：發明一款在大自然中導航路徑時，能夠翻越障礙物、清理環境、對付野生動物並進行維修的人力車。這些男孩決定建造一款掃雷車，有如電影《衝鋒飛車隊》中瘋狂麥克斯遇見英國兒童節目《藍彼得》的新玩意，它是由老舊電路板、木板、鐵棒，以及一個以繩索、鏈條與槓桿組合的複合滑輪系統拼湊而成。一個齒輪讓鋼鋸繞著一個錫罐轉，發出有如喉音的嗥叫，可以嚇阻野生動物。用來收集聚苯乙烯地雷的勺子則是舊iMac電腦的殼。三個男孩負責操作這輛掃雷車。駕駛必須上下踩踏木製踏板，將電力輸送到輪子。我第一個想法是：爲何我九年級時沒有做出這種東西？

如同其他隊伍，波頓高中的男孩以具有說服力的口吻，陳述許多我們已經討論過的慢速解決法要素：承認錯誤並且從錯誤中學習；認眞思考以推測問題的眞實本質；串連各個問題的環節，研擬出全面的解決辦法；以長遠的眼光來看。其中一人有如管理大師，以他三倍年紀才會有的篤定語氣告訴我：「沒有所謂錯誤這種事情，只有不正確的觀念。」另一個男孩插嘴說：「如果某件事行不通，你可以一步一步回溯到開始，找出它行不通的原因，然後就能解決問題。」

到目前爲止一切順利。但是在波頓隊預計上場的前一個小時，麥可納特變得很不安。他認爲這些男孩直到上台前一秒都該針對一號難題進行細微的調整，但是比賽規定禁止他如此強制要求參賽者。「即使現在，這輛掃雷車的部分零件仍舊可能破裂。」他說：「如果我是他們，帶著它上場作戰，我一定會驚惶失措。」

我的視線越過麥可納特的肩膀，看到那輛掃雷車獨自豎放在體育館的角落。我只看到一位波頓高中的隊員，他正漫不經心地走向出口。麥可納特呼喚他。

「你知道你們幾點必須上場？」

「三點。」這個男孩回答。

「距離現在還有多久？」麥可納特問他。

男孩聳聳肩，用手勢表示他沒有錶。

「還有五十分鐘。」麥可納特說：「你不覺得你們應該演練一下或是做些什麼，好讓準備更充分些嗎？」

這個男孩表示他會轉告隊友，但是他們最後仍舊忽視這項建議。

一小時之後，這些男孩穿著機器人的服裝，準備要在另一個更大的體育館內登台操作機器人。大約有兩百名孩童、零星幾位教練及家長坐在看台觀賞。長達九個月的解決難題比賽終於來到關鍵時刻。第一組的表現就替比賽設定了高標準，他們用長竹片製成的捲軸來推動他們的掃雷車。這項展示驚人、優雅且奇特動人。眾人大聲叫好。

輪到波頓中學的學生上場時，一開始情況就不妙。光是裝配就比預期的更耗時。掃雷車前進十英尺就搖搖晃晃，然後停止不動。男孩們急急忙忙調整，重新啓動，車子卻再度熄火，這一次還多了一條鏈條無力地懸掛在車身底盤下方。男孩們脫掉機器人服裝，有如一級方程式賽車維修區的技師，爬到車底下。體育館瀰漫一股尷尬的沉默。創意思維是一項比賽，但是比賽精神溫和而充滿同志情誼，所有隊伍都會熱情地互相歡呼喝采。眼睜睜看著孩子在舞台上慘敗，並非大家所樂見。最終，群眾人聲鼎沸，向孤立無援的掃雷車報以掌聲並且高喊鼓勵的話語。這一組讓掃雷車再度運轉。然而，當他們正要挖出第一枚地雷時，蜂鳴器響起，示意時間已到。儘管所有觀眾起身熱烈鼓掌，男孩們依舊心煩意亂。一位評審走過來安慰這些流著淚的年輕人。

在經歷失敗的傷感之後，麥可納特以平常心看待這場潰敗。他已經經歷過其他隊伍以同樣的方式自毀，他相信波頓中學的男孩將變成更優秀的問題終結者。「他們在此學到的教訓比獲勝重要。」他說：「今天他們學到，要解決問題，必須做到極爲縝密，因爲魔鬼永遠藏在細節中。」

這件事帶領我們進入慢速解決的下一個要素。我們已經瞭解，放寬視野藉以全面思考，加上眼光放遠，是解決複雜問題的基本要素。同時，將最微小的細節放大觀察，也極為重要。二〇〇〇年，讓協和客機（Concorde）在戴高樂機場墜毀、變成一團火球的肇因是什麼？觸發物是從另一架飛機脫落的鈦合金屬，它橫陳在跑道上，直到協和客機以時速五百公里輾過。這就是英國皇家空軍科寧斯比基地雇用全職中隊軍官的原因。這名軍官的唯一工作就是確保跑道沒有碎石，這也是爲什麼所有駕駛在通過基地任何跑道之前，都必須停車檢查輪胎上未沾黏碎片。「所謂的正確，不只是大方向要正確，小細節也要同樣精準無誤。」IDEO 設計公司的富爾頓・蘇利說：「要徹底解決問題，我們必須結合兩者。」

就像其他慢速解決的要素，找出細部缺失，需要時間。通常必須慢下來才能察覺、瞭解並處理細節。我們這麼做，有時候只是必然的結果。想想看，你要赴一場甜蜜約會之前，要花多少時間照鏡子，確定每根頭髮都服服貼貼沒有亂翹。或是數數看在寄出求職履歷前，你會重看幾遍。但是在步調快速的世界裡，往往無法如此注意細節。我們的注意力易於漠視與我們偏好的意見相抵觸的細微事物——切記現狀偏誤與正統問題。找出細部缺失多半無聊、瑣碎且不討喜，很少是頭條事件，也無法讓觀眾心醉神迷。能吸引目光的是明顯活躍、勢不可擋的姿態。無論投注多少金錢、精力與時間，無論意圖多麼高尚，假使細節有誤，最好的方法也會出差錯。

看一下援助非洲的歷史就知道。過去這些年，西方捐贈者送了一箱又一箱無法在酷熱的非洲大陸運作的醫療器材，以及爲某種在發展中國家很少見的失聰疾病而設計的助聽器。麻煩的細節同樣損害霸占頭條版面的阿富汗重建。比方說，美國當局在這個飽經戰火的國家設立學校，卻未能開設大學替這些學校訓練老師。

注意細節永遠是完美解決方案的品質保證。有的人相信，史上最好的陶瓷都是出自於十二到十三世紀統治中國的南宋時期。宋朝的陶瓷藝術家將他們的生命都用來琢磨、雕塑與捏塑出簡潔素淨的構思，只爲了打造出完美的壺罐。他們的信念就是，即使是最簡樸的碗或杯子，也能蘊含最高層次的藝術性與意義。藉由精雕細琢，他們精製出八百年後仍能提升心靈與形塑設計想法的陶瓷。注重細節，才能在任何範疇的努力中出類拔萃。想想看倫敦西裝街薩維爾街（Savile Row）出品的西裝，一輛勞斯萊斯的幻影房車（Rolls Royce Phantom）或是保羅・里德・史密斯（Paul Reed Smith）吉他的紅木吉他頸，所投注的手藝是如何讓人著迷。如果波頓高中的男孩能仿效亨利・史坦威（Henry Steinway），手工打造四百八十二台鋼琴之後才開辦所向無敵的公司。[1]福樓拜（Gustave Flaubert）寫出充滿啓發的動人文章的祕密又是什麼？每個句子一再精鍊、修正，直到連子音都完美無誤的狂熱決心。記得《包法利夫人》（*Madame Bovary*）中，艾瑪在破曉時刻躡手躡腳步出家門，跑去會情郎的那個著名段落嗎？福樓拜一共寫了五十二個版本，才斟酌出完美的遣詞用句。[2]如同麥可納特的座右銘：「好的神明都藏在細節中。」

蘋果的創辦人與前執行長賈伯斯（Steve Jobs）將這種信條發揮到強迫症的程度。直到他生命最終的時刻躺在醫院瀕臨死亡，他用了六十七位護士，才選定符合他的嚴格標準的三位。即使注射了大量鎮定劑，他仍扯下臉上的氧氣罩抗議它的樣子。當他要求看看其他五種氧氣罩，以挑選他最喜歡的樣式時，連胸腔內科醫師也感到驚駭。這聽起來就是狂暴的強迫症病例，卻幫助蘋果公司變成史上最成功的公司之一。不斷設下最後期限，賈伯斯迫使他的設計師、工程師與行銷人員，將每個細節都做到完美。蘋果公司耗時三年才研發出麥金塔電腦，因爲賈伯斯不斷嘗試修正，丟棄笨重的散熱風扇，並重新設計主機，只因爲不夠典雅。爲了讓視窗與文件上方的標題列更趨理想，他強迫軟體開發者修正、修正，不斷地修正。他們重複近二十遍之後開始抱怨，賈伯斯便對他們吼叫：「你們能想像每天盯著這種標題列看嗎？這不是個小東西，這是我們必須做好的事情。」[3]即使蘋果公司大獲成功時，賈伯斯就像當今的宋朝陶瓷家，會去關心公司生產的筆電殼共有多少根螺絲釘。換句話說，直到他穿著招牌黑色高領毛衣，站上舞台發表最新改變遊戲規則的小玩意時，蘋果公司對細節一絲不苟的程度，會讓波頓中學的男孩以及多數對手感到羞愧。

有時候，最微小的細節代表著成功與失敗的不同之處。缺乏便宜的人造光源，長久以來是發展中國家面臨的問題。在非洲、亞洲與拉丁美洲的偏遠地區，貧窮家庭花費收入中相當大的比例在光源上面，像是蠟燭、乾電池與煤油；[4]錢如果用在食物、教育、醫療或投資農場上其實會更好。就算花費沉重，日落之後，光源仍遠遠不足以提供人們四處走動。換句話說，孩童夜晚時無法讀書，女孩子必須翹課，才能在白天完成家務，女人晚上外出更是易遭攻擊。廉價的煤油燈也會汙染空氣，吸引帶有瘧疾病毒的蚊子，並且引發火災與嚴重燙傷。二〇〇六年，馬克・班特（Mark Bent）想出一個極妙的法子來解決漆黑的問題：他發明了一款叫 BoGo 的太陽能手電筒，能防水、防震，在太陽底下充電十小時後，便能提供最多五小時的照明。只要每買一支，班特就會捐給客人選擇的救濟團體一支 BoGo 手電筒。BoGo 代表 Buy One, Give One（買一捐一）。

就像挪威救生艇製造商挪塞夫的蓋爾．貝瑟爾森，只是與多數救助機構不同，班特的準備工作充足。他先後擔任美國海軍陸戰隊、外交官及石油商，在開發中國家工作多年，深知當地知識的價值。「我時常看見好心人士懷抱了不起的意圖，試著幫助他人，卻並不瞭解他們的修身之道及眞正需要，是什麼原因造成他們賒欠，以及他們面臨的經濟、社會與部族的壓力。」他說：「必須花上相當長的時間去傾聽，因爲人們最先說出口的事情永遠不是實情。他們會說，這種手電筒很棒、好極了，但是一個鐘頭過後，他們開始會說，希望電力可以持久一點、再亮一點，或是可以這樣攜帶、那樣懸掛。」因爲對細節的洞察力，班特得以改良 BoGo 手電筒，讓它更符合需求。

我們將在接下來的章節探討，自己打造解決方案爲何是有意義的，但是現在，讓我們先將焦點擺在讓 BoGo 手電筒變成改變遊戲規則的商品的微小細節。當第一代 BoGo 運抵聯合國在衣索比亞西部的難民營時，它們的顏色是可怕的橘紅色。班特說：「我希望它是鮮豔的顏色，這樣人們在光線昏暗的情況下才能找到它。」他馬上就發現，男人占有手電筒，把女人丟在漆黑當中。

當聯合國人員建議以序號追蹤手電筒時，班特則是想到一個更簡單優雅的解決辦法：他開始製造粉紅色手電筒。他知道許多非洲男人對男子氣概深感驕傲、敏感，甚至迷信，但是他也知道多數非洲男性並不會將粉紅色與陰柔畫上等號。所以當他分發粉紅色手電筒時，他同時散播一項訊息：雄赳赳氣昂昂的男人死也不該攜帶粉紅色配件。這個方式行得通。後來在非洲一些地區，如果一名男子被委託看管粉紅色手電筒，他寧可拿根棍子移動它，也不願意承擔被人看見他拿粉紅色手電筒的風險。拿粉紅色手電筒甚至會被人當賊看。班特已經在開發中國家分發超過四十萬支 BoGo 手電筒，其中非洲女性可以隨意使用粉紅色的手電筒。

有時候，重新審視一些被認爲無關緊要的細節會有意外的收穫。古典音樂在傳統上被視爲是白人男性包攬的事物。那是一個充斥黑西裝獨奏家與銀髮大師的陽剛世界，那個圈子有個堅定的信念：女人就是無法與男人演奏得一樣好。她們的唇、肺與手都不適合演奏。她們太過孱弱，無法以同樣的方式「感受」音樂。一而再、再而三，偉大管弦樂團的守門人在團員甄試時更是強化這種觀念，認爲男性演奏的樂音總是優於女性。果眞如此嗎？

傳統的甄試通常是非正式的，候選人在樂團的音樂總監或指揮面前演奏個幾分鐘。如此貼近而個人的接觸，目的是幫助專家做出明智的評斷，事實上，結果卻剛好相反。與普世的看法相反，候選人試奏時被看得一清二楚，會讓評審更難專注於演奏技巧，也就是音樂家履歷上最重要的項目：他們演奏出來的樂音。評審反而會因爲許多視覺上的線索而分心，甚至被左右支配：比方說姿勢、年齡、髮型、下巴的輪廓，或是流了多少汗、臉上幾乎沒有笑容，還有拿樂器的樣子，以及性別。

當大家清楚瞭解到，這些視覺上的可變因素，相當程度地改變了這些管弦樂團顯要人物耳朵聽到的樂音後，古典音樂界從一九七〇年代開始採行盲眼徵選（blind audition）。候選人不用再在評審面前演奏，他們可以在簾子後方演奏指定曲目。如果發出一點點聲音、洩漏了自己的身分，比如短促的咳嗽或是鞋跟的卡嗒聲，就會被帶出去，稍後再被帶回來，演奏新的指定曲目。藉由這樣的改變，專家被迫去做他們宣稱一直在做的事情：純粹由候選人演奏的聲音評判。你認爲會發生什麼事情呢？突然間，女性演奏得沒有那麼糟了。她們開始獲得小提琴家、大提琴家及長號樂手等享有聲望的工作。在盲眼徵選變成常態的三十年間，在首屆一指的美國管弦樂團中演奏的女性人數增加了五倍。[5] 一般文化趨向性別平等，在這之中扮演了重要角色，但如果沒有採行盲眼徵選，女性演奏的樂音聽起來可能還是比男性演奏的難聽。

在社會學中，重視細節的力量更在破窗理論（Broken Window Theory）中被巧妙地淨化精鍊了。其見解是，即使是最微小的一陣混亂，比方說，建築物一扇破裂的窗子或是牆上拙劣的塗鴉，都會定調，進而招惹更多反社會行爲。在二〇一一年，荷蘭格羅寧根大學（University of Groningen）的研究員展示了實際的狀況。在一項實驗中，他們在張貼禁止塗鴉告示的巷弄內，將廣告傳單夾在停放於此的單車上。當這條巷子被畫上塗鴉之後，六九％的單車騎士會將傳單丟棄在路上或是夾在別人的單車上。當這條巷子重新粉刷之後，只有三三％的人會這麼做。在類似實驗中，研究員將裝有五歐元紙鈔的信封夾進某個信箱中，但是一部分突出於信箱外。透過信封上的透明地址紙窗，我們能夠看見那張五歐元紙鈔。如果信箱乾淨且受到良好的管理，只有一三％路過的人偷走這張紙鈔。但是當它滿布塗鴉，或是周遭散落著空罐子、菸蒂與其他垃圾時，偷竊的人數翻爲兩倍。[6]

這不是說，將每條路打掃乾淨就能杜絕犯罪：要杜絕犯罪，還必須將其他要素串連起來。但是這顯示出，改變微不足道的細節，從修理破損的窗戶到徵選時掛上一道簾子，都能造成相當大的改變。

這是最精明的難題終結者不斷灌輸的論點。約翰・伍登指導加州大學洛杉磯分校的籃球隊。這支球隊從一九六四年到七五年間，破紀錄地奪下了美國大學籃球聯賽十連冠。雖然有幸網羅到明星球員，包括賈霸（Kareem Abdul Jabbar）與比爾・華頓（Bill Walton），約翰・伍登自己是從選手慢慢往上爬到教練的位置，是大學運動史上公認最出類拔萃的教練之一。當一群新的籃球神童第一次出現在訓練營時，伍登會做什麼呢？他示範如何穿襪子。如同一名中世紀修道士攤開羊皮紙手稿，他緩慢地將襪子往上捲，從腳趾頭、蹠骨、足弓捲到腳後跟，然後拉扯到舒適爲止。然後，他會回頭整理腳趾，拉平襪身所有的皺褶或褶痕。接著，他便盯著這些超級軍團照著做，直到做對爲止。伍登進行這項例行公事的原因有兩個。首先，皺掉的襪子會引發水泡，進而影響表現。另一方面，他也在傳達「注重細節」這項核心思想。「我相信基本原則：專注於一般會被忽略的細節並臻於完美。」他寫道：「這些細節看起來微不足道，對於不瞭解的人而言甚至可笑。其實不然，它們是你精進球技、生意與生命的根本法則，也是冠軍與差一點冠軍的差別所在。」[7]

你經常會聽到那些攀上頂端的生意人這麼說。知名連鎖飯店的創辦人康拉德・希爾頓（Conrad Hilton）退休時，被問到要給予新進企業家什麼建議。他用一句讓人難忘的雋語，要他們著重細節：「淋浴時，別忘了把浴簾的下襬塞進浴缸。」當李察・布蘭森（Richard Branson）爵士視察他維京（Virgin）帝國三百間公司的任一間時，他記下他所看到的所有小錯失，從機艙內骯髒的地毯到客服中心員工講電話的語氣不對。「還算滿意的搭乘與棒透了的飛行經驗，兩者唯一不同之處，就在於對細節的注意。」他最近寫道：「達成使命不僅僅侷限於公司開張的第一天，公司內所有員工都應該一整天、每一天專注於將事情做好。」

即使是硬派搖滾樂團范海倫（Van Halen）這種火爆浪子也瞭解這個道理。回到一九八〇年代樂團的極盛時期，他們在寄給所有演唱會場地的合約裡附加的一項條款，成為無數笑話的源頭。他們要求對方提供一大碗 M&M 巧克力，但必須拿掉所有咖啡色的巧克力糖。第一二六條款這麼寫道：「後台區不能有任何咖啡色的 M&M，否則可能得承受表演取消的痛苦，還需要全額賠償。」這項要求一經新聞報導，媒體不禁嘲笑這群蓄著誇張髮型的樂手，一定是被明星光環給寵壞了。其實，范海倫禁止棕色巧克力的理由絕妙。由於他們是舉辦巨型巡迴演唱的先驅之一，他們注意到，要將工程複雜的舞台搭建好，對於小型城市的場地人員而言，是有其困難的。搞砸一個細節可能會造成音響和舞台不合格或是更糟。在科羅拉多州立大學，因爲場地人員未能達到合約上對舞台載重的要求，范海倫的舞台塌陷到地面，造成八萬五千美元的損失。若有其他疏忽，可能就會導致人員傷亡。於是，范海倫才會想到將M&M當成是礦坑中的金絲雀。假使大碗裝的巧克力眞的沒有咖啡色的，就顯示場地人員仔細檢查過合約裡所有注意事項，挖掘出最微小的細節。樂團主唱大衛・李・羅斯（David Lee Roth）說：「因此，當我走到後台，發現碗裡有一顆咖啡色M&M，那麼保證你會遇到技術性的錯誤。他們顯然沒看清楚合約，所以保證你會遭遇麻煩。有時候，恐怕會毀掉整場表演。說實在的，甚至會有生命危險。」[8]

將M&M測試形式化的一個方法，就是擬出一份檢查清單。許多年來，飛行員已經使用這種方法來避免忘記開啓重要的開關，或是確認一項關鍵數據的驗讀。律師也會利用檢查清單來防止錯綜複雜的訴訟中微小而有力的細節。檢查清單在企業中也日益普遍，從建設到軟體工程學這些領域，一旦做錯細節可是會導致災難性的後果。

麻煩在於，許多專家被要求制定檢查清單時，都會裹足不前。我們已經瞭解到坦承錯誤與極限是如何困難的事情，求助檢查清單暗示著，雖然我們擁有多年經驗，仍舊會犯小學生的錯誤。我根本無需思考就能做好的事情，爲何需要開出清單來提醒自己？這就是問題的癥結。當我們將模式轉成自動駕駛時，一旦停止思考，就可能忽略導致巨變的小事情。即使是耶誕老人，也會檢查兩遍禮物清單。

這就是爲什麼醫學界也接受列出檢查清單這個辦法。細想抗生素的使用。爲了達到最佳效果，在外科醫師劃下第一刀前，「最快」不能超過一小時，「最慢」必須在三十秒前，病患就必須服用抗生素。沒在這段時間服用，感染的機率將暴增五〇％。每個醫學系學生都能背誦這些數字，但是有經驗的開刀小組卻經常搞錯。二〇〇五年，俄亥俄州哥倫布市的全國兒童醫院發現，有三分之一割盲腸的病患，未能在正確的時間，從護理人員那裡拿到抗生素。醫護人員要嘛就是太早給，要嘛就是太晚給，有時候是根本沒有給藥。從表面看來，這眞是莫名其妙。這些經驗豐富的醫學專家搞砸的頻率爲何如此之高？答案是，手術正是最嚴苛的一種解決問題形式。它結合切開與維修人體的艱巨挑戰，手術室布滿誘使分心的地雷：緊急關頭從急診室送來的紀錄；故障的儀器；不見蹤影的寫字夾板；情緒不佳的病患；筋疲力盡的麻醉師。無怪乎，抗生素有時候就在百忙之中被遺漏了。

全國兒童醫院的外科部主任是位業餘飛行員，因此他知道檢查清單能夠減少錯誤並提升安全。為了處理抗生素問題，他在醫院每間手術室都安裝一塊白板，白板上面張貼所謂「許可起飛」的手術檢查清單。外科醫生要在兩個小框中打勾，才能拿到手術刀。首先，護士必須口頭確認躺在手術台上的病患正確無誤，而且準備開刀的身體那一側也是正確的。接著，開刀小組必須彼此確認已經給予適當的抗生素。為了鼓勵醫護人員注重細節，外科主任花了很多時間與醫生、護士及麻醉師講解檢查清單的好處。為了讓大家留心有力的細節，他還設計了六英寸寬的金屬牌子，上面壓印「許可飛行」的字樣，並且指示護士在手術前擺出器材時，將它放置在手術刀上方。早期，這種牌子是用來提醒大家慢下來，看一下上面壓印的小字。

這個小改變卻產生了巨大的變化。在實行「許可飛行」三個月後，八九％接受割盲腸手術的病患皆按規定服用了抗生素。十個月後，達成率是百分之百。其他醫院也有類似的成功案例，許多檢查清單上甚至列舉了二、三十個項目。[9]

然而，要推行突破性的解決方案，通常不只需要記得細節，還必須有新穎的見解。這是許多改變遊戲規則的發明得以出現的原因。在一九四一年，一名叫喬治・梅斯倬（Georges de Mestral）的瑞士工程師從阿爾卑斯山打完獵返家，他發現褲子上以及獵狗的毛皮上全沾黏了芒刺小針。但是他不像一般的登山客，不假思索地丟掉這些又黏又毛茸茸的芒刺，而是改將它們放在顯微鏡底下，結果發現數百根成環狀的小鉤子，可以黏上任何東西的表面，比方說衣服。梅斯倬突然以前所未有的角度來看待芒刺，並且使用這個新穎的觀點發明了魔鬼氈。

只有當某人終於注意到藥物試驗過程中出現的無預期副作用，許多醫療問題才能迎刃而解。在一九八〇年代末，英格蘭一個製藥研究團隊尋找對付咽喉痛的方法。他們最寄予厚望的是命名爲 UK-92480 的複合物，這種複合物似乎會對健康的自願受試者的血管產生作用。但是在令人失望的試驗之後，這款藥品等著被丟進垃圾桶——直到受試者開始回報，服用這款藥品之後陰莖勃起。研究員起初漠視這種現象，認爲兩者並無關聯，不過是有趣的枝微末節罷了。但是部分研究員之後開始懷疑，這款藥品或許具備治療勃起功能障礙的關鍵。最終證明他們是對的。在額外進行六個月的研究與研發之後，UK-92480 這個藥品重新命名爲「威而剛」推出上市，立刻攻占數百萬的閨房。

所以挖掘細節是所有慢速解決法的特徵。還記得哈登監獄禁止重量訓練，藉以防止囚犯的肌肉過於發達；或是艾克森美孚石油公司的餐廳員工監控沙拉醬的溫度嗎？要記住，樓梯間的推擠能夠導致打鬥，綠點在洛克高中內的所有樓梯中間裝設鐵欄杆，將上樓與下樓的學生分開。學校職員討論到，即使是最小的問題，也要採行「破窗方法」。「如果一扇窗戶破了，就要馬上修理。破一個就修一個。」學校執行長馬可·佩特魯茲說：「這個概念就是費力找出細節，改變才會發生。」

我們藉由精通小事才能精益求精。列出清單是很好的起點。當對付疑難雜症時，寫下心中閃過的每一個想法，不管這個想法有多渺小。將那些顯然能夠達成你長遠目標的想法，列在「非做不可」的清單上，再將剩下的列在「可能也許」的清單上，以防它們之後變成重要的成功元素。將第二張清單擺在抽屜裡，之後要不斷地拿出來檢查，確保沒有任何一項被遺漏了。在你解決難題的每一個階段，別忘了波頓高中的男孩掛在嘴邊的：「檢查，檢查，再檢查。」

因爲即使如福樓拜這樣注意細節，也無法保證平穩順利。賈伯斯在二〇一〇年發布iPhone 4的時候，發生了技術故障，毀掉他向全球發表的基調演說。網路訊號相當不穩，使得新款手機無法下載照片或是啓動視訊聊天。爲了繼續下去，賈伯斯只能要求觀衆停止塞爆會堂內的無線網路。這是龜毛之王遭遇的「波頓男孩時刻」。「即使是神，也會搞砸事情。」一位部落客如此評論。

當然，賈伯斯之後不曾再遭遇同樣的情況。爲什麼呢？因爲他做了所有厲行慢速解決法的人在遺漏細節之後都會做的事。他從錯誤中學習，在下一回合做好萬全準備。

7 準備：讓一切就緒

三思而行，行則必速。

——亞里斯多德（Aristotle）

二〇一一年，世界一級方程式賽車摩納哥站，比賽進行到第六十九圈，邁凱倫車隊的車手路易斯・漢米爾頓（Lewis Hamilton）與另一名車手相撞，賽車的尾翼擾流板撞壞，這似乎宣告他的比賽提前終結。對於世界一級方程式賽車而言，幾秒之差就可能決定成敗，這類撞傷往往意味著被踢出賽局。雖然一個出色的維修團隊可以在短短三・五秒內更換四個輪胎，但他們幾乎沒有足夠的時間在比賽過程中進行更複雜的修理。不過，在摩納哥那個陽光明媚的下午，漢米爾頓這位一級方程式賽車的「頑童」獲得幸運之神的眷顧。在對手的賽車被撞毀後，賽道負責人宣布比賽暫停，以便清理碎片，這讓邁凱倫車隊大大鬆一口氣，爭取到更多時間修理賽車的尾翼。

分秒必爭呀！穿著品牌工作服的機械維修師以百米衝刺的速度，等漢米爾頓的賽車進入維修區，先進行毀損評估，馬上訂出最佳修理方案，著手修理。幾乎就在他們鎖緊最後一顆螺栓的同時，賽道負責人衝上來，把他們趕出賽道外，以便繼續比賽。漢米爾頓駕駛剛換好尾翼的賽車重新回到賽道疾馳而行。他最終獲得了第八名，但是這場比賽中維修技師出人意料的「飆風行動」卻成爲一則傳奇，並在往後好幾年一直爲人們津津樂道。

「在比賽中途修理尾翼擾流板這類零件，是一件無法想像的事，但是他們做到了！」邁凱倫車隊技術部的聯絡工程師彼得．霍奇曼（Peter Hodgman）表示：「當你想到他們只用了那麼一點點時間，這簡直是太神奇了！」

這樣的故事在一級方程式賽車史上堪稱一絕，時年五十七歲、滿臉鬍子的霍奇曼發出由衷的讚嘆。在一九九三年多寧頓公園舉辦的歐洲站賽事上，麥克．安德雷提（Michael Andretti）等待衝出起跑線時，邁凱倫車隊的機械師發現賽車下面居然有一攤積水。維修團隊迅速展開行動，在十分鐘內更換了故障的散熱器。「時間永遠是一級方程式賽車最大的敵人。」霍奇曼說道。

雖然這話聽起來自相矛盾，但快速故障檢修也可以成爲慢速解決法的一部分。因爲在現實世界中，往往沒有時間不疾不徐地反應和分析每一個細節。有時，快速解決問題是一種適者生存的叢林法則。當我們的祖先偶然遇到飢餓的掠食者時，他們要不是找到逃生路線，就是淪爲盤中飧。在缺乏耐性、要求隨叫隨到的二十一世紀，我們時常被迫提供臨時的解決方案。這可能會導致本書中我們所談到的這種快速修理事件。但並非總是如此。在適當的條件下，迅速解決問題可能對我們的實際工作有利。

一級方程式賽車中的維修技師就是很好的例子。從醫學、管理到消防、美式足球，每個領域的佼佼者都有飛速處理問題的能力。在《決斷兩秒間》（*Blink*）一書中，葛拉威爾（Malcolm Gladwell）表示，當我們學會「把握前兩秒」時，我們是多麼地聰明。在其研究的案例中，立刻斷定以一千萬美元出售的雕塑是贋品的藝術專家，[1]以及能從夫婦的交談中準確預測他們以後會離婚的心理學家，[2]都能以驚人的準確度迅速判斷。這是一種系統一的行動思維，不只是專家能做到，我們也可以。我在打曲棍球時，滿腦子彷彿是類固醇加持過的問題解決機器，在幾分之一秒內計算如何避開前面的防守隊員，或是把球傳給隊友。我們在日常生活中所做的許多事，從開車到切胡蘿蔔，都是同一種不假思索的思維方式。

在一眨眼之間找到解決方案是如此尋常，許多學科都有自己的專業術語可描述之。當一名籃球運動員在迅雷不及掩耳的進攻中，完美傳出一記隱蔽傳球時，我們說他有「空間感」。單憑一眼就能準確判斷戰場地形的將軍，據說是有得天獨厚的「天賦」。我們通常稱之爲「直覺」，被視爲上帝恩賜的禮物。拿破崙（Napoleon I）在戰場上叱吒風雲，相信他是與生俱來的「天生統帥」。然而實際上卻平淡無奇。正如我們看到的那樣，我們的頭腦在系統一和系統二的思維間來回切換。當我們匆匆做出決議時，我們仍會運作所有的系統二思維，判斷當時情景，收集相關資料，制定策略，尋求最佳的行動方案，我們只是更快速地做了一大堆事。心理學家稱之爲「薄片擷取」（thin-slicing），因爲我們從一點點經驗中汲取了全部所需的資訊。

它是如何運作的呢?當時間緊迫時，最好的切片機會接入個人經驗資料庫，以發現問題的熟悉模式、陷阱和可能性。新手不可避免地會收集和分析一些不相關的資訊，甚至進入死胡同，分析一些注定失敗的行動過程，專家則會直搗正題，鎖定關鍵資料，直接跳入最佳的解決方案。這需要多長時間，得視問題的狀況而定。有些「薄片擷取」可能在幾秒、甚至毫秒內發生，其他時候，我們需要的時間更長一點，甚至要幾分鐘，才能進入個人資料庫。[3]不管怎樣，「薄片擷取」都可以跨學科轉移。習慣在瞬息萬變、緊張氣氛的金融市場工作的華爾街交易員，往往也是需要快速做出決策的戰爭遊戲高手。[4]但是最好的「薄片擷取」，往往出現在單一的專業領域內，因為它建立在以往豐富的經驗基礎上。許多領域的研究顯示，大約一萬小時的練習就能夠精通一門學科，做出直覺性的跳躍，成為這個領域的佼佼者。從科技分析師轉行成為投資家的伊斯特・戴森（Esther Dyson）指出：「當我們說直覺是怎麼樣時，通常意味著過去的經驗大概是怎麼樣。」

而這也是慢速解決法該出場的時刻。本書中的大多數例子，從洛克高中的轉變到英國皇家空軍科寧斯比基地的新安全機制，均涉及解決問題所投入的時間。這仍是「薄片擷取」，卻有一點小小的轉折：在問題出現「以前」，你需要花時間建立一個經驗資料庫，以便在事情出錯時從根本上解決問題。換句話說，實踐、計畫和準備，讓你在極有限的時間內迅速解決問題。這與你驚惶失措地盲目抓住最近的快速解決法是完全不同的。

這不僅僅適用於解決某一個問題。團隊也可以改善「薄片擷取」的能力。大量的研究顯示，經驗豐富的團隊比經驗不足的團隊更容易解決問題。美國的一項研究透露，近四分之三商用飛機事故發生在飛行員和副駕駛的第一次飛行途中。[5]在遵循七個P（事先計畫和準備能避免拙劣的表現）的黃金規則前提下，一級方程式賽車的菜鳥就很少出錯。團隊會聘請工程技術指導、數學天才等智囊團，建立一個經驗資料庫，讓他們做出最高水準的「薄片擷取」。大部分人想要讓車速快上加快的執著促成了這項改進。即使在賽車界已打拚了三十多年，霍奇曼對於機修技術仍保有孩童般的熱情。當我們見面時，他拿出自己的 iPhone，向我展示他在休閒時拼湊出的一九五七年奧斯丁 A35 古董賽車的照片。「大多數一級方程式賽車愛好者都迷戀車子。」他說：「我們一直在思考用更好的方法重新打造或修復它們。」大概有三百個像霍奇曼這樣的人，夜以繼日地致力研究邁凱倫賽車的每一個細節。他們充分利用車載電腦以及車手回報的資料，追蹤車輪速度、引擎轉速、換檔和油門開度、燃料消耗和廢氣排出等每一個細微的變化。在賽事空檔，他們調整設計、測試部件、進行新的修理試驗，並檢查故障、練習修理，不斷充實個人和團體的資料庫。在標準的輪胎更換期間，二十八個人圍在維修區的賽車旁，一些人操作輪胎槍或保持車輛的穩定，另一些人拆下舊輪胎或換上新輪胎。與波頓男孩大不相同，邁凱倫車隊的作法是一遍又一遍的演練，甚至在每場比賽的早上擠在一起進行最後的練習。「每個人都清楚知道自己在做什麼。」霍奇曼說道：「幾乎像水上芭蕾一樣地機械化，你幾乎是下意識地做完自己的工作。」頂尖的賽車維修人員彼此之間培養出第六感。「你們朝夕相處的時間甚至多過妻子或女友，因爲如此親近，所以熟悉對方的長處和短處。」霍奇曼表示：「舉手投足之間就知道對方在想什麼，根本無需言語。你只是遞出扳手，因爲你知道你的同伴下一步就要用到它。」

一級方程式賽車維修人員和工程師對賽車的瞭解是如此熟悉，演練又是如此精良，從底盤輕微傾斜、引擎稍有噪音，到排氣味道稍有變化，在電腦以圖像或數據顯示賽車故障跡象前，他們就能發現。即使是從未踏足維修站的我們也可以從中得到借鏡。你採用的慢速解決法要素越多——包括承認錯誤、停下來思考、制定策略、關注細節、長遠看待問題——你就會越清楚該做什麼，就越有可能在將來憑藉直覺快速處理所要解決的問題。「當你擁有多年的經驗和認知時，什麼事都逃不過你的眼睛和注意力。」霍奇曼說：「不管時間多緊迫，你也能很快發現問題並找到方法解決。」

這是眞正超越時間限制，觀察賽車世界的體悟。蓋瑞．克倫（Gary Klein）花了將近三十年，研究人們如何在壓力下解決問題。漸漸地，他堅信是直覺的力量在主導這一切。在《力量之泉》（*Sources of Power*）這本書中，他指出建立在實踐、培訓、經驗基礎上的專業知識，是在時間緊迫下正確解決問題的最可靠支柱。克倫發現，國際象棋大師被迫下快棋時從容淡定，新手卻會崩潰。[6] 同樣的道理，經驗豐富的消防隊長有八成的決策是在一分鐘內完成。[7]

我們的許多慢速解決者具有相同的技巧。對辦公室和工廠客戶的多年觀察，賦予貝瑟爾森一種企業管理的「天賦」。他說：「當我進入一家公司，就像在聽一支樂隊的演奏。其中一位演奏者走音，我可以立刻聽出來。」英國皇家空軍科寧斯比基地的空軍大隊長布雷斯福特上校經驗豐富，發現了故障隱憂，才能有驚無險、幸免於難。他說：「我一登上飛機就能察覺它異常。即使沒有展開調查，我就知道如果他做了X或Y，會比較成功地完成使命。」霍伊達爾只要巡一次監獄，就知道哪裡出了問題。

最佳的「薄片擷取」從來不會停止建立自己的專業知識。學無止境，沒有最好，只有更好。「一旦你開始認爲你知道這一切、什麼都見識過了，麻煩就來了。」霍奇曼說：「總會有一些你不知道的東西，你必須努力學習，保持求知若渴的態度。」日本企業稱之爲「精進」的藝術。這也說明了爲什麼頂尖歌手終其職業生涯都需要聘請老師教唱，爲何菁英運動員要接受無數個小時的反覆訓練、跑步和視覺化練習。在即興喜劇中，最好的演員即使在毫無笑料的場景下，也能靈活演繹一場幽默詼諧的黃金喜劇。許多演員具有喜劇天分，但眞正的明星從來沒有停止過排練、上訓練課程、評論彼此的表演、逼自己嘗試新的挑戰。創意思維活動也培養迅速解決問題的能力。除了花九個多月開發一個解決方案，每隊也要在五分鐘內解決一個從未見過、所謂「即刻反應」的挑戰。「當你解決生活中的任何問題時，你必須知道什麼時候要加速、什麼時候要放慢。」米克勒斯說：「這就像馬拉松和百米短跑，解決問題的高手必須兩者皆擅長。」

但是這裡要提出一個大警告。無論他們多麼辛苦建立自己專業的資料庫，專家們從不可能確保萬無一失。很多研究都說明了，幾乎每一個領域的專家，從法律、醫療到金融，都可能高估自己的專業技能或低估自己的錯誤。在一份針對驗屍報告的研究中，醫師認爲自己對病患生前的診斷完全確定的案例當中，竟有四〇%是錯誤的。[8] 放眼企業界，大規模的購併案例中，儘管事前受到大批執行長、諮詢顧問和專家的一致背書，但仍有四分之三的購併結果不僅沒有創造股東的利益，反倒損害了股東的利益。一份針對二百八十四位知名政治及經濟評論專家所做預測的長期研究，同樣出現令人失望的結果。[9]當問及中東戰亂的可能性、新興市場的未來和世界領導人的政治前景等問題時，專家們的表現居然落後基本的電腦演算法。越是著名的評論家越是過於自信，預測也越容易失準。

即使是一級方程式賽車維修技師有時也會犯錯。在修復漢米爾頓的賽車尾翼擾流板兩個月後，邁凱倫車隊的機械維修技師把另外一位車手巴頓（Jenson Button）送上賽道時，卻未發現其賽車右前輪有一顆螺絲鬆動。

跟我們其他人一樣，即使是專家，也會受到一些不該去在意的因素影響。讓我們回想一下，樂團主管們採用盲眼徵選的方法前，在甄試過程中自動排除女性演奏家的作法。另外也有研究發現，醫學院面試官很少在雨天讓申請者過關，[10]而法官用餐之後，比較可能給予犯人假釋出獄的機會。[11]

即使之後的證據顯示專家們的第六感有問題，他們還是很難改變這種習慣。二〇〇九年，美國學生阿曼達．諾克斯（Amanda Knox）遭控在義大利的佩魯賈（Perugia）謀殺了英籍室友。雖然發現屍體之後，沒有實質證據證明她在數日和數週內到過犯罪現場，警方卻迅速做出毫不懷疑的結論：諾克斯是一個具有天使面孔和奸猾狡詐性格、性偏執的反社會主義者。首席調查員吉歐比（Edgardo Giobbi）在凶殺案發生後幾個小時內，就以她匆忙穿上鞋子的可疑舉動，給諾克斯下了這樣的定論。他事後說道：「我們透過審訊犯罪嫌疑人，密切觀察其心理和行爲反應，判定她有罪。我們不需仰賴其他的調查。」他的話說白點就是：精心收集、分析物證或關注微小細節，是電視影集《CSI犯罪現場》裡的娘娘腔才會做的事，而我們眞正的警員是憑藉直覺來辦案。四年後，諾克斯被無罪釋放，上訴法院由於缺乏證據，推翻對她的定罪。

結果證明直覺是一把雙面刃。雖然準確的直覺可以創造奇蹟，但同時我們的情緒和偏見也可能導致錯誤的判斷，而考慮過多更可能導致直覺出錯。許多的研究顯示，在警局指認排成一列的嫌犯時，目擊證人如果必須在短時間內做決定，指認出正確嫌犯的機率會比較高。[12]同樣的道理，網球場上網前軟弱的高彈跳球有時反而難以回擊，因爲我們有太多時間思考如何一擊致命。IDEO的珍．富爾頓．蘇利提醒我們：「我們應該傾聽我們的直覺，但是不要直接就跳到結論。」

有幾個步驟可以平衡並且優化我們的「薄片擷取」。第一步是要不斷測試並且充實我們的資料庫。即使眼前看來毫無問題，仍需要實作、訓練並研讀相關的專業領域。模擬想像「薄片擷取」讓你失敗的情境，並分析其中的原因。盡可能保持直覺的純粹和準確，排除不相關的資訊，當出現第二種不同的想法時，要把它打消掉。最重要的是，保持冷靜和輕鬆：研究顯示當我們心跳速度太快時，就會落入原本的偏見而做出拙劣的決定。[13]

守護直覺避免失效的最好辦法是謙卑。因爲「薄片擷取」始終是一個不可靠的技藝，不管我們的履歷表看起來多麼顯赫，我們都必須接受我們的直覺判斷需要別人的檢視，甚至修飾。也就是說，處理困難的問題時，我們應該尋求第二者、第三者、甚至第四者的意見。即使在一級方程式賽車有三十一年的經驗，霍奇曼仍然堅持這樣的作法。「不管你自己多在行，有別人的意見總是會更好。」他說：「沒有人可以凡事都自己搞定。」

8 協作：一人計短，兩人計長

在人類漫長的歷史中，……學會以最高效率協同合作與因地制宜者，便能繁盛壯大。

——查爾斯．達爾文

如果你要在二十一世紀打造一個多才多藝的「文藝復興人」（Renaissance Man），他最後可能會有點像大衛．愛德華茲（David Edwards）。這位哈佛大學的教授大半時候都住在巴黎，既是化學工程師，也寫過應用數學教科書，並且創辦了一家製藥廠。他是美國人，寫的小說和散文卻榮獲在法國地位崇隆的法蘭西藝術及文學勳章（Ordre des Arts et des Lettres）。而他現年才五十歲。你的履歷表是否突然黯然失色了？至少我的一定是。

擁有如此傑出的身世，愛德華茲大可自命清高，深居在學術的象牙塔裡。不過他的作法恰恰相反。他深色糾結的鬈髮和腳上的皮靴給人一種俗氣的花花公子印象。喜歡閒聊、事事好奇，而且樂於自嘲，他習於提出問題，探索未知領域的本性，讓自己充分汲取身旁每個人的智慧與專業知識。這種凡事渴求的精神，成了他在二十一世紀重新創造解決問題這門藝術的基礎。一如優秀的文藝復興人，愛德華茲瞭解跨學科的研究，在藝術和科學領域之間來回穿梭，可以找到令人驚豔的解答。

接續在學術思想停滯的中古世紀之後，文藝復興時代確實是解決問題的豐收時刻。在十四到十七世紀之間，人類創造出各門各類的發明，奠定了現代世界的基礎，其中包括複式簿記、印刷術、滾珠軸承、對數、手錶和微積分。和愛德華茲一樣，許多文藝復興最優秀的思想家具備了精通各門知識技藝的博學之道。哥白尼（N. Copernicus）在啓動天文學革命之餘，還是執業醫師和律師。克卜勒（J. Kepler）的星體運行理論植基於樂理和聲的起伏高低變化。協助創新科學方法研究的法蘭西斯・培根（Francis Bacon），在世時是以律師、政治家、作家和宮廷朝臣的身分而知名。神學家波以耳（Robert Boyle）奠定了現代化學的基礎。博學多聞的代表人物達文西（Leonardo da Vinci），是天賦聰穎的畫家、雕刻家、音樂家、解剖學家和作家，同時也是令人讚嘆的多產發明家。

跨領域的學術風氣並沒有隨著文藝復興時代結束。發明電報的摩斯（Samuel Morse）在投身科學領域前，是一位著名的畫家。專業畫家貝爾（Alexander Graham Bell）利用簡單的音樂遊戲作爲發明電話的開端。一項最新的調查發現，幾乎所有科學領域的諾貝爾獎得主都從事某些藝術活動。他們同時是歌唱、舞蹈或戲劇表演者的機率，是一般科學家平均的二十五倍，是視覺藝術家的機率則是一般科學家的十七倍。[1]贏得一九一八年諾貝爾物理學獎的普朗克（Max Planck），比愛德華茲更早一步致力於打破學術界線，他曾說：「創造性的科學家需要『藝術性』的想像力。」

不過，時至今日，我們往往過度忙碌於鑽研專業而無暇涉足其他領域。即使在同領域內，最優秀的人才也閉鎖於分工日益細密的專業領域之中。經濟學、生物學、化學和其他學科細分成許許多多的學科與分支學科，連專家都可能難以理解隔鄰同僚的研究。

另一方面，如今想和文藝復興時期的人一般多才多藝，也非人力所能及。在五、六百年前，擁有一顆好頭腦和很多空閒時間，從醫學、天文到文學、哲學，人人都可以成爲精通的專家，因爲人類知識的總和還不算太多。即使如此，當時仍有所學過於龐雜的危險。達文西在一本筆記裡寫道：「正如一個分裂的王國將趕赴自己的滅亡，投注在太過繁多的科目上，心思將變得混亂而衰弱。」如今一個人要學的東西實在太多了。一項谷歌的調查顯示，自印刷術發明以來，出版過的書目已達到一億三千萬筆。

不過文藝復興的理念絕非明日黃花，只不過必須與時俱進。在極度專業化、高度複雜的世界裡，想要重建過去集於一人的博學旁通，最佳方式就是把各類人等召集起來。也因爲如此，協作往往是慢速解決法的關鍵要素。

這並不是什麼新觀念。麥特．瑞德里（Matt Ridley）的《世界，沒你想得那麼糟！》（*The Rational Optimist*）說明了，過去人類與巨大多樣的網絡連結時，就會展現最高的創造力。尼安德塔人被智人淘汰，有部分原因是智人進行遠距離的交易，透過交互配種，讓思想進化。地中海的社會曾經在歷史中繁榮興盛，靠的是商船，腓尼基人、希臘人、阿拉伯人、威尼斯人自由地在港口之間航行，傳播理念，並將整個區域聯繫起來，成爲一個巨大的社會網絡。一旦其流通被海盜打斷，創新力也隨之動搖，例如公元前一千年、中世紀黑暗時代及十六世紀。在各個文化所有的歷史中，對外在世界採取閉關自守態度的社會往往停滯不前：想一想明代的中國或幕府時代的日本，還有阿爾巴尼亞或是北韓。一萬年前，上升的海平面切斷了塔斯馬尼亞島與澳洲大陸的聯繫，塔斯馬尼亞人的創新力因此反轉。「人類科技的進步依賴的不是個人的智慧，而是集體意見的分享，幾萬年來皆是如此。」瑞德里寫道：「人類進步的程度，會隨著人們的連結與交流而有起有落。」[2]

其中的原因一部分是來自傳統、良性的競爭。與局外人交流，特別是當他們有好的想法時，往往能刺激我們在自己的競賽中提升表現。不過眞正對解決問題有幫助的，應該是來自彼此之間的「合作」而非「對抗」。最新的腦部研究指出其中一項可能原因。參考一下康乃爾大學的凱爾・艾米許（Kyle Emich）和紐約大學的伊凡・波爾曼（Evan Polman）兩位組織行爲專家的研究。在一項實驗中，他們要求一百三十七位研究對象解答下述問題：想從高塔中逃脫的一名囚犯在囚室裡找到一條繩索。繩子的長度只有安全下降到地面高度的一半。這個一心想要脫逃的囚犯把繩子分成兩半，把這兩半綁在一起，逃出了高塔。他是怎麼做到的？

在處理這個問題之前，一半的實驗參與者被要求想像自己本人是囚犯，另一半參與者則被要求想像囚犯爲其他人。這個問題的答案當然不像火箭科學那般複雜——囚犯把繩子的縱面切成兩半，結合成夠他安全落地的一條繩子。不過這需要一點有創意的水平思考。

有趣的地方就在這裡。想像囚犯是自己本人的實驗者，只有四八%的人解答了問題。想像囚犯是別人的，有六六%破解了謎題。結論是：我們在解決別人的問題時會比較有創意。[3]

這個結果可不是意外僥倖。在類似實驗中，艾米許和波爾曼發現，人們爲完全陌生的人準備的禮物，要比爲自己準備的禮物更有創意。他們爲一位不知名作者的故事畫的插圖，也比自己的塗鴉更有想像力。這種現象該如何解釋？已經有相當多的心理學研究顯示，我們會用兩種不同方式設想人與情境。當對方在實體上、情感上或時間上與我們比較接近時，我們會用具體的方式設想。當對方距離我們遙遠時，我們就會落入較抽象的思考模式，往往也會較有創意。沙特（Jean-Paul Sartre）曾經說過：「他人即是地獄。」不過從這裡看來，他人也可能是我們解決難題的門票。

從一六六五年英國皇家學會在倫敦出版第一份《自然科學會報》（*Philosophical Transactions*）以來，共同合作，或者至少是參考吸收他人的成果，已經成爲全球科學界的信念。科學的突破經常仰賴研究人員在諸多方面的進展，根據早先的發現奠立基礎、從他人的錯誤中學習、以相對立的理論進行測試、再以自己的研究補上原本缺角的拼圖。《自然科學會報》原本的目標是傳播科學知識，好讓假說、理論或乍現的靈感在不同領域相互啓發。這份期刊早期的供稿者之一牛頓（Sir Isaac Newton），在一六七六年寫給對手的一封信中，總結了向同儕與先行者學習的重要性。他寫道：「我之所以看得更遠，是因爲我站在巨人的肩膀上。」這句話在今日依然有效。衆多研究都顯示，科學家一起合作能把問題解決得更好。戴上諾貝爾獎桂冠的得主往往有掛著花環的合作同事。喬治亞州立大學的經濟學教授寶拉．史蒂芬（Paula Stephan）是研究科學如何進行的專家。她的研究確認了《自然科學會報》創辦者的看法是正確的：「彼此協同合作的科學家，往往比單打獨鬥的研究者更能產出好的科學研究。」

有個實際的案例：一家名爲 MathWorks 的軟體公司，每六個月會在它的商用數學軟體 MATLAB 設定一道問題。這套數學軟體是用來協助工程師與數學家執行驚人的複雜運算。成千上百的參賽者以電腦程式的形式在網路上提出解答。每個提交的解答都會予以分析、評分，並在網路上公布。所有人都可以隨意拿取程式裡最好的部分，以原有的內容爲基礎來改良解答。如果你的修改結果產生更有效的演算法，即使你只是稍微修改了幾行原本的程式，你還是可以直接登上排行榜榜首。這意味著參賽者同一時間彼此競爭又相互合作。這規則聽起來像是會導致無政府狀態的大混亂，但結果恰恰相反。

有些參賽者頭腦比其他人靈光，不過共同合作卻讓集體成果勝過個別的總和。舉行已超過十年的 MATLAB 競賽顯示，協作解決問題往往循著同樣的路徑：長時期小部分的修改之間，總會出現突破性的大躍進。「人們會嗅出演算法裡的弱點，就像搶食的土狼過了一會就筋疲力竭，直到其中一隻有所突破，將腐屍甩動到新的位置，接著爭食過程又從頭開始。」MathWorks 電子產品與服務部設計主管奈德．戈里（Ned Gulley）說：「歷史課本教我們，像拿破崙這類偉人都是單獨演出的演員。不過現實裡情況要複雜許多，牽涉到做出大躍進和做出小修正者之間複雜的交互作用。」

這話在我聽來有些熟悉。我的家人常常玩一千片的拼圖遊戲。有時一家四口一起合作，有時則是兩個人合作或一人獨立進行。就跟 MATLAB 的演算法一樣，拼圖的進展時快時慢。我的兒子跟我可能合力拼好一個角落，隨後就陷入了困局，要等到我妻子或是女兒過來，用不同的方向旋轉一片拼圖，突然間兩大塊的拼圖被連結在一起，讓拼圖過程又有了新的進展。有時來訪的客人會打破僵局，把兩片拼圖用全家人都沒想到的方式拼在一起。雖然我家每個人都可以獨立完成拼圖，但是遠不如大家合作時做得好。

根據戈里的評估，每次 MATLAB 七天的競賽時間結束之後，得獎的演算法要比競賽一開始提交的最佳演算法好上千倍。他說：「有一些頭腦非常優秀的人參加我們的競賽。其中有人會提出大突破，他的作品在傳統競賽裡就是最佳解答。因爲他們都是很聰明的人。不過在 MATLAB 的競賽中，人們可以馬上跳出來做一些修正。沒有單一的個人能做得到。這是一個群體，我們得到的是一個了不起的集體智慧。」

不過，在單一領域裡的協作還是有其侷限。出身類似背景的小團體很容易出現視野狹隘的情況。所謂「英雄所見略同」被當成正面之言，不過這類的意見一致可能會導致團體迷思（groupthink）。這個問題的存在比美國甘迺迪（J. F. Kennedy）總統的時代還要久遠，當時儘管有成堆的反面證據，甘迺迪政府仍一心相信入侵古巴的豬玀灣是個好主意。早在兩千年前，記述猶太法典（Talmud）的猶太學者就宣告，一旦當局對涉及死刑的案例達成無異議的有罪宣判，嫌犯就必須予以釋放。爲什麼？因爲不存在任何反對的聲音時，就是團體迷思出現的明顯徵兆。[4]

眞正解決問題的魔法出現的時刻，是當你開始進行文藝復興式各學科的匯流。與來自不同背景的人相互激盪，會迫使我們重新思考原先的假設，並用新的眼光看待問題。這也是鼓勵參與者辯論、批判彼此的看法時，團體腦力激盪可以產生最好成果的原因所在。更重要的是，有些類似鍊金術的東西會在不同學科相互碰撞、交疊時出現。在十八世紀，來自各領域的思想家齊聚在歐洲的咖啡廳，對各種發明和思想凝鍊、調整和爭辯，推動了啓蒙時代的來臨。在維也納，科學界和哲學界的人物每週三晚上在佛洛伊德主持的沙龍針鋒相對，成了心理分析創建的重要推手。麻省理工學院傳奇的「二十號大樓」，如大雜燴般聚集了一群工程師、生物學家、化學家、語言學家、物理學家、電腦科學家、心理學家、技術人員和軍方聘雇人員，生產出各色各樣叫人讚嘆的發明，從高速攝影術、喬姆斯基語言學，到著名的Bose頭戴式耳機，也因此贏得「魔法育成中心」的暱稱。一九七〇年代，在個人電腦革命的發軔點——加州的「自組電腦俱樂部」（Homebrew Computer Club）中，電腦駭客、科學家、思想家和創業家彼此交流意見。「參與者會齊聚到這些地方，部分原因是基於能分享熱情的同志情誼，而毫無疑問地，這種互相支持的網絡增進了群體的投入和生產力。」史蒂芬．強森（Steven Johnson）在《創意從何而來》（*Where Good Ideas Come From*）一書中提到：「不過，鼓勵未必會帶來創造力。

『碰撞』才會——當不同領域的專業聚合在某個共享的實體或心智空間時所產生的碰撞，才是眞正星火迸發的所在。」

我每天的工作都在見證這樣的碰撞。我在倫敦住家附近的共用辦公室租了九十九張辦公桌的其中一張。辦公室裡的白牆、佛像和放客風格的會議室，正是都會酷勁的寫照。不過各領域的大雜燴也讓它成了富有豐饒生產力的工作地點。在我辦公桌十五英尺方圓內，坐了金屬交易商、在亞洲經營網路英文語言學校的老闆、一個建築師團隊、一個非洲慈善團體、一個演藝經紀人和一名應用程式設計師。創意的碰撞無時不刻都在發生。比如說，一位軟體工程師在廚房裡跟一位室內設計師交換意見，同時間在印表機旁邊，一名獵人頭顧問與一名經紀人正在討論如何向客戶提案。

協作和其他慢速解決法的要素一樣，都需要時間。你需要找尋並編整適當的人，然後營造隨之而來的創意碰撞。即使是在運行最快速的產業部門裡也會奏效。賈伯斯曾經發現，蘋果革命性的麥金塔電腦「結果會這麼好，是因爲研製人員是『湊巧也是傑出電腦科學家』的音樂家、藝術家、詩人和歷史學家」。將近三十年後，這家公司仍用相同的方式創造競爭力。「光是科技還不夠的概念，已經存在蘋果公司的ＤＮＡ裡面。」賈伯斯在推出征服全球的 iPad 之後如此宣告：「它是科技與人文藝術的結合，科技與人文學科的結合，才能帶給我們在內心高歌的成果。」結論是：越多人加入你解決問題的團隊，他們的背景越是多元，彼此的想法會越有可能碰撞、結合、跨界相互啓發，產生普羅米修斯火花般的洞見，照亮通往最佳慢速解決法的道路。

然而，我們對於共同合作，特別是跨領域的合作仍然不免戒備提防。人們對專業設立嚴峻的門檻，花費時間和金錢來擁有它和捍衛它。人們炫耀專業所授予的地位，把頭銜擺在自己姓氏的前面。人們利用專業術語、證書和專業公會來防止門外漢越雷池一步，並把任何膽敢染指其他領域的人形容爲雜而不精的三腳貓。全世界所有掛在辦公室牆上的加框文憑和獎狀所傳遞的，都是相同的訊息：這裡就是你要找的地方。我很懂我的專業。你現在不用再找別人了。讓我們講坦白點：當面臨危機時刻，我們都盼望有一雙穩當的手。當你發生車禍躺在街上與死神搏鬥時，你會迫切想要相信急救人員可以一手將你拉出鬼門關。

儘管我們口頭上讚揚團隊合作的神奇，本能上我們還是會把榮耀歸於個人。各式各樣的獎項，從諾貝爾獎到普立茲獎，從奧斯卡到麥克阿瑟「天才獎」，往往頒發給單一得主。即使是團隊的運動，我們也把頭銜和榮譽添加在超級明星的身上。衆多研究顯示，我們對於事件的解釋往往過度強調個人因素，輕忽了環境的條件，這一現象稱爲「基本歸因錯誤」（Fundamental Attribution Error）。正因爲如此，在我們的想像中，執行長決定公司成敗命運的力量，往往比實際研究數據顯示的結果還要大。當然，每個人都喜歡想像一個孤獨的天才、一個獨步全球的專家，經過孤獨的辛勞研究之後，大喊一聲：「我找到了！」然後拿著全套的解決方案，重見天日。這既簡單、浪漫，又激勵人心。不過這往往與現實差距太遠。即使在古代最好的想法，也絕少是從一個人的腦子裡構想出來；相反地，它們通常是衆人的智慧交互灌溉培育的果實。誰發明了電燈泡？愛迪生（Thomas Edison）。不對。愛迪生只是衆多互相參考學習的發明家之中最精明的一個。他相信有相關領域專業的小團隊最具創造力，所以他經營一個二十多人的團隊。即使是米開朗基羅（Michelangelo），也雇用助手來協助他繪製西斯汀大教堂部分的壁畫。

遺憾的是，許多解決問題的機構其組成架構會阻礙協作。大學系所的運作往往像是相互對抗的封建諸侯。同樣地，預算各自獨立、職場文化和關注議題各不相同的政府部門之間，競爭成分往往大於合作。[5]在企業的領域裡，對協作抱持懷疑態度的情況更加嚴重，專利的體制經常會封閉諮詢的管道。自我意識也是一個大障礙。讚揚團隊合作的研究人員，若感覺自身地位受威脅，可能就會怒髮衝冠，許多人也盡可能不讓自己的研究數據公開。雖然分享知識和洞見能帶來更大的好處，同時也讓榮耀、教職和獎金的分配更顯困難。在一九九四年，四百五十位物理學家共同發現了稱作「頂夸克」（top quark）的量子粒子。你要用什麼方法獎勵這麼多的人？MATLAB 的論壇經常充斥著應歸功於誰的爭論。

儘管有這些障礙，最有創造力的問題解決者越來越傾向於走出自身專業知識的地下碉堡，到其他地下碉堡中汲取智慧。「在這個高度專業化的世界裡，我們經常受困於專業的洞穴之中。它阻礙我們與其他洞穴溝通，我們的視野和創造力也因此受限。」大衛．愛德華茲說：「偉大的創造者夢想離開自己的洞穴，因爲他們知道分享知識和洞見是解決問題最好的方法。」

爲了打破這種藩籬，二〇〇七年，愛德華茲在巴黎創辦了「實驗室」（Le Laboratoire，簡稱 Le Labo）。辦公室位在一棟十八世紀的優雅建築裡，與典藏諸多文藝復興時代傑出作品的羅浮宮相隔只有幾條街。這個愛德華茲的心血結晶實在很難給予明確的定義，Le Labo 不是學院、智庫、科學實驗室、行銷代理商、工業廚房、藝廊、設計師工作室或商店，卻或多或少涵蓋上述成分，而且包含更多。你可以把 Le Labo 想像成二十一世紀的啓蒙時代咖啡廳，一個理念的遊戲場，來自藝術和科學領域、在正常情況下絕不會碰面的專家一起處理問題的場所。你可能在地下室光亮的廚房裡，發現一名主廚正爲一名生物學家展示他最新的調味料，一個藝術家在其中一間會議室與物理學家討論量子力學，或是一名建築師與一名化學家討論產品的發展。或者，他們也可能在同一個團隊裡合作。「每個人對問題都有自己的思考方式，不過接下來理念相互交流的魔法就此出現。」愛德華茲說：「從醫學的觀點，我可能會認爲某件事絕不可行，但是某個來自設計界的人則會看出它行得通。當我們集思廣益時，可以看到問題更完整的面貌，找出較好的解決方法。」

爲了觀察 Le Labo 如何運作，我追蹤他們最近的一個案子。它的問題是：如何根據細胞的模式創造一個裝水的容器。這個想法最早來自愛德華茲在哈佛大學開授的課程，修課的學生出身各個系所，從經濟學、生物學到建築與視覺敘事。早先的提案是要用二百七十根榫釘打造一個球體結構，不過事後證明，這個結構太過脆弱且難以操作。他們接下來的想法是依照中國燈籠的造形，設計一個像細胞的袋子。

不久之後，愛德華茲在 Le Labo 召集了一支包含廚師、化學家、設計師的團隊，以及這三個領域不斷輪流上陣的學生。他們決定設計一個可食用的瓶子。五個月之後，團隊的九名成員齊聚 Le Labo 高科技的廚房裡，這兒的天花板鑲著鏡子，不鏽鋼流理台一塵不染。首席化學家拉斐爾．歐蒙（Raphaël Haumont）展示了一些可以承載液體的薄膜的初期原型。一本記滿手寫筆記、外表快被翻爛的筆記本攤在櫃台上，上面記錄了時間、溫度、糖和鹽的成分等資料。歐蒙指著一個網球大小、黏糊糊的黃色球狀物，裡面裝水，已經擺在那裡兩個星期。它業已開始漏水，在底下的餐巾留下一攤水漬。「這顯然還不是未來的水瓶。」歐蒙說：「我們還要做更多的研究，調整它的化學成分，進行更多試驗，製造出強度足夠的薄膜。」不過見到這個柔軟、長得像細胞的容器，已激發了團隊其他成員的想像力，想法開始激盪飛舞。

首席設計師法郎索瓦．阿尚博（François Azambourg）建議附上一條線，用來切開薄膜，或是加上一個不同顏色的塞子或蓋子。他還問到薄膜的厚度是否可以不同，讓它有時堅硬、有時柔軟。另一位設計師想知道能不能把容器做成方形，更便於儲存和運送。

接著有一名主廚建議，製作一個大的環形薄膜，裡面放幾個小的球形薄膜，每個裡頭可以盛放一道不同的菜色。「太妙了！」愛德華茲說。

歐蒙平靜地回應腦力激盪下迎面襲來的各式問題。他說：「所有這些關於設計的東西都還要再等一等，因爲我化學家的工作是製造出狀態穩定的薄膜，目前還不行。」語調中暗示著些許不耐煩。過了一會兒，他告訴我，想製造出多種顏色、角度是直角的薄膜、而且有單獨分離的蓋子，在科學上絕對不可能。

愛德華茲饒富興味地縱容並觀察團隊成員之間的拉鋸對抗。在 Le Labo，大部分案子都是由他扮演關鍵角色，整個過程中，他會不斷丟出想法，對其他團隊成員提出斥責、讚揚，編整團隊並提出質疑。他提醒歐蒙，距離公開展示第一個可運作原型的期限已經不到一年。他說：「你現在還在精雕細琢，這當然也很好，不過我們必須從一開始就考慮到大規模、工業化的量產。」

身穿黑外套、頭戴黑帽的阿尙博，全身上下充滿法國知識分子的氣息，此刻靜靜思索歐蒙對他的反擊。接著，他重新加入戰局，希望把化學家推向一個新的方向。他承認道：「也許在容器上面做開口的念頭有點不成熟。也許我們最後做出來的東西是可以全部吃掉，根本不需要有開口。」

在隨後的七個月裡，這個團隊定期開會，相互激盪創意並逐步改良他們的產品。到了第一次公開展示時，他們已經製作出一個靈感來自雞蛋的結構、造型有如細胞的容器，它內層和外表的薄膜都可以食用，也可以自然分解。這場展示會展出了兩個範例。一個是用巧克力薄膜包著草莓果汁。我咬了一口，果汁味道很好，但是薄膜實在太有嚼勁，人工香料也讓我受不了。第二個容器的口感比較讓人滿意。它的薄膜用柳橙做成，帶著新鮮清爽的風味。不知不覺中，我已舔乾裡面的柳橙汁，並且整個吃掉。這兩種薄膜都可以安全地保存液體長達幾個月。

這個容器仍需要進一步的改進，不過公衆的第一時間反應都很正面。在接下來的十八個月，資金來源仰賴慈善捐款、企業贊助，以及銷售自身發明產品收入的 Le Labo，找來更多的設計師、工程師和食品化學家，幫忙改良配方和進行實驗。最後他們將這個新發明的容器命名爲「維基細胞」（WikiCells），在人們大力鼓吹吃喝完內容物後不要丟棄瓶罐的時刻，第一批產品在二〇一二年上市。「也許再過不久，你就可以在酒吧或是雜貨店的食品區買到包裝可食用的優格，而且是用麥片或草莓做成的。」愛德華茲說：

「或者，這個薄膜以及用來保護薄膜的外殼，可以加入我們飲食中有時缺少的維他命和礦物質。」

雖然團隊之中不免因想法的碰撞而產生不快，但共同努力的成果顯然讓每個人都笑開懷。「科學、設計和廚藝是三個完全不同的世界，絕對會有一些爭辯。」歐蒙帶著很理解的笑容說：「不過當這幾個世界交會時，會有豐饒的結果。每個人一起坐在桌前，彼此的理念會出現難以置信的碰撞，帶領我們進入個人無法獨力企及的境界。」阿尚博也同意：「最偉大的思想家身邊總是圍繞一個好的團隊，不管他們事後承不承認。」另一位設計師朱利恩．貝那雲（Julien Benayoun）很樂見團隊內部競爭的火花最後導向共同的目標，而不是個人的榮耀或獎勵。研究顯示，公司內部競爭太多時，創造力會直線下滑，因爲員工不再分享訊息，開始一心掛念如何打敗隔壁座位上的對手。在 Le Labo，這種情況從未發生。「到最後，你已經弄不清楚哪一個主意是誰想出來的。」貝那雲說：「你沒辦法說：『是我想出來的。』因爲有太多其他人的影響和投入，所有人都相互提供養分。」

在慢速解決法中也經常採取協作的方式。入門前先把自我意識擺一邊，準備好與其他人分享功勞，讓創意的靈感源源交流。蒙提巨蟒（Monty Python，譯註：一個英國著名的喜劇團體）就是以這樣的方式打造出一些最著名的爆笑橋段。其中一名團員約翰．克里斯（John Cleese）如此總結喜劇創作的過程：「眞的好點子總是可以追溯到很長的一段過程。一開始不是太好的點子往往啓發另一個稍微好一點的想法，然後有人牛頭不對馬嘴，接著說出一些很有趣的話。」

IDEO幾乎從來不會把案子只交付給一個人。「團體的批判非常關鍵，因爲早一點讓他人瞭解你的想法，就可以得到改善。」珍．富爾頓．蘇利說：「把不同領域的人一起帶進來，會產生很大的力量，所以混合編組和利用團隊已成了我們自然的偏見。」

既然有如此衆多的學科匯流，這樣的處理方式也很合理。隨著深掘宇宙的本質，物理學家會發現他們與哲學家和神學家競逐的是相同的領域。因此，未來的一些重大突破，像是人類基因排序，必然要仰賴生物學、化學、工程學、資訊科技、設計，還有其他更多學科的貢獻。一份麻省理工學院在二〇一一年提出的白皮書預測，「眞正的匯流」與跨界的傳播將會引發科學界的「第三次革命」。[6]

由於現代科技的進步，一起工作比起以往容易得多。在不久之前，對於其他領域發生什麼事，我們很難一窺究竟，可能要浪費幾個月的時間，才能弄清楚自己聰明的點子到底是好是壞，以及是否被人測試過。現在只要花幾分鐘google一下，就知道結果了，只要輕按滑鼠鍵，還可以與全世界的人分享資訊、進行辯論。

最近一個針對專利與經同儕審查的學術論文進行的調查顯示，過去五十年來，團隊合作幾乎在每個科學領域都有大幅度的增加，團隊的平均規模也幾乎成長了三倍。[7]醫學已相當穩定地走上團隊合作的道路。爲了提供更好的醫療照護，醫療衛生體系如今鼓勵跨科別的醫師合作。在世界各地，醫學院開始依據協作能力來挑選學生，並增加「團隊合作」的課程。即使是電視劇《怪醫豪斯》（*House*）裡面，修．羅利（Hugh Laurie）飾演的特立獨行的天才醫師，在解決艱深複雜的醫學難題前，也要先拿自己的理論探測同事的反應。美國醫學院協會（Association of American Medical Colleges）的總裁兼執行長達瑞．克奇醫師（Dr Darrell G. Kirch）說：「在我上醫學院的時候，醫學院的目標是培養一個專業的個人，如今強調的是把這項專業應用到以團隊爲基礎的醫療照護上。」

協作會以許多方式出現。形式或許是電話裡匆匆拋出的一句話，午餐時在餐巾紙背後的塗鴉，或是準備了活動掛圖和白板筆的正式腦力激盪會議。也可能出現在網路平台，發生在一群眞實世界裡可能從未見過、甚至說過話的人身上。其中一個例子是「博學計畫」（Polymath Project）。數學家在一個核心網站上分享問題，第一項挑戰是找到海爾斯－朱特定理（Hales-Jewett theorem）的新證明。經過遠距協作，互相測試、挑戰和改進彼此的成果，四十位數學家在六週內找出來了。

另一個例子是「即興創意」（idea jam），由專家們在線上共同思考問題。二〇一〇年，三千八百位社運、學界、政治人物和軍方將領，花了五天時間討論全球安全問題中的二十六項主題。線上引言人除了導引發言，事後也利用資料探勘軟體和傳統的人力評斷方式，整理出十項最好的想法。其中一項是把救災捐款總數的五％納入國際危機應對基金。另一項是北約組織（NATO）應該成立文官部門，以處理非軍事的任務。我們的心得是：把範圍廣泛的思想家混在一起所產生的結果，比傳統會議還要豐富，同時有助於防範即興創意組織者所說的「集體迷思或官僚體系門戶之見」。

不過，成果最豐富的協作往往是在眞實世界裡的合作。它有可能很混亂且耗時，但可以建立信任，幫助我們對彼此敞開心胸、承認錯誤、負擔風險、相互挑戰——這些都是慢速解決法的基本要素。

哈佛醫學院的研究者研究超過三萬五千份由團隊科學家完成的論文之後，發現在眞實生活中，協作者的工作場所越是靠近，研究就做得越好。[8]在同一棟建築物合作的科學家，往往會出現最好的研究。其中一名研究員艾塞克・科漢（Isaac Kohane）總結說：「即使是在大科學時代，研究者花這麼多時間在網路上，但建立親密的空間關係仍然很重要。」[9]

爲了促成這一點，一些大學正重新設計校園，以鼓勵不同領域學科的協作、碰撞和不期而遇。在哥倫比亞大學、普林斯頓大學、麻省理工學院和紐約大學，生物學家、物理學家、化學家、基因學家、工程學與電腦科學家，如今在開放式的實驗室裡合作，使用共同的餐廳、圖書館和教室。基於相同的精神，Le Labo 這種熔爐風格的「藝術科學」（artscience）也開始在世界各個城市出現。爲了建立具有多種不同專業的團隊，大學開始根據大範圍的研究主題（像是「老化問題」或「能源」）來招募人才，而不再是遵循依系所聘雇人員的傳統作法。隨著政府越來越希望科學家分享更多資料、進行更密切的合作，加上學術期刊公開出版內容的壓力不斷升高，如何在協作的發現中分辨出個人貢獻，成了當今的新課題。

學生也被推往同一個方向。加州大學柏克萊分校舉辦一個年度的「大概念」競賽，比賽中，跨學科組成的學生團隊相互競爭，發明在發展中國家掃除文盲、淨化用水，或是協助科學家利用當地材料打造實驗室的新方法。學分課程也開始脫離狹隘的專業，比如生物系學生也要修習科技、企業、心理、創新和文化的課程。有些人稱之爲T型模式學習，意思是鑽研一個或兩個領域的同時，也要廣泛學習其他許多學科。其目標是在「自己爲無所不知的文藝復興人」和「有隧道視野的超專業人士」之間尋求一個平衡點。美國國家兒童健康與人類發展研究所的所長亞倫・古特馬歇（Alan Guttmacher）說：「我想它的目的不是讓一個人無所不能，而是訓練人們如何接觸新的思考方式。」

在這個世界上，沒有人經得起做一座孤島，也沒有人只靠一招一式就能闖天下，即便是最專業的問題解答專家，也要從他人身上學習，尋找與他人協作的方法。威廉斯一級方程式賽車車隊，二〇一二年雇用了前奧運金牌田徑得主麥可・強森（Michael Johnson），幫忙改進換胎流程和提升訓練。即使是美國太空總署頂級的問題解決者，現在也要在實驗室和研究中心之外另尋其他專家。預算刪減或許是這種變化的原因之一，不過眞正帶動改變的是，他們瞭解到世界已大爲不同。「我們仿照的是學術研究機構、高科技產業和其他領域的情況。」美國太空總署的太空生命科學主任傑夫．戴維斯（Jeff Davis）說：「我們如今在世界上面對的問題非常複雜，沒有一個機構有足夠的資源或專業，來處理可能出現的一整個系統的挑戰，所以從傳統上與你有關係的團隊之外找尋更廣泛的經驗，是很合理的。」

協作在企業界反倒出現比較參差不齊的不均勻發展。許多公司只在自己企業的高牆內進行。如同加州版的克里姆林宮，蘋果電腦就是出了名的神祕，只在內部進行神奇的跨領域研究，絕對不會想要像美國太空總署一樣分享研究成果。不過仍有一些公司採取大膽的躍進。像是大型的日常消費品製造商寶鹼公司（Proctor & Gamble），已經和全世界超過一千名創新者簽署了夥伴協定，分享過去理應深鎖在保險櫃裡的研發成果。現在，有超過一半的新產品都包含來自非寶鹼公司員工的貢獻。執行長鮑伯．麥唐納德（Bob McDonald）說：「我們希望與全世界任何地方最優秀的創新者建立夥伴關係。」

雖然我們大部分人都沒有寶鹼公司這般強大的推動力，不過人人都可以透過協作獲得改進。這應該從修鍊自己文藝復興式的能力開始，強迫自己進入一些不熟悉的領域，甚而培養出嗜好來。假如你原本是個電腦程式設計師或會計，你不妨去參加繪畫課，學習一種樂器，或是接觸都市園藝。如果你整天的工作都是在和人打交道，則可以考慮參觀一下科展、玩玩數獨或是參加分子美食課程。仔細研究一些質疑而非強化你原本世界觀的網站，並且閱讀一些不屬於你原本領域的書籍。

爲了與潛在可能的協作者產生最大的碰撞，你應該走出去迎向他們。參與社群網絡，如晚餐俱樂部、社區合唱團、慢跑社團，讓自己置身於來自五湖四海的人群當中。針對你的問題，尋找一位導師提供局外人的觀點。說服你自己的公司主持一場即興創意大會。在面對困難問題的時候，你要確定自己問的第一個問題是：誰能幫助我解決這個問題？

有時候，你會發現只要看看門外，或是拖曳推特的時間軸，在臉書上發個詢問貼文，就可以輕鬆找到答案。有時候，你需要的是雇用一名專門幫人找尋問題解決人選的管理大師。不過有時候，傳統的協作方式還不夠，有許多智慧和巧妙就是很難導入有組織的團隊。

有時候，要找出正確的解決方法，你可能要訴諸於群衆。

9 眾包：群眾的智慧

人多好辦事。

——十六世紀英國作家約翰・海伍德（John Heywood）

Thetta reddast 是最近在冰島常聽到的詞。大意是說：「不要擔心，一切都會自己好起來的。」對一些冰島人來說，這是一種危險的宿命論；對另一些人而言，則是讚揚冰島人「事在人爲」的精神。無論怎樣，這個北大西洋上海風環繞的小小島國，二〇〇八年經歷過全球經濟危機後，無疑需要修復。

在金融海嘯之前，冰島一直都是「成功之母」，該國的銀行和企業吞併了海外的競爭對手。一夕致富的百萬富翁從遊艇、私人飛機、超級豪華汽車及富麗堂皇的公寓中現身。原本寒磣的首都雷克雅維克，開始興建世界上最昂貴的歌劇院。冰島的平民百姓大肆消費，不計後果地寅吃卯糧，彷彿沒有明天。然而，他們大肆吹噓的「經濟奇蹟」卻是一場充滿痛苦的夢幻泡沫。在經濟繁榮鼎盛時期，冰島銀行積欠的債務是其國內生產毛額的九倍。當泡沫破裂時，冰島頓時一貧如洗，瀕臨破產。

二〇〇八年，經濟危機讓整個世界重新長期而仔細地自我審視。在許多國家，自我反思促成了平衡預算和強化金管制度的行動，而冰島的自我反思更加深刻。這個國家的人口總數只有三十二萬人，平時社會關係緊密，使得這次的背叛更令人刻骨銘心。冰島人不禁要問：那些經驗豐富的當權者，許多人以前還是學校的同窗，怎麼會讓銀行團偏離軌道，釀下大禍？國家的發展方向怎麼會迷失呢？大家很早就出現的共識是：選出新的政府、改革銀行業和平衡預算還只是個開端，冰島真正要做的是從根本上改造自己。

其中，首要議題是改革與選民失去聯繫的政治體制。這個問題既不新鮮，也不是針對擁有全世界最古老議會制度的冰島。全世界的選民一直都在批評當權者，但經過上個世代，這種不信任到達了頂峰。民調顯示，如今認爲政治家把自身福利擺在國家利益之上的英國人，比一九八〇年代多出了四倍。即使像德國這樣經濟發展健全的國家，選民和政治家之間的關係也不免緊張。二〇一〇年，德國語言協會把「憤怒的公民」（Wutbürger）選爲年度關鍵字，還引述選民對當權者「在他們頭頂上做政治決策」的憤怒。[1]

要根除此一問題，冰島人提出一個激進的解決方案。這個方案將有助於我們理解慢速解決法中的另一劑良方：他們邀請選民在制定政府方針和撰寫新憲法的過程中扮演直接的角色。

這聽起來有點不可思議。畢竟，大多數選民對起草法律所知有限，更不必說憲法和政治理念的微妙之處。然而，冰島式的實驗並不像聽起來的那樣輕率。在第八章，我們看到專家可以在各學科內和跨學科之間進行卓有成效的協作。當你更廣泛且一視同仁地撒出更大的網時，也同樣有效。這是因爲若管理得當，群眾也可能極富智慧。鑑於對「烏合之眾」的原始恐懼感，你可能難以接受。十九世紀，湯瑪斯・卡萊爾（Thomas Carlyle）就曾警告過，不要相信「個別無知的群體智慧」。在同一時期，梭羅（Henry David Thoreau）也對讓「普通老百姓」（hoi polloi）參與撰寫憲法的觀點嗤之以鼻。他說：「大眾絕對達不到最優秀人員的標準，相反地，還會拉低水準。」

然而，這些傳統智慧的高論完全與事實不符。群眾的確可能粗魯、野蠻。二〇一一年夏天，發生在我家附近的倫敦郊區的暴動就是最有力的證明。但是，故事往往有另外一面。在《群衆的智慧》（*The Wisdom of Crowds*）一書中，詹姆士・索羅維基（James Surowiecki）卻提供了極富說服力的案例，說明大衆有資格幫助解決問題。書中大量枚舉了群衆表現勝過專家的案例，其中，有小到在市集裡估測公牛重量，[2]或大到確定在海上失蹤船舶的確切位置等。[3]當美國太空總署邀請公衆尋找火星表面的坑洞並進行分類時，專家認爲，只受過一點知識培訓的大衆所提供的集體判斷，跟「具有多年辨識火星隕石坑經驗的地質學家」的判斷，幾乎「難分軒輊」。[4]

在實驗室的環境中，結合專業人士和業餘人員的才智，甚至顯示可以提升整體的智力表現。密西根大學政治學與經濟學教授史考特・佩吉（Scott Page），運用電腦模擬技術，設計出一系列虛擬的解決問題代理人，每個代理人都被賦予不同的能力，有些設計得比較聰明，有些則比較普通。結果是：混合組成的團隊幾乎都比全部由較聰明代理人組成的團隊表現得更出色。原因爲何？專家在特殊任務中表現得會比我們一般人更好，但是就像我們前面討論的，他們的背景和觀點往往太過相似，以至於缺乏解決許多問題所需要的全新眼光。佩吉將此一發現歸納成「多樣性勝過能力定理」（Diversity Trumps Ability Theorem）。[5]「這個定理並不是一個隱喻或經驗論的趣談，在十年之後或許爲眞、或許爲僞。」他說：「它是邏輯上的一個眞理：在正確的條件下，隨機組成的一群問題解決者，會比個別最佳問題解決者組成的團隊表現更出色。」簡而言之，群衆的話値得傾聽。

當正確的群體決定處理正確的問題時，通常會給人帶來驚喜。想像一張點描派（pointilliste）畫家的畫作。喬治．秀拉（George Seurat）的作品《大傑特島的星期天下午》（*A Sunday Afternoon on the Island of La Grande Jatte*）就是一幅由無數獨立油彩點組成的畫作。湊近仔細端詳畫布，你看到的都是細膩繽紛的小點。但是退後再看，彩點融合在一起，形成一幅人們徜徉在塞納河岸的生動風景。要瞭解所謂的「衆包」（crowdsourcing，或譯群眾外包）一詞，必須進行類似的思想跳躍。當你聚合衆人的決定時，即使其中部分愚蠢透頂，產生的單一集體決定，往往與群衆之中最聰明者單獨想出來的決定一樣好，甚至更好。此一眞知灼見也正是谷歌帝國的基石。爲了在網路上架構資訊的海洋，谷歌利用一項演算法，讓我們每天在線上數以億計的搜尋出現在一個單獨頁面的排序中。索羅維基說：「你可以說我們好像透過程式設計而集體變聰明了。」

這也是汲取群衆資源是慢速解決法下一個要素的原因所在。

在前面一章，我們看到學科內和跨學科間攜手協作的力量。但是，傳統的協作傾向於人數和關注焦點很有限的團隊。只有一部分精心挑選的人，才被邀請參與 Le Labo 實驗室的案子，或在哥倫比亞和普林斯頓的開放實驗室中做研究。

眾包的意思是把一般僅由少數人處理的問題交給很多人去解決。如果落入不合適的人的手中，它可能只提供一陣轉瞬即逝的宣傳，或者是一些無價值的市場研究。但如果運用得當，群眾可能是解決困難問題戰場中一支強而有力的盟軍。你可以向大眾收集或探勘資料，也可以邀請他們來檢驗並判斷各項解決方案。有時，限制群眾內部的互動有助於避免「集體迷思」（groupthink）。回顧一下在金融市場裡，當每個人都唱起同樣的調子，災難性股災就會出現。不過有些時候，群眾之間進行溝通和協作往往會有最好的結果。

推動冰島眾包實驗的一個主要推手是古強森（Gudjon Mar Gudjonsson），這位看似孩子氣、四十歲左右的企業家，擁有多家高科技公司的經歷和專利權。透過對二〇〇八年經濟危機的調查，他得出如下結論：僅靠專家絕不可能讓冰島重振雄風，普通公民必須在重建中扮演核心角色。「我們都有各自的未來願景，以及如何復甦我們國家的觀點，這是値得發掘的寶貴資源。」他說：「我們的目標是運用群衆的智慧來獲取國家的創新活力泉源。」

古強森與志同道合的改革者合作，以衆包和民營企業的開放創新技術爲基礎，於二○○九年召集了由一千五百名成員組成的「國民大會」，相當於冰島人口的五%，其中包括一千兩百名登記投票的公民和三百名政治人物、企業領袖及其他「改革者」。簡而言之，就是業餘和專業人士的混合體。在一整天的活動中，成員分成多個小組，就國家未來的願景集思廣益。具體討論冰島應發展成何種類型的國家，以及採取哪些措施以實現此一目標？每個小組有一名主持人，進行篩選、排序各種意見，並在大螢幕上播放。這項活動廣受歡迎，冰島其他地區隨後也舉辦一些規模較小的集會。二○一○年，冰島國會更是召開一次國民會議，搜集關於設立新憲法的建議，同時也在推特、YouTube和臉書上調查民衆的意見。

爲了瞭解衆包政治在民間如何發揮作用，我參加在雷克雅維克郊外一所學校體育館舉行的集會，宗旨是發掘建立冰島未來的「核心競爭力」。在一個陰天潮濕的星期六早晨，有大約一百五十人參與。這確實符合衆包精神，出席者涵蓋冰島社會的各個階層，還有幾位國會議員、一位前市長及市警局局長。大多數人衣著休閒，有些男性還蓄著八子鬍，表達對抗癌行動的支持。每個人都直呼名字，氣氛輕鬆中也帶著一絲期待。

聚會的體育館本身即說明這場國民會議是人民所召開，也是爲人民而召開。場邊海報提醒學生不要吸菸、亂扔垃圾或滑直排輪。迪斯可球燈懸掛在天花板上，爲下一場舞會預作準備。隔著牆壁可以聽到旁邊訓練員的吼叫，以及孩子打籃球的喊聲。水壺和好幾大疊黃色分類卡擺放在體育館桌子上供人記筆記。我坐在K桌，同桌的有軟體工程師、失業工人、專業審計師、實習建築師、音樂系學生、行銷經理、室內設計師及年輕的教育、科學暨文化部長卡特林．嘉柯斯多特（Katrin Jakobsdotir）。

自我介紹後，主持人塞格倫要求我們列出冰島的獨特賣點（unique selling point, USP）。軟體工程師說，清潔環保的形象讓冰島與衆不同。當塞格倫要求他說得更具體一點時，審計師打斷談話。她說：「與其他國家相比，我們具有更多新鮮潔淨的水源，我們是否找到方法加以利用呢？」建築師則指出冰島具有天然恩賜的溫泉。失業工人身體前傾，熱切地點頭。他說：「也許，我們可以鑽探地層，從溫泉取得地熱。」接下來，大家就水是否是眞正的獨特賣點，以及冰島偏遠地域擷取的資源能否對外輸出，展開了熱烈討論。接著，嘉柯斯多特部長爲溫泉的想法帶來了新思路。她表示：「或許，我們可以發展並輸出我們的地熱技術。」

整個上午，各種觀點不斷湧現。我們可以利用氣候資源開發風力發電；打造冰島美食銷售到全世界；或是把冰島變爲北歐時尚中心。我們還可以利用高水平的教育程度和技術知識，把冰島建設成北大西洋的矽谷。或者利用冰島人口少、民族同質性高的特性，成爲企業和研究項目所需的核心群體。討論的話題逐漸轉到旅遊，和吸引外國遊客來享受冰島的間歇噴泉、火山石及瀑布等迷人風景。之前幾乎一言不發的音樂系學生對這一觀點大潑冷水。他以略顯無禮的口吻問道：「我們的食物、農業或是瀑布有何獨特之處？連我們都對自己的博物館不感興趣時，外國遊客又怎麼會想來參觀我們的博物館呢？」他的話頓時令整桌氣氛凝結。爲了讓氣氛輕鬆一點，我提議利用冰島地處歐洲和北美中點的地理位置，作爲舉辦國際會議的理想場地。工人附和道：「確實不錯。你看，有時候外地人反倒可以看出我們的優勢。」接著，我們就針對如何打造雷克雅維克成爲國際會議中心集思廣益。

吃完小扁豆和羊肉千層麵的午餐後，我們繼續討論。嘉柯斯多特部長率先提到冰島音樂在海外廣受歡迎，並提到另一個小島國愛爾蘭已經建立了一流的音樂產業。但是，這個話題並沒有引起太多討論。有人指出愛爾蘭最著名的樂隊U2是國外避稅者。市場行銷經理提醒像碧玉（Bjork）這位精靈般的女歌手，具有穿透力的天籟之音，但在冰島都只擁有小眾的歌迷。其他觀點還包括生產維他命或用廢棄魚骨加工製成寵物食品，還有以侏儒、精靈及其他冰島文化傳說裡的「隱身族」爲主角，興建一座主題公園。最後，終於到了把冰島最佳賣點清單遞交給國民會議的時刻。我們選定了以下五項：水；城市和農村的融合；跨大西洋的中心；溫泉和健康中心；清潔、健康的食物。每個人都圍在筆記型電腦旁七嘴八舌，指出拼錯的字、嘲笑其中的「雙關語」、修飾建議的內容。當每桌發言人讀出候選項目時，觀眾起哄或歡呼。擔任我們這桌發言人的市場行銷經理從發言台回來時，大家和他擊掌。旅遊、漁業、地熱發電及農業似乎是領先的獨特賣點。

既然如此，此次集會是否完成了使命？冰島眾包的實驗是否掀起一波解決國家問題的創新解決方案浪潮？我坐在K桌與冰島人展開熱烈討論，感覺不到自己是在見證一場規模翻天覆地的問題解決方案。確實，我們提出了有趣的建議清單，但坐在酒吧中的人同樣可以。然而我不該這樣思考這個問題。也許，我評估這幅點描派藝術家的畫作時，靠得太近了。

當你退後觀看一幅宏偉巨畫時，冰島群衆外包的實驗確實融合各種有益的觀點，或許哪天可以成爲政府的政策。「每次國民大會都有一部分時間是廢話連篇，但是，只要每次能夠提供兩、三項有益的新見解，都算一次勝利。」嘉柯斯多特說：「而且我們已經可以看到這樣的現象。」集會清楚地展現冰島人有多麼擔心福利和教育，以及他們多麼討厭雷克雅維克的大衆運輸問題。早期致力於教育的集會提出一個很具體的提議：將更多精力放在價值觀和哲學辯論上。嘉柯斯多特說：「我個人的教育缺少了這部分，但孩子們應該試著處理『道德價值是什麼？』以及『爲何社會的發展是如此？』這一類的問題。我已在考慮如何將這一理念融入全國課程中。」

許多與我一起參加這場國民會議的人，對衆包有助於重振冰島感到樂觀。有些人談到爲新的政治形式奠定基礎。一位大學講師說：「你在這裡看到的是超級民主。討論具有影響力、有創意和創新精神，但需要時間才能向上滲透並重塑政府。」即使比較沒有學術傾向的參與者，也樂見這種理念浮出檯面。市場行銷經理跟我說：「坦白說，我以爲會是無聊的一天，但實際上充滿活力。只要讓各式各樣的人圍坐在同一張桌子邊，就會產生新觀點和探討舊觀點的新方法。」

不過這類協作未必是必要的。有時，你只是想找出那顆「未經雕琢的鑽石」，也就是群衆中具有制勝法寶的那個人。十八世紀初，英國皇家海軍之所以在海上損失許多軍艦，原因在於船員沒有找到測量航行經度的方法。當時，一些包括牛頓在內最聰明的科學家也投入解決這個問題，卻都徒勞無功。英國人拚命尋找解決方案，甚至把社會階級觀念擱置一旁，轉而向群衆求助。一七一四年，議會通過法案，懸賞在當時堪稱鉅額的兩萬英鎊獎金，尋求可計算海上經度的「實際應用」辦法。五十年後，終於有人發明一種可在波浪起伏的水面上計算確實讀數的高精準時鐘，贏得了這項比賽。關於獲勝者，最引人注目的是他的背景——約翰．哈里森（John Harrison）既不是水手，也不是造船師，更不是牛津或劍橋大學的教授或英國皇家學會的成員。實際上，他幾乎未受過正規教育，只是約克郡一名木匠之子，自學製造鐘錶。換句話說，他就是大家最終要找的那顆「未經雕琢的鑽石」。[6]

從發現測量經度的例子可看出，在群衆裡發掘人才並非新鮮事。最近幾年眞正發生變化的是，科技足以引導、管理比往昔更大的團體，同時發掘出藏於全球最隱祕角落的觀點。在這個高科技時代，世界各地的群衆及每一位男女，都可能是解決問題的高手。在 ideaken 和 Whinot 等網路平台，專家和業餘人士合組的團體與我們只有一鍵之隔。意諾新（InnoCentive）網站透過網路，連結近兩百個國家、超過二十五萬名「問題解決者」，解決民間企業的研發實驗室、政府及非營利機構中最優秀人才無法解決的問題。二十年前，要如此大規模地擷取群衆智慧，簡直難以想像，更不用說在十八世紀了。尋找解決方案的客戶稱爲「尋求者」，範圍從製藥龍頭、民生消費品連鎖集團，到美國太空總署和《經濟學人》（*Economist*）雜誌等。網路上最新懸賞報價如下：十萬美元徵求針對個人需求、治療糖尿病的胰島素；五萬美元徵求開發可增強植物組織營養價值的技術；三萬美元徵求研發可切斷骨頭、但又不傷害軟組織的醫學用電鋸；八千美元徵求可追查出組織貪汙的制度；以及五千美元徵求包裝啤酒的新方法。問題解決者可能是擁有一點閒暇時間的行業專家，也可能是從地下室、臥室或車庫登錄上網的業餘愛好者。他們提出實際可行的解決方案，贏得獎金，從而使意諾新成爲全球最大的問題解決市場。

首先，它幫助尋求者啓動「警示燈」，找出實際問題，最後再找出問題的解決方案。

就跟貝瑟爾森在挪塞夫做的事情一樣。「大多數機構並不知道他們眞正的問題是什麼，即使他們對問題有些基本的瞭解，也無法明確指出來。」意諾新的總裁兼執行長斯伯拉德林（Dwayne Spradlin）如此說。他的公司經營培訓工作坊，並且向需求者說明爲何及如何從群衆中發掘智慧。他說：「當你在尋求一個深奧、複雜的問題的解決辦法時，要做的不只是在 Craigslist 網站上貼廣告，以爲全世界都會來加入。它不是 Yahoo!Answers。我們幫助尋求者問出更有效的問題，並建立問題框架，以便得到更好的答案。」這跟 IDEO 一樣。

儘管將問題拋給二十五萬人，聽起來好像一條通往大混亂的捷徑，但意諾新的運作卻十分有效。解決者對超過一半的「挑戰」提供了合適的解決方案，其中包括許多困擾全球頂級研發實驗室的問題。他們發明更便宜、更簡易的方法來生產治療肺結核的藥片，也讓非洲維多利亞湖的水變得適合飲用。是否還記得 BoGo 手電筒？當開發原型產品時，馬克．班特遇到了問題：他的設計無法像煤油燈一樣照亮整個房間。因此，他轉而向意諾新求助，希望群衆能提供擴散光源的方法。在三個月內，一名紐西蘭工程師提供了一個設計，讓 BoGo 手電筒可以像檯燈一樣摺疊，同時減輕了充電電池的負擔。透過意諾新發掘大眾的智慧，經常會促成一些過去難以想像的合夥關係。像是美國太空總署徵求改善太空食物包裝時，贏得獎金的解決方案是一名「俄羅斯」科學家提出的石墨箔。

我們可以確切地說，意諾新給我們最大的啓示在於：由誰解決了什麼樣的問題。一份哈佛大學的研究顯示，最佳的解決方案通常來自「接近專業領域邊際或專業領域之外」的人士。一般來說，解決者提供的解決方案，基本上與該挑戰直接相關的學科風馬牛不相及。有一名解決者利用混凝土的知識，發明在冰點溫度下漏油之後，將油汙從水中分離出來的技術。一名來自北卡羅來納州的專利律師提出將大型化學聚合物混合在一起的新方法。華盛頓大學的四名化學和生物工程研究生發明了一個電子設備，透過太陽能消毒技術把水淨化到適合飲用的程度時，會自動發出亮燈訊號——這在發展中國家可能挽救數百萬人的生命。總之，這都歸功於發掘數量最大、種類最多的群體智慧。

這就是意諾新在設計問題框架時，盡量不讓人感覺自己被排除在外的原因。比如說，一項來自鑽探公司提出的挑戰，看起來與石油與天然氣無關。「大多數人看到『石油與天然氣』這些字眼，會就此打住，因爲他們認爲：『我不是幹這一行的。』」斯伯拉德林說：「我們的方法就是拋出一張大網，避免把問題侷限於同一個領域、同一批專家。」

這意味著你的問題可能是由埋頭苦幹解決問題的約翰．盧卡斯（John Lucas）這類人所解決。四十五歲的盧卡斯住在倫敦以西的梅登黑德鎮，他利用閒暇在意諾新網站解決了四個問題，共掙得六萬兩千英鎊。透過改變瓶子的形狀，他能夠改變汽水的口感。後來，他發明了一種添加劑，可防止噴到餅乾上的乳酪和油分開，還設計了一種化合物，可形成一層外殼，防止農場的飼料腐爛。最近，他設計了一款手套，讓士兵從直升機上快速垂降時，手不被繩子磨破。

根據他的發明判斷，你可能以爲盧卡斯是一位進出工業實驗室的化學家。實際上，他是一位具有法律學位的分子生物學家，從小在俄亥俄州的農場長大。盧卡斯說：「我沒有可以生產設備或測試化合物的實驗室或倉庫，因此，我幫意諾新做的都只是思考的實驗。」他認爲避開自己的專業領域有其道理。他說：「通常這些公司被某一問題困擾時，或許剛好是該領域的人無法解決的問題，因此，對其他人而言，從不同立場或換個角度來獲得解決方案，才變得眞正可行。」和許多慢速解決者一樣，盧卡斯以極大的耐心對待每個問題。他從不期望一蹴可幾。「一開始你會想：『我無法應付這個問題。』但是當你讓問題慢慢滲透，不斷思考反芻，便會出現一些想法，再做一些研究，通常會導引你到另一個方向。」他說：「大多數時候，我最終的解決方案與開始時的想法大相逕庭。」

我們已經瞭解慢速、迂迴曲折式思考將是創意的活力資源，切不可操之過急。同時，也不可爲了在群眾中更快找到答案，而將理想的問題解決者鎖定在特定的學科領域。如果你知道在哪裡可以找到答案，你的問題應該早就解決了。回到十八世紀，沒人可以想到一個來自約克郡、自學的鐘錶匠，居然能夠克服測量經度的難題。同樣的情況，沒人會想到美國馬里蘭州一名十五歲男孩，會發現檢測胰臟癌的方法，還因此獲得二〇一二年國際科學博覽會大獎。[7]「顯然解決這些問題的最好地方是相關領域，但問題是你永遠無法預測是哪一個相關領域。」斯伯拉德林說：「這不是指要找出這一千五百人之中，誰會來解決問題；而是應該把問題攤開來說：『我不知道該去哪裡找尋解決方案，所以我需要每個人。』」

儘管意諾新努力不懈，仍有許多尋求答案的人無法改變成見。政府機構和基金會通常樂於讓局外人瞭解內部情況，但許多企業對於向競爭對手洩漏機密，大都感到戒愼恐懼。意諾新許多來自企業領域的挑戰是採用匿名方式，而且往往多所隱諱，讓解答者有些不快。盧卡斯說：「有好幾次，我們覺得已經找出很令人滿意的解決方法了，結果企業界的回覆是『我們本來就知道了』，或是『我們已經試過了』。這表示我們投入了這些時間和精力，卻沒有任何回報。如果你想要人們幫助你，就需要更直接一點，提供更多細節，說明問題是什麼，爲何想解決它，合適的解決方法應該是怎樣，以及你已經做了哪些嘗試。」

不光是擔心商業機密不保的企業，每個人都應該從這裡學到一個重要教訓，那就是：想要擷取群衆的智慧，就要遵守遊戲規則。你必須正確對待，群衆才會奉上智慧。群衆希望受到尊重，不喜歡覺得自己被利用。他們期望自己貢獻的洞見和熱誠能得到開誠布公的回應。如果群衆懷疑你只想搭順風車，將會叛變、分散、撤離。群衆並非任何人所有。

對群衆敞開胸懷，企業才會獲益。有時，群衆就是企業自己的員工。二〇〇一年以來，ＩＢＭ透過網路即興創意活動，挖掘了全球三十萬名員工。[8]公司內部的腦力激盪也幫助公司改造實務操作，用一億美金的種子基金發展出十項新業務。

從企業的外部發掘大眾智慧，同樣會有所回報。二〇〇六年，線上電影公司 Netflix 提供一百萬美元，徵求能夠預測用戶對電影的評價而準確度至少比現有軟體高出一〇%的演算法。三年後，來自美國、加拿大、奧地利和以色列的統計師和電腦工程師團隊贏得了這筆獎金。[9]同一年，飛雅特（Fiat）在巴西貝廷（Betim）的旗艦廠開始打造全球首輛完全由群眾外包製成的汽車。[10]公司設立了一個入口網站，讓全世界任何一個人都可以發表汽車應如何設計的意見。超過一萬條建議從一百六十個國家湧入。每個階段，從經驗豐富的飛雅特員工到窩在自己房間的青少年所組成的群眾，對這些想法提出批評、進行辯論並加以改進。飛雅特確保溝通交流的方向不受限制，並且解釋一些建議爲何最終勝出。公司設計中心（Centro Estilo）的經理彼得．法斯本德（Peter Fassbender）說：「這完全不同於以往完全保密的設計流程。」飛雅特比其他採用眾包的公司還更進一步，從虛擬世界走向真實世界，邀請群眾中最聰明的成員，包括了一名公務員、一名資訊科技專家和一位教師來視察原型車，並與飛雅特在貝廷的設計師和工程師交流。這次實驗成果打造了 Mio——一款可愛的小型車。當它在二〇一〇年聖保羅國際汽車展亮相時，就大受歡迎，也從此改變了飛雅特的工作方式。其他製造商紛紛仿效。透過向網路上一萬兩千名群衆（包括專業設計師和週末的業餘愛好者）募集意見，美國一家公司「本地汽車」（Local Motors）打造了一輛軍用原型車，未來可以在交戰區執行偵查、運送和撤離等任務。[11]

群衆也可以爲社會問題獻計。在IDEO的網路平台——OpenIDEO上面，來自一百六十個國家的三萬四千人共同思考問題，像是：「如何改善都市低收入區的衛生及人爲廢棄物的管理？」「人們被非法拘留時，如何用科技幫助他們保障自己的人權？」所謂的「挑戰主持人」，把數百個想法濃縮成一份清單，由群衆進行腦力激盪。獲勝的解決方案將製作出測試版和原型。得益於ＤＩＹ口腔黏膜工具包這類來自OpenIDEO的想法，史丹佛大學讓更多人登記成爲骨髓捐贈註冊者。目前，索尼（Sony）正在開發一個互動式網路雜誌，可將本地志願者與本地專案配對，這也是OpenIDEO貢獻的解決方案。

其他組織也在爲各種東西的理念發掘大衆智慧，其中包括從建設更宜人居的城市到防治性病等。在許多領域，學術機構也轉而求助大衆，以協助資料探勘，引導公衆熱情，探索人腦檢測模式的神祕本領。透過篩選搜索網路上由克卜勒天文望遠鏡發布的圖片，業餘玩家發現了兩顆行星，是天文學家用最先進電腦也無法找到的。此外，他們還協助辨認出癌細胞，發現新的銀河系，加以分類，同時還抄寫雜亂到幾乎不可辨認的古希臘文本。

群衆已經幫助解決了日常生活中許多問題。當你的電腦故障時，可以做什麼？如果你和我一樣，就會直接求助許多線上論壇，成千上萬各專業領域的人在這裡分享排除故障的技巧。和提供熱線服務電話的公司不同，這些既不收費，也不會電話轉接一轉好幾個小時，讓人持續收聽恩雅（Enya）的音樂。通常，他們會提供更好的幫助。最近，我的電腦硬碟出問題，我花了一個多小時跟蘋果的專家溝通，卻徒勞無功。掛斷電話後，我想在網路論壇上試試運氣。不到十分鐘，就有一名威斯康辛州的青少年給了我完美的解決方案，他稱得上是二十一世紀的約翰．哈里森。排除電腦故障還只算是小小的例子：網路上充斥各種論壇，大衆提供了各方面的建議，從人際關係、健康到家居維修等。

不過我們也要提醒各位，協作和衆包也有其侷限。攜手合作並不是「每一個」問題的「唯一」答案。即使是紀錄良好的團隊，也會隨著時間變得缺乏活力、眼光狹窄。群衆也可能犯錯，或者受到其中不良分子的破壞。擁有大約十萬名寫手、持續編輯內容的維基百科，是衆包風險的一個例證。儘管網路百科全書是一個資訊金礦，但也較容易有錯誤和偏見。最近幾年的經濟泡沫和金融危機提醒我們，經常被當作集體智慧例證的股市，並不是眞的那麼聰明。有時，就如冰島史詩傳說中的角色所言：「越多愚昧的人湊在一起，提供的建議只會更糟。」

整體而言，解決複雜的問題通常需要觀念的跳躍、乍現的靈感、預言家般的能力，能夠看清世界未來的走向——這往往不是集體式的行爲。亨利．福特並沒有從市場調查或研發小組中得出爲大衆製造汽車的理念。他曾表示：「如果我先問客戶他們想要什麼，他們會說：『一匹更快的馬。』」賈伯斯也具有這種洞察力，可以看出別人看不到之處。如今也許很難相信，但首款 iPad 當初是在專家與消費者強烈質疑的聲浪中推出的。人們是否眞的會花錢購買一款介於智慧型手機和筆記型電腦之間的設備？平板電腦是否有市場？如今看來答案已很明顯。賈伯斯曾說：「就這個如此複雜的東西來說，靠研發小組設計產品非常困難。很多時候，人們並不知道自己要什麼，直到我們展示給他們看。」[12]

此外，合作也有可能出現反效果。想想看，我們浪費在無聊、無目的的會議的時間有多少。再者，協作和團隊也可能讓你偏離主題。加州愛莫利維爾市（Emeryville）的骨幹娛樂公司（Backbone Entertainment）打造了一間開放式辦公室，每個人都可以看到其他人並聽到談話內容。公司開發出電動遊戲，希望透過激發員工團結，創造出豐富的協作魔法。然而，結果卻是讓許多失望的工程研發師渴望一點隱私。最終，骨幹娛樂公司重新將辦公室改回隔板隔間——這正是呆伯特式漫畫裡嘲笑辦公環境苦悶的象徵。公司前創意總監麥可・米卡（Mike Mika）說：「你也許認為，在有創意的環境下員工會討厭隔板。但結果是他們比較希望擁有避開別人的獨處角落。」

情況始終如此。雖然十七世紀的荷蘭畫家林布蘭（Rembrandt）在阿姆斯特丹的工作室和其他畫家緊密合作，但是每個藝術家都配有一個獨立工作的私人空間。顧問公司比較了九十二家公司、六百位電腦程式設計師，想瞭解有最佳表現的人與其他人有何不同，結果發現祕密武器不在更高的薪水或豐富的經驗，而是擁有最不受打擾的私人工作空間。[13]人類具有社會性，但我們也渴望隱私和個人自由。研究顯示，開放式辦公室可能會讓員工焦慮、充滿敵意、疲勞、易於得病；同時還會讓人分心，進而影響深入的思考。[14]我爲了在共用的辦公室內得到一個安靜獨處的地方，特別找了一間私人套房。這些套房有的專供一人使用，加厚的粉色牆壁可以隔絕外界的干擾，有如母體子宮的擁抱。辦公室設計師彼得．史班賽（Peter Spencer）說：「一般人接受他人的程度有一定的量。許多最好的想法都在個人單獨思考時出現。」

這就是在整個歷史和各個學科中，最佳的問題解決者、最有創造力能夠取得驚天動地突破的偉大心智，都十分重視孤獨安靜的原因。愛因斯坦在普林斯頓大學的辦公室內，通常花數個小時凝視天空。詩人威廉．華茲華斯（William Wordsworth）形容牛頓是「永恆心靈／在陌生的思想海洋上獨自航行」。偉大的宗教都有先知，如：佛陀、穆罕默德、摩西，他們獨自一人走進荒野解決大問題。畢卡索（Picasso）說過：「如果沒有偉大的孤寂，就沒有嚴肅的作品。」時至今日，這對現代高科技的世界同樣適用。史蒂夫．沃茲尼亞克（Steve Wozniak）在回憶錄中，描述他如何一個人工作到深夜，製造出前兩台蘋果電腦：「我碰到的大多數發明家和工程師都和我一樣……活在自己的精神世界中。他們幾乎都像藝術家……而藝術家獨自做出的東西最好。」

這就是我們發掘大衆智慧時需要小心謹慎的原因。不斷地問自己，將問題公開地拋給所有人，是否眞的可以從中獲益。如果確實可以，請花時間設定要問的具體問題以及如何管理並回報大衆。同時，切不可將全部希望都押在大衆身上。

截至目前爲止，我們遇到的每個慢速解決者，無論來自 IDEO、Le Laboratoire，還是美國太空總署，都曾警告不要盲信大衆。這絕非偶然。相反地，他們的目標是在集體和個人的努力之間建立一個共生關係，讓每個人都可自由地在孤立的環境中培育各自的觀點，然後透過團隊或群衆篩選，推出他們的理念。內向的牛頓透過信函和《自然科學會報》的文章，來向同行透露自己的見解。沃茲尼亞克的心靈在經過多個漫長孤獨的夜晚之後，在「自組電腦俱樂部」與同伴討論了各種想法。連愛因斯坦也會與他人協作。「祕訣就在於取得平衡。」大衛．愛德華茲說：「群體對形成和改善觀點非常關鍵，但最好的觀點通常由個人提出，因此個人格外重要。」

10 催化：同輩中的領袖

每個偉大體制都是單一個人延伸的陰影。他的性格決定了這個組織的性格。

——愛默生（Ralph Waldo Emerson）

現在哥倫比亞首都波哥大的尖峰時刻和往常有些不同。至少對曼紐爾．奧蒂加（Manuel Ortega）這樣的人而言是如此。這位四十二歲的銀行家，如今從郊區搭巴士通勤。這套運輸系統幫哥倫比亞的首都轉變爲綠色環保運動的最愛，同時也是都市更新的研究案例。

「千禧運輸系統」（TransMilenio）並不是一般的運輸系統。它在波哥大市區最寬廣的大道中間刻畫出九條公車專用路線，棋盤般交錯整座城市，有如地面上的輕軌電車系統。每條路線都以矮牆和道路其他空間區隔開來，讓專屬的紅色巴士車隊行駛時不受一般交通的影響。不同於傳統露天的公車站，乘客刷卡進入以金屬和玻璃建造的封閉車站。和火車或地鐵一樣，千禧運輸系統把月台提高，而且所有車門會同時打開，容許大量乘客進出，不管是年長者、殘障人士或推著推車的父母，都可以輕鬆快速地上下車。這種系統稱為快速公車運輸系統（bus rapid transit），簡稱BRT。

奧蒂加搭的是H13線公車，我和他碰面時，他看起來就像是公共運輸的活廣告。打扮時髦光鮮，身穿黑色西裝搭配黃領帶，眼睛盯著大腿上的季報資料。他的黑莓機鈴聲響起，來自急著幫他安排行程的同事。「我再過……呃，十七分鐘到辦公室。」奧蒂加看著手錶說道：「記得幫我準備好咖啡。」

時間如此精準，對世界上絕大多數的通勤族來說，大概是難以想像。在倫敦、波士頓或台北，你也許距離辦公室只有三、四站，但你怎能確定，下一個轉角沒潛伏拋錨的大卡車或是讓交通癱瘓的大塞車？

隨著H13線公車安靜地駛入波哥大的市中心，千禧運輸系統周邊其他街道的景象，則如群魔亂舞的大混戰。一條接一條車道塞滿了老舊的計程車，噴著白煙、屬於洪荒時代的迷你巴士，還有用馬拉的堆滿廢金屬的貨車。摩托車騎士在癱瘓的車陣之間穿梭，一邊閃躲乞討零錢的乞丐，還有從薄荷糖到盜版ＤＶＤ無所不賣的街頭小販。汽車喇叭聲、隆隆引擎聲和莎莎舞音樂，合成了哥倫比亞式的喧鬧。

坐在千禧運輸系統靠窗的位子上，俯瞰這般市區亂象，奧蒂加聳了聳肩膀，說：「那彷彿是另一個世界。感謝主，讓我坐在這裡。」

在拉丁美洲，如同許多發展中地區，有錢人階級居住在隔離的世界裡，從有鐵閘欄的社區和鄉村俱樂部出門，搭乘私人轎車到辦公室或是有武裝警衛巡邏的精品店。千禧運輸系統爭取到富裕階級的波哥大人，等於爲打破階級藩籬祭出重大的一擊。一些頂級住宅區如今有自己的接駁巴士通往附近的公車站，房地產開發商則盡可能將商場和智慧型公寓建在運輸系統附近。白天的任何時間，都可以看到對著iPhone喋喋不休的休閒雅痞，與來自城市最貧窮社區的女傭和勞動者同車而坐。

奧蒂加在銀行的許多同事如今也搭乘千禧運輸系統通勤。在走道另一邊坐著三名手上沾了泥土的年輕人，他們要到波哥大市區周圍的園藝農場工作。在後面隔兩排位子，一名穿著時尚的年輕律師正在檢查她剛修剪過塗了蔻丹的指甲。而她的後面，則是年輕的生物系學生維多利亞·德爾加多（Victoria Delgado），她趁著前往安地斯大學的途中發簡訊給男友。她說：「這是很好的社會重組，在這裡人人平等。」

不過波哥大市民每天有將近兩百萬人次搭乘千禧運輸系統，並不只是爲了加強社會團結。他們擁抱快速公車運輸系統，是因爲它提供了過去不曾存在的事物：那就是用一種舒適有效率的交通方式在這個人口八百萬的混亂城市通勤。德爾加多到學校需要二十五分鐘，開車則需要三倍的時間。使用千禧運輸系統，奧蒂加每天通勤的時間從兩個鐘頭縮減爲四十分鐘，而且他知道何時可以到達，所以能安排開會時間。

像德爾加多這樣的女性認爲，千禧運輸系統讓她有安全感，對一個曾以暴力犯罪知名的城市，這絕非易事。波哥大仍有許多大張旗鼓的保安措施，許多政府大樓和公司總部是由持槍的保全和警犬負責維安，不過千禧運輸系統指向一個比較安心的未來。巴士上並沒有保安人員，巡邏車站的則是滿臉笑容的年輕員工，身上穿著鮮豔的黃色和紅色外套，外套上寫著標語：「城市的友善面容」。

千禧運輸系統是一個進展中的計畫。波哥大還在興建新的路線，同時也在興建地下道，讓巴士避開麻煩的十字路口，不需等紅綠燈或是交通疏散。這個系統並非毫無缺點。路線行駛起來有時顛簸不平，因爲老舊的汙水管線造成路面破損。雖然波哥大的氣候溫和，通勤族還是期待燠熱的夏天裡，車上能有空調設備。女性有時會抱怨車上有不規矩的男乘客，而每個人都要注意自己的錢包、提防扒手。不過，最主要的抱怨還是尖峰時刻座位不夠，因爲搭乘這個系統的人實在太多了。用白話文來說：千禧運輸系統成爲自身成功的受害者。

快速公車運輸系統備受讚揚，因爲它解決了全球最迫切的問題之一——如何在城市裡以舒適、清潔的方式運送人們。在亞洲、非洲和拉丁美洲，持續繁榮的經濟讓都會街頭塞滿汽車、摩托車、卡車、吉普車、動力拼裝車、巴士和其他交通工具。行人只能退縮到公共空間的最邊緣，在空氣汙染下咳嗽氣喘。雖然工業的空氣汙染降低，二〇三〇年，交通運輸工具排放對環境有害氣體的量，將會增加五〇%，其中很大一部分來自發展中國家。[1]

千禧運輸系統並沒有達到碳中和。爲了降低成本，蜿蜒如毛毛蟲的巴士車隊使用的是柴油，而不是其他比較乾淨的燃油，因爲它們不只價格較貴，也比較不適合海拔二百一十六公尺的波哥大。無論如何，千禧運輸系統的引擎仍相當有效率，排放的空氣汙染不到傳統迷你巴士的一半。波哥大擁抱快速公車運輸系統，二〇〇一年第一條公車路線啓用之後，已經有超過九千部民營巴士從馬路上除役，大大減少了公車燃油的消耗。有些私家車也因此在路上匿跡。奧蒂加去年賣掉了他的奧迪（Audi）轎車，如今他在波哥大市區的交通，全靠千禧運輸系統或是搭計程車，這對於將有車代步視爲終極階級象徵的社會來說，是往前邁進了一大步。他說：「我只是單純覺得我不需要車子了。如今你可以用不同的方式在這個城市生活。」

二〇〇九年，千禧運輸系統成了全世界第一個依據京都議定書，可以生產和出售排碳權的大型運輸方案。這表示如果有國家或企業超過了排放上限，或是純粹想增添自己的環保光環，都可以向千禧運輸系統購買排碳權。如此一來，每年將可爲波哥大增加一百萬美金的收入。

快速公車運輸系統比起其他運輸形式有許多好處。其建造和維修比地鐵要便宜許多，卻能搭載同樣數量的乘客。所以毫不意外，全世界從開普敦、雅加達到洛杉磯，都已經在打造或正要打造自己的系統。從墨西哥到中國，有十幾個市政府已經或即將販賣自己快速公車運輸系統的排碳權。各國代表團來到波哥大研究千禧運輸系統，而都市發展如今對哥倫比亞青年學生來說，是最熱門的科系。

當然，千禧運輸系統並非從天而降。在一九九〇年代初，波哥大似乎無可救藥，受困於綁架、恐怖攻擊和全世界最高的謀殺率。基礎建設即使以拉丁美洲的標準而言，也相當匱乏，主要原因除了多年缺乏投資，也因爲鄉村地區的人口不斷湧入。將金光閃閃的快速公車運輸系統空降到這個毫無秩序的社會，恐怕會是最糟糕的快速解決法。一些發展中國家的城市已經嘗過類似的苦果。新德里設立自己的快速公車運輸系統時，並沒有對當地汽車駕駛做好再教育，他們占領巴士專用道，馬上破壞了整個系統。在約翰尼斯堡，計程車駕駛阻擋快速公車運輸系統專用道，並且砸毀公車和車站，因爲他們認爲，這個運輸系統威脅到他們的生計。

要讓千禧運輸系統發揮功效，波哥大需要一個更廣泛的轉型，其中包含許多我們前面看過的慢速解決法要素。首先是設定長期目標：要建造一個讓每個人在公共空間都可以自在交流的城市。處理貧窮問題被當成實現目標的關鍵部分。市政府把飲用水和汙水管接通到幾乎所有市民的家裡。嶄新的學校、游泳池和圖書館，在最貧窮的社區裡一一興建。爲了打擊犯罪，波哥大進行警政改革，提供警方更多的預算、訓練和授權。警方運用減刑措施和強制搜索，總共沒收並銷毀數以千計的槍枝。這些措施的成功，部分也是因爲哥倫比亞政府成功地讓游擊隊退入叢林更深處，穩定了經濟。

波哥大轉型的核心，則是重新調整汽車交通和行人路權之間的平衡。一九九〇年代初，整個城市是被汽車奴役的世界。汽車駕駛忽視交通號誌，在行人穿越道上撒野，而且隨意在人行道上停車。他們唯一面臨的處罰，就是給首都以貪汙聞名的交通警察一點小小的賄賂。爲了奪回被汽車盤據的空間，並讓車子規規矩矩地留在自己的位置上，波哥大成立了一個新的交通警察隊，實際執法，阻止汽車駕駛隨意違規暫停和停車。在交通尖峰時刻，市區禁止四成的車輛進入。警方設置了數以百計的水泥路障，防止汽車跨上人行道違規停車，也撤除了街頭三分之一的路邊停車位，以便爲千禧運輸系統挪出空間。同時市政府拓寬並重新鋪設了許多人行道。

波哥大也設法把原先被毒梟、乞丐和妓女盤據的停車場奪回來，建設新的綠化空間，美化舊的公園，種植幾千株樹木，主辦露天音樂會，以及搖滾、爵士、莎莎舞樂團，以及歌劇、舞台劇和詩歌朗誦等表演。

所有這些措施，都和當時所謂的「公民文化」運動一起推行。爲了讓民眾重視交通事故的傷亡，波哥大市政府官員在有行人喪生的人行道上繪製星星，並派出四百二十位默劇演員到街頭，以藝術、音樂、舞蹈和幽默的形式，鼓勵波哥大市民維持公民的行爲風範，譬如：把垃圾丟入街頭垃圾箱，協助年長者過馬路，遵守交通規則。隨意穿越馬路的行人，可能會被臉塗白粉的默劇演員追著跑，對他搖動手指頭表示否定或是輕鬆地嘲弄。擋住路口或人行道的駕駛可能被默劇演員搭訕，他會故作驚慌或是拿出紅色領巾，上面寫著斗大的「錯誤！」。波哥大市政府還送出三十五萬張卡片，一面印著綠色拇指朝上，另一面則是紅色拇指朝下，以便行人對過往車輛的行爲立刻做出評判。爲了讓訊息深植人心，市政府也製作電視廣告，挑戰汽車霸權。

現在每到星期天，波哥大的路權就會向行人這一邊劇烈傾斜，有一百二十公里長的行車路段會被關閉。來自社會各階級的人湧入平時汽車盤據的街道，奔跑、騎單車、散步、玩足球和飛盤。公園裡有樂團演奏，有氧舞蹈和瑜伽老師在戶外教課，氣氛有如嘉年華會，彷彿自然的秩序又回轉或復原了，帶來令人炫目的感受。

和大多數波哥大人一樣，每天搭乘千禧運輸系統到學校的生物系學生德爾加多，也熱愛星期天。她會在自家公寓前平日繁忙的大馬路中間慢跑，有時則和男友騎單車。「這種時刻，每個人都可以嘗到一個爲市民運作而不是爲汽車運作的城市是什麼滋味。」

她說：「一旦你體會了這種滋味，它在你的心頭就成爲一種可能。這非常具有說服力。」

基於同樣的精神，波哥大已經興建了三百公里的自行車道，穿越它縱橫交錯的社區。如今你可以騎自行車悠遊市區，在住宅區的街道間穿梭，穿越公園，或沿著公路和鐵路線行進，無須和汽車爭道。雖然在拉丁美洲大部分的城市裡，騎單車像是玩俄羅斯輪盤般地賭命，但是哥倫比亞首都的部分街區提供人力車出租服務，這讓我聯想到對自行車相當友善的荷蘭。在溫暖的上班日下午，汀塔爾社區（Tintal）的自行車道是波哥大的社會大熔爐：退休老人騎車回家，把手前面的籃子有她從市場買回來的蔬菜；戴黃色頭盔的建築工人騎車超越一身上班族打扮的女性，一邊回頭露出莽撞無禮的笑容；還有騎車通學的學童，座位後面載著站在車架上的朋友。

從最低限度看來，比起一九九〇年代中期可能的情況，波哥大如今更安全、更環保，也更爲歡樂。自從推動千禧運輸系統之後，單車的使用率直線增加，[2]交通事故的傷亡人數則急速下滑。[3]在快速公車運輸系統的通道上，空氣品質也有顯著改善。[4]二〇〇七年，國家觀光局推出的口號是：「唯一的風險是，你會想留下來。」

波哥大的轉變提醒我們，在小地方花費心力，從全面和長期的方向思考，是慢速解決法的基本元素。不過也教導我們一些同樣寶貴的東西。你應該已經注意到，我把哥倫比亞首都的變化歸功於「城市」本身，或是一些沒沒無名的市政府官員。眞相其實並非如此簡單。波哥大其實是慢速解決法下一個要介紹的要素的鮮活範例：必須有一個強有力的人物來推動、尋找解決的方法。

本書的許多解決法都是集合衆人之力共同創造出來的，參與者往往也立刻推崇集體的努力。他們會說我們是在共同解決問題。我們整體的力量比個別力量的總和還強大。所有人都讚美協同合作、群體、團隊和網絡聯繫。不過回想一下我們在第九章「衆包：群衆的智慧」的提醒：即使是最聰明的團隊和最有智慧的群體，最多也只能做到這樣。解決問題的最好方法往往是融合個人和集體的智慧。至少，這個團體需要有人管理，例如 OpenIDEO 和冰島國民會議裡引導辯論和腦力激盪的主持人。

檢視任何一種慢速解決法，你往往會發現它背後隱含的願景，往往有一個人可以作爲代表象徵，甚至提供養分。這個人將團隊契合在一起，扮演關係網絡的核心，或是爲衆人集思廣益的聚電器，他鼓舞其他人奮鬥犧牲，克服即使是最有雄心的解決辦法也難以避免的抗拒和無動於衷。

這對美國華府全球領袖研究院的東尼・席拉德（Tony Silard）而言，毫不意外。過去二十年來，他指導過來自民營產業和非營利組織數以千計的領袖人物，其中包括「財星百大企業」的執行長。他相信每個慢速解決法需要有單獨的個人來擔任核心。「解決複雜的問題永遠會牽涉到變化，而人們在變化之中最先期待的就是安定感。」他說：「想法會改變，環境會改變，團隊也會改變，因此需要有一個人，對團隊將往何處去有清楚的想法，同時最終要爲結果負責，讓整個團隊有安全感。他們需要一個領袖。」

目前爲止，我們遇到的每個慢速解決法都有這樣一個人物。阿爾・霍伊達爾用他溫和優雅的風格，建立哈登監獄內部的基調。賽門・布雷斯福特上校是英國皇家空軍安全革命的幕後催化力量。在活躍人物衆多的洛克中學，職員認爲，目前擔任綠點特許學校人力資本副總裁的前任校長凱利・赫雷（Kelly Hurley），是帶動改變的關鍵。「他每天早出晚歸，和所有的學校、老師、家長、管理和安全人員開會，所有運作都要仰賴他。」

洛克中學特殊教育部主任菲爾・沃夫森（Phil Wolfson）說：「凱利是把所有環節凝聚在一起的人。」即使是協同合作的倡導者大衛・愛德華茲，也扮演 Le Labo 許多案子幕後那隻看不見的手。他說：「核心創造者的願景和熱情至關重要。」

儘管蘋果電腦依賴協作和團隊打造改變市場規則的新設計，同時也鼓勵計畫案的領導人扮演「創造者」（auteur）的角色，帶領團隊衝鋒陷陣，並在最後產品上留下具個人風格的印記。強納森・艾夫（Jonathan Ive）在 iMac、iPod 和 iPad 的設計上，就扮演了中心角色，甚至有時被歸功爲這些設備的發明人。而賈伯斯更是「創造者」的總指揮（auteur-in-chief）。不論是敵是友，都讚賞他把人們帶入「眞實扭曲力場」（reality distortion field）的高明手法。他的專題報告被譽爲說服藝術的大師級課程。他在二〇一一年過世時，已達到一般執行長鮮見的搖滾巨星地位，粉絲們在世界各地的蘋果專賣店外送上鮮花、留言，甚至是咬掉一口的蘋果。

在討論到波哥大是如何打造出一個慢速解決法時，市民往往會強調一九九五年之後的兩任市長，第一位是安塔那斯・莫庫斯（Antanas Mockus），他是思想古怪特異的數學家和哲學家，往往帶有戲劇化的誇張風格。他有衆多驚人之舉，其中之一是穿著超人服裝，自封爲「超級公民」，宣傳城市改造當中的「公民文化」。他的繼任者安利奎・佩那羅薩（Enrique Peñalosa）則是活力充沛且見聞廣博的經濟學家，有著馬克思主義的背景。雖不像莫庫斯那般多姿多采，擔任國立大學校長時，他曾因爲在學校演講廳對著底下喧鬧的學生脫褲子露屁股而辭掉職位。他無疑也是進行最多大刀闊斧的改革、改變波哥大城市風貌的領導人，包括千禧運輸系統。

爲了探討慢速解決法中單一催化的角色，我花了一些時間在佩那羅薩身上。在早春一個溫煦的夜晚，我和他在T區會面，T區是他在二〇〇〇年打造的一個行人徒步區。兩旁是漂亮的酒吧和餐廳，男女老少據滿街頭，散步、啜飲啤酒，在露天餐廳用餐，宛如時髦都會生活的場景。

佩那羅薩騎著腳踏車來到，用 iPod 聆聽莎拉・布萊曼（Sarah Brightman）的音樂。他又高又瘦，留了大鬍子，看起來像是有著巨星架式的唐吉訶德。雖然距離卸任市長已經十個年頭，仍有許多路過民眾對他友善地點頭招呼。我們在一家義大利餐廳樓上用餐，馬上就看到餐廳經理上前來擁抱這位前任市長。「當我掌管這個城市時，哥倫比亞正好遇到最糟的經濟衰退，與反叛軍游擊隊的戰爭也完全失控。」佩那羅薩說：「不過就某方面來說，這是一項優勢，因爲人們已經準備好要改變，想要全新的願景，甚至想嘗試帶點瘋狂的事物。」

他唐吉訶德式的夢想比建設千禧運輸系統還要遠大。他要把波哥大改造成屬於每個人、讓每個人都能自在生活的城市。「一座好的城市必須讓富人和窮人在公園、巴士、人行道、文化活動上相遇時平起平坐。」他這麼告訴我，爲了配合手勢，還把餐具放下。「人類天生是步行的動物。我們需要走路，不只是爲了存活，也是爲了快樂。關在教堂一般大的籠子的小鳥會比關在小籠子裡的小鳥快樂，不過可以自由飛翔、完全沒有籠子的小鳥，才是最快樂的小鳥。」

他停下來環視T區的風景。年輕的一家人吃著冰淇淋，推著腳踏車從一旁走過。佩那羅薩回到他的主題時，笑容在他臉上盪漾。

「想坐在露天餐廳外頭而不被汽車淹沒，想靜靜閱覽報紙，聆聽鳥叫聲，望著孩童在街頭玩耍不用擔心危險，聽取他們的歡笑，看情侶在人行道上擁吻，想到可以安全地騎單車上班或到公園見朋友，讓整座城市充滿蝴蝶和花朵——這一切對你生活的改變，比你收入增加一倍還要美好。」他說：「我對波哥大的願景，是希望打造一個讓民衆喜歡走出戶外的城市，在戶外好好體驗什麼是眞正的過日子。」

這是一段令人感動的談話，聽得我情緒激動。這很重要，因爲慢速解決法需要能號召群衆的人。你可以把有關領導統御藝術的書籍、文章和論文，塡滿你的 kindle 電子書閱讀器，但是大部分的內容歸結到最後是同一件事：激勵他人跟隨你加入戰鬥。「如果人們覺得你缺少熱情，或者你只會吹噓自我，他們不會投資你。」全球領袖研究院的東尼・席拉德說：「當你對某個理念有真正的熱情，人們就會跟隨你。」

許多慢速問題解決者都有滿腔的熱情，進行維基細胞計畫的設計師朱利恩・貝那雲形容大衛・愛德華茲是 Le Labo 的催化總指揮（catalyst-in-chief）：「他有充分的信念帶動一個、兩個、三個、四個或五個人。」他說：「當你灰心氣餒，當問題的複雜程度讓你感覺受挫，他總能拉你一把。有人就是有這種天分。」

佩那羅薩顯然也是這種人。雖然他三度爭取連任失敗，說明他在競選方面有其弱點，但是你很容易想見他在市政府裡鼓舞團隊的情況。許多他的舊團隊成員仍是他忠誠的支持者。他過去的一位顧問說：「安利奎和人們談話時有他特別的方式，可以讓人感覺自己是全世界最重要的人。他是鼓勵人在遭遇困難時更勇往直前的專家。」

佩那羅薩入主市政府時帶著強大的願景，也很有幫助。要鼓舞其他人，除了掌握細節，還要做得更多。你必須有長時期大方向的思考，不能只靠承諾更多的自行車道和更好的巴士來討好選民。行動的同時也要宣告你將帶動城市革命。「即使是最底層的街頭清潔工也瞭解，自己不只是在清掃人行道，而是在改變波哥大。」佩那羅薩說：「他知道我們在做什麼、爲什麼要做，因爲我們有一個願景，而它感染了整座城市。」

如今，大部分本地人都承認，波哥大自一九九〇年代開始大步邁進，不過改變積習已久的態度是一條艱苦的上坡路。一開始，汽車駕駛並不樂於讓出空間。「讓車子離開人行道，接著要把人行道拓寬。這是一場無止境的戰爭。」佩那羅薩說：「汽車階級是城市裡掌握權勢的人，他們有錢，過去沒有人敢動他們。他們覺得自己有開著車子想停哪裡就停哪裡的神聖權利。他們看不起巴士，認爲那是窮人的運輸工具。這是場你死我活的戰爭。」

佩那羅薩爲此付出昂貴的代價。在他上任一年後，反對他都市更新計畫的力量充滿暴戾，他和妻子甚至得把十二歲的女兒送到多倫多。「我成了頭號全民公敵；唯一一個比我更不受歡迎的人物，是游擊隊的領袖。」他說：「我還記得晨禱時，我說：『主啊，請讓我安然度過今天。』我甚至不敢求主給我一個星期、一個月或是一年。我只希望能活過每一天。」

許多政治人物會在這樣猛烈的攻擊下退縮。佩那羅薩的堅持，讓我們對他的性格多了一些瞭解。這也說明慢速解決者需要的還不只是鼓舞的力量：他們也須深深地相信自己。佩那羅薩對波哥大的問題當然有強烈的信念。「我可以堅持到底，因爲我知道自己是對的。」他說：「即使人們反對我對城市的願景，我也知道我做的事是正確的。當你有長期的清楚願景，你就有信心去對抗全世界，面對公衆輿論。因爲你內心平靜，知道十五到二十年後會證明你是對的。」這裡我們又看到，採取長期的觀點可以讓人冷靜。

這種堅不可摧的信念，往往來自於花時間好好認識眼前的問題。只消看看其他慢速解決者的履歷即可。霍伊達爾爲挪威的獄政系統努力了近二十年，包括在前往哈登之前擔任過典獄長。赫雷管理過洛杉磯幾所最難管教的學校之後，才來到洛克中學。愛德華茲創辦 Le Labo 之前，已經對創造力與藝術和科學的互動進行了多年的研究。

佩那羅薩過去在波哥大見識過太多因爲快速解決法而犯下的可怕錯誤，因此不會草率匆促地發起城市革命。他知道需要先做足功課，建立起知識和專業，讓他能夠對城市的問題做適當的解決。這可回溯到一九七〇年代他還在巴黎留學時，就開始思考都市景觀如何形塑人們的行爲。「巴黎教導我，居住在一個給你安全感、文化生活、開放步行、運動、逛公園的城市——你有沒有錢，就變得不是那麼重要了。」他說：「這讓我對波哥大有了新的想法。」大約在同一時期，他的父親參與聯合國人類住區規畫署（United Nations Habitat）的活動，因而能介紹佩那羅薩認識都市發展的最新趨勢。

在研究荷蘭與丹麥整頓交通、把城市交還給行人與單車族的經驗之後，他開始在哥倫比亞的媒體上展開自行車道的辯論。他調查了鄰國祕魯的首都利馬如何從流氓混混手中取回公園的所有權，也研究過巴西南部大城庫里提巴（Curitiba）在一九七〇年代興建快速公車運輸系統時，正反兩方的意見。「我有些擔心，因爲全世界沒有人仿效他們的作法，我認爲一定是有我沒看到或不瞭解的問題，從理論進入實務之前，我一定要把它弄清楚。」佩那羅薩說：「參訪其他地方可以給我一些意見，幫我發展出我的思考，不過最重要的或許是，它給了你動機，讓你知道問題可以解決。」

一旦做好這些功課，他就準備著手行動了。「我花了二十五年去研究、閱讀、思考如何打造這座城市。」他說：「就任時，我已經準備好要從根本上做出改變，而且要馬上行動。」意思就是：他個人資料庫的彈藥已經裝填完畢準備上膛。

不過，就跟進行慢速解決法的其他強人一樣，佩那羅薩信奉的並不是獨裁式的領導。相反地，他強烈抱持團隊合作、向群眾汲取智慧的信念。爲了讓想法和回饋管道自由通暢，他設定了語音信箱系統，讓行政單位的一千五百位成員可以隨時留下個人訊息，給市長在內的任何一位成員。和巴塔戈尼亞的伊馮・喬伊納德一樣，每三個月，他就邀集團隊的重要成員到城外的會所，一起評估他們的進展。雖然他對自己的願景有鋼鐵般的信念，和貫徹執行的強烈決心，他仍不吝於讚賞同事的表現，並提供建設性的批評。「想要解決複雜的問題，既要高傲也要謙卑。你不可能相信自己就是身懷所有解答的先知。」他說：「如果人們認爲我錯了，我們會相互討論、辯護、調整。沒錯，我有時候很強硬。我必須如此。不過我不會強迫我的團隊接受我的願景，而是要說服他們。關鍵在於團隊的每個人都有所貢獻，並且認同自己是參與願景的一部分。結果是我們共同達成了一些我做夢都想不到的事，更別說我能夠自己完成了。」

這和最好的領導統御學術研究的結果一致。研究顯示，當領導者保障每個人說話的權利時，集體討論的成果會更豐碩，當領導者開始無視於其他人投注的心力，他就會做一些不當的決策。[5] 當吉姆・柯林斯（Jim Collins）爲他極具影響力的書《從A到A+》（*Good to Great*）進行研究時，他很驚訝地發現，能夠長期將穩固的公司升騰到偉大境界的人，並不是電視節目《誰是接班人》裡充滿陽剛氣概、口沫橫飛的主管。沒錯，這些人有無論如何都要達成使命的強烈決心，不過他也必須有足夠的謙卑去傾聽，如同佩那羅薩一樣。「謙遜、安靜、穩重，甚至害羞——這類領袖是謙卑性格和專業意志的矛盾混合體，」柯林斯寫道：「他們比較類似林肯（A. Lincoln）或蘇格拉底（Socrates），比較不像巴頓（G. S. Patton）將軍或凱撒（Julius Caesar）。」

這種可親近性正適合時代的潮流。如今扁平化的世界，社會名流與執行長直接在推特上與粉絲和顧客對話。而不管是優秀或是卓越的企業，他們的錯誤和弱點從不曾像此刻這般暴露在眾人面前；領導者必須絕不犯錯、獨斷獨行、無所不知的觀念似乎已經過時。不過歡迎其他人的意見參與還只是個開始。最優秀的領導者，往往具備心理學家丹尼爾．戈爾曼（Daniel Goleman）所稱的「情緒智商」（emotional intelligence），也就是理解他人和與人應對的能力。[6]戈爾曼研究了全世界一百八十八位企業領袖之後發現，情緒智商是成功的重要支柱。「我分析所有資料之後，發現了非常戲劇化的結果。」他寫道：「的確，智力是卓越表現的重要驅策力。像是全圖式的思考和長期願景這一類認知技能尤其重要。不過如果我們計算卓越表現中的技術性能力、智商和情緒智商的成分比例，顯然在各個層級的工作上，情緒智商的重要性都是其他二者的兩倍。」

谷歌本身測試最佳經理人是否擁有最多技術性的專業知識時，也推出了類似的結論。[7]在進行了幾個月的資料探勘，包括分析民意回饋調查、工作表現評估和經理人獎項的提名之後，谷歌做出了結論：花時間進行一對一談話、解決問題的方式是經由徵詢問題，而不是單方面強制下達解決方案；同時對員工的日常生活與生涯規畫表達關切的經理人，不只是最受歡迎，同時他領導的團隊也表現得最好。

正因爲如此，許多談論領導統御的大師都推崇恩斯特・薛克爾頓（Ernest Shackleton）。這位前英國海軍軍官在一九一四年領導了一次多災多難的南極發現之旅。旅途中，他們的船隻「堅毅號」（Endurance）受困於浮冰之中，漂流十個月之後，整艘船最終如火柴棒模型般被摧毀。薛克爾頓隨後解決了南極探險歷史紀錄中最大的一個難題：如何搶救距離人類文明一千多公里之外、受困冰原中的二十八人。爲了讓大家活下去，他上了一堂領導統御大師課，在下達命令的同時，建立起強烈的團隊精神。他設下固定的用餐時間，協助照料生病的人復元，並且堅持軍官也要分擔最低層的勞役。他鼓勵同袍透過遊戲競賽、寫作詩歌在晚宴朗誦，並從事適合他們的體能活動來表達自我。最後，薛克爾頓帶了六名成員駕著小船穿越一千三百公里冰洋，爬過一座冰雪封凍的山脈尋找救援。在找到救援後，再回頭搶救同袍。經歷兩年地獄般的極地生活，「堅毅號」全部二十八名船員都活著回來訴說他們的故事。[8]

「有人說薛克爾頓是『有一顆慈母心的維京人』，還有什麼封號更適合一位領導者：你是維京人，你既強壯、果斷，非常在乎某件事，又不怕大聲說出來，同時你還有一顆慈母心——你給予他人照料和支持。」席拉德說：「最有效率的領導者，會在同理心與真實性之間取得平衡。人們希望看到你對如何解決問題有強烈的願景，不過他們也希望自己的聲音被聽到。」

許多慢速解決者都是剛柔並濟。參考一下沃夫森是如何形容洛克中學的前任校長赫雷。「他善於聆聽並且能給予支持，不過如果他想要堅持自己的方向，他也辦得到。」他說：「他知道如何在鋼索上行進，一方面給我們自由的空間貢獻想法，也有辦法帶領大家往同一個方向前進。」

不是所有成功的領導者都有一顆慈母心。賈伯斯就是典型的反例。蘋果公司內部形容他是獨裁的控制狂，會毫不留情地粗暴對待下屬，對員工大吼大叫，把員工的想法據為己有，對他們的私人生活也毫不關心。如果他的情緒智商能和他的智商相匹配，蘋果公司會不會更加興盛？我們永遠也無法得知了。不過或許賈伯斯是罕見的特例：他是你在遭遇困難時會想離他遠一點的天才。

這種「討厭鬼先生」的領導風格，我們普通人能做到多少程度，當然還有討論的空間，不過毫無疑問的，要解決一個複雜的問題往往需要一個驅策的中心人物。如果沒有佩那羅薩這樣的人來領導指揮，的確很難想像波哥大會自我轉變，或是千禧運輸系統這樣的案子能夠實現。

不管問題是什麼，你的解決辦法核心必須有一個扮演催化角色的人。想想一個「同時」具備慈母心且對問題擁有豐富背景知識的維京人。如果你本身沒有這樣的條件，就應該擺脫自我意識，找出適合的人。如果這個人走了，要趕緊找出一個可取代的人。絕不要讓你的解決方法失去了方向，否則它會隨處飄流，甚至走上回頭路。

我們可以見證到波哥大的改革動力近年來正在消退，續任的幾位市長沒放太多心思在公共建設、降低貧窮和舒緩交通上。犯罪率，或者至少是對犯罪的恐懼已再度升高。二〇一一年，當地市長因爲一起導致千禧運輸系統機場線工程停擺的貪汙醜聞，被迫下台。在此同時，經濟成長也讓車輛增加，結果是波哥大權力的平衡又倒向汽車這一邊。

在T區共進晚餐之後，佩那羅薩帶我到附近散步。他對自己的成就顯然相當自豪。「我們決心要改變潛在的文化，我們在波哥大做到了。」他說：「很顯然有一萬件事還沒做好，還有更多的事尚待完成，不過重點是我們改變了城市的願景。我們建立了理念：進步不應該以我們擁有的高速公路數量來衡量，而在於公共運輸和公共空間的公平性。公平性不存在，千禧運輸系統就絕不會發揮功用，我們做的一切也都不會奏效。它將只是一個毫無意義的快速解決方案。」

不過他對自己卸任後市政的渙散感到不滿。當我們走過一家誰比茄（ceviche，譯註：浸檸檬汁的生魚，是著名的拉丁美洲海鮮小吃）餐廳，人行道上停放了三輛車，他厭惡地揮動雙手，用一如這一晚熱氣騰騰的語氣說：「它們不該在這裡；這是違法的。」附近路口的警衛聽到了他的抱怨，怯懦地將臉別過去。

在佩那羅薩騎腳踏車進入夜色前，我問他，如果波哥大的轉型可以重新來過，他會想改變什麼地方。他不假思索地回答：「我們會做更多努力來爭取民眾的支持。」他說：「要解決困難的問題，你真的要盡可能讓真正在問題裡生活的民眾共同參與。」

11 權力下放：自助（用好的方式）

好的解決方法只存在於證明中……。問題必須在實際運作中解決……，由那些會因錯誤而受害的人來解決。

——美國作家溫德爾・貝里（Wendell Berry）

里卡多・培瑞茲（Ricardo Pérez）仍記得第一次品嘗自己的咖啡的情景。那是在二〇〇五年初在哥斯大黎加首都聖荷西，那次的經驗改變了他的一生。和這個中美洲平靜小國的許多農夫一樣，培瑞茲來自一個世代種植咖啡的農家。不過不管是他或是他的祖先，都不曾啜飲過一杯自己栽種、經過適當烘焙的咖啡。他們收成的咖啡中只有極少數會留作自用，但是都沒有經過適當的處理，以至於培瑞茲一想起來就皺眉頭。他說：「那是你絕對不會想喝的東西。味道太糟了，非常糟。」

培瑞茲在二〇〇五年那天早晨喝的是全世界咖啡名家心中的聖杯：有機的單品咖啡在精鍊、烘焙之後臻於完美。「我一輩子不管是工作或生活，都與咖啡爲伍，卻沒有眞正品嘗過自己的產品，所以那是個讓人難以置信的時刻。」這位五十歲的咖啡農說道：「它的香氣叫人驚嘆——我記得那美妙的檸檬香氣帶來的驚喜——同時也是讓人感動的時刻。我當時想：『這是我種的咖啡。我正在喝我自己種的咖啡，這不是別地方來的咖啡，它是我的，屬於我而且味道是這麼好。』從那一刻起，一切都改變了。」

咖啡在哥斯大黎加是正經的大事。阿拉比卡咖啡豆最早在一七七九年從衣索比亞引進種植。當地政府看出它的發展潛力，提供一小塊土地給任何願意耕種這種作物的人。出口的蓬勃發展孕育了咖啡大亨的新階級，勢力強大到足以推翻這個國家的第一任總統並掌控政經大權，直到二十世紀。不過大量現金也幫助哥斯大黎加，從落後的殖民地轉型成一個現代國家。就像冰島的漁獲和加拿大草原的小麥，咖啡已經深植成爲文化的一部分。過去學校假期都是配合咖啡的收成，年度稅務的計算從十月開始，也反映了咖啡貿易的情況。咖啡如今仍是哥斯大黎加主要的出口產品之一。

我們許多人會用好萊塢的眼光來看待咖啡農，印象中，他們就像五十多年來廣告裡的璜恩．瓦德茲（Juan Valdez）。他是由哥倫比亞咖啡農聯盟虛構出來的農民角色，留著註冊商標般的八字鬍，有一頭忠實可靠的騾子康奇塔（Conchita），就像圖畫裡剪下的人物一般，是品格高尚的咖啡農，過著簡單卻又充實的生活，與大自然和諧共處。電視廣告裡，他帶著祝福的微笑，以手輕撫咖啡豆，用鼻嗅聞咖啡，影片伴隨動人心弦的音樂。培瑞茲說：「璜恩．瓦德茲絕對是很好的宣傳工具，但是對絕大多數的咖啡農來說，他的生活太過理想化了。」

在真實世界裡，咖啡工業面臨和其他經濟作物同樣的問題。不管是糖、可可或咖啡，農民的存亡都取決於國際期貨市場起浮不定的價格，而且受害的也不僅限於一般小農。星巴克（Starbucks）咖啡的執行長霍華德．舒茲（Howard Schultz），在二〇一一年就曾指控投資客刻意哄抬全球咖啡價格。[1]當然，當市場長期牛市走強時，價格波動對咖啡農的影響相對就比較小，一九七〇年代的哥斯大黎加就是如此。在那段黃金時期，培瑞茲的父母買了三部車，把所有孩子都送上了大學。培瑞茲自己擁有政治學與國際關係的文憑。不過隨後這些年開始不穩定，二〇〇二年咖啡價格大崩盤，讓哥斯大黎加許多咖啡農面臨困境。在聖荷西西北方六十公里處擁有十五公頃農地的培瑞茲，已經打算完全放棄種植咖啡。「我當時打算改行經營乳牛養殖場，或是乾脆把土地賣掉，改做其他工作。」他說：「那代表一個家族傳統的消逝，但當時咖啡似乎已經走到了絕路。」

這對任何在紐約或是倫敦掏出五美元買一杯瑪奇朵的人來說，可能會覺得驚訝。的確，咖啡市場仍然相當有利可圖，問題在於沒有夠多的錢流到咖啡農的口袋裡。結果像培瑞茲這種小型咖啡農，往往缺乏資金或誘因，將他們的農場轉型成欣欣向榮、可永續經營的企業。

如今，這有了改變。哥斯大黎加全國各地的農民正在做過去無法想像的事：用自己的商標處理並行銷自己的咖啡。過去一百多年來，咖啡的收成都是用卡車從農地直接運送到掌控咖啡價格的大穀倉，如今農民擁有自己的設備，可精製自產的咖啡豆。

這個稱爲「微型穀倉革命」的出現，反映了咖啡工業的趨勢變化。一九九〇年代，星巴克、伊利咖啡（Illy）和其他大型業者在全世界搜尋較高品質的咖啡豆，哥斯大黎家大型倉庫裡沒沒無名的產品並不是他們的目標。隨著飲用咖啡的革命逐步啓動，小型專業咖啡烘焙者開始進入市場，尋找完美的咖啡豆，賣給樂意花錢購買頂級咖啡的顧客。

和眾多慢速解決法一樣，有一個人在哥斯大黎加微型穀倉的運作上扮演了關鍵角色。咖啡出口商法蘭西斯科・米那（Francisco Mena）很早就看出微型穀倉的潛力。他引介培瑞茲和其他農夫嘗試自己種的咖啡，協助農民對抗大型穀倉的反彈，並幫助他們處理繁文縟節的公文，以擴展事業。他同時協助籌辦年度杯測大賽，大大提升了哥斯大黎加咖啡的品質和國際能見度。米那靠著他流利的英語和隨和的魅力，引介海外咖啡烘焙者與當地生產者合作。即使在引介工作結束後，包括培瑞茲在內的許多咖啡農，仍繼續透過他的公司出口咖啡。當我抵達聖荷西時，他正在宴請杯測大賽的裁判吃晚餐。來自英國、挪威、德國、新加坡和美國的咖啡專家與咖啡農夫婦混在一起閒聊的同時，米那嫻熟地招呼客人。「法蘭西斯科是具有願景的人，能號召這一切。」一個咖啡農告訴我：「沒有他，我懷疑微型穀倉革命連討論都討論不起來。」

「革命」也許是一個大字眼，不過微型穀倉的興起的確改變了哥斯大黎加的生活。在過去，像培瑞茲這樣的咖啡農充其量不過是原料的承辦商。他說：「你做些工作流一些汗，到了下午兩、三點就翹起二郎腿休息，因爲接下來這一天沒什麼事可做。你會覺得再努力也不會帶來更多利益。」

二〇〇五年，這一切改變了。培瑞茲與附近兩個鄰居在他的農場成立一座微型穀倉，地點就在橘郡的波尼多草原（Llano Bonito de Naranjo）地區肥沃的山谷之間。在那段日子裡，他從早工作到晚。除了照料咖啡樹，他和同夥人還要管理賀爾薩．德．札切羅（Helsar de Zarcero）微型穀倉的工人，他們收成的咖啡在這裡去果肉、發酵、烘乾。我前去拜訪的時候，農場工人正在把咖啡豆倒進機器裡去殼，不僅發出轟隆隆的巨響，還飄出陣陣煙霧。在倉庫另一邊，用白色麻袋裝好準備外銷的咖啡豆堆積如山，七名婦女在快速滾動的傳輸帶旁邊，挑揀不合格的咖啡豆。在一棟可俯瞰山谷的新建平房裡，說話輕聲細語的培瑞茲正用女兒教導他使用的惠普筆記型電腦，回覆來自全世界的詢問。在隔壁房間小小的廚房裡，他和同夥人烘焙、調配、品嘗自己的咖啡。在十二月到三月的收成季節，每個星期都有兩、三位國際買家來這裡品嘗咖啡，並簽訂明年的訂單。「這樣的改變讓人難以置信。」培瑞茲說：「我們不再是把自己的咖啡豆丟到別人穀倉裡就撒手不管的送貨小弟，現在我們集專家、企業家、經理人、品管員、財務官、行銷員、宣傳員和農藝學家於一身。我們從毫無未來的慵懶農場變成一家企業，在全球市場站穩了腳步。」

在二〇〇七年贏得杯測大賽的崇高榮譽之後，培瑞茲和夥伴的生活顯然大有改善。

如今他們生產的咖啡供不應求，而且多數咖啡豆還在農地裡等待成熟時就有了買主。在谷歌上面搜尋 Helsar de Zarcero，就會跳出兩萬多個網頁，其中許多是充滿讚譽的評論。一名粉絲讚美他們的咖啡有「新鮮黑莓的香氣和柔和的酸味」。還有人形容它「蜂蜜般甜美，帶有香草的韻味，有異國情調和凜冽香氣的黑色果實味道」。

八位鄰居如今也把部分收成送到賀爾薩・德・札切羅穀倉，提供大約三十五個工作機會。更重要的是，他們可以省下許多付給中間商的錢。每賣給西雅圖或首爾的咖啡商一美元的咖啡，大約有八十五分錢可以放進培瑞茲自己的口袋裡，這是他過去收入的四倍。最棒的是，他如今比較不會受到全球市場價格波動的影響。從大阪、渥太華到奧斯陸，買家樂於以高價購買小型咖啡農的精品咖啡，順便傳揚他們維護環境並讓社區重生的動人故事。微型穀倉的咖啡價格有起有落，但不會像全球期貨市場價格那般無情地劇烈震盪。微型咖啡農往往和海外客戶建立穩固長期的關係，有助於抵抗短期內的損失。就如同酒商在歉收的年份會力挺好的葡萄園，或是出版商會接受已建立聲譽的作家偶爾較遜色的作品，咖啡商在咖啡歉收的時候，也會設法買下咖啡農可用的咖啡豆。前陣子當賀爾薩・德・札切羅的產品價格高漲時，培瑞茲在東京的買家所做的只是重新簽約，保證提供一個更好的價格。

多虧微型穀倉革命，如今培瑞茲可以住舒適的房子，開閃亮的休旅車，並計畫送兩個女兒上大學。或許是拉丁民族的天性，母親以他爲榮，讓培瑞茲最感得意。「我的父母都很感動，因爲他們也很希望我們的咖啡能這樣銷售出去。」他說：「我媽一想到她的孩子能繼承家族傳統、發揚光大，就非常激動：彷彿透過孩子實現了他們的夢想。」

我們前面看過在解決問題時，廣泛徵求專家與業餘人士意見的智慧。我們也探討過一個具備熱情的個人，能夠驅策解決問題的行動。微型穀倉革命結合了由下而上和由上而下的處理方式，構成慢速解決法的另一項要素。換言之，把問題的解決交給每天都在經歷這個問題的人，讓站在第一線的人有機會來當家作主，是很有道理的。

這不是什麼新的觀念。古希臘的雅典人集會時，會期待由地區官員解決本地的問題。[2]十九世紀末，梵蒂岡開始擁抱「權力分散」政策，也就是決策應由最低層的地方機構決定的原則。[3]一九三一年，名爲《第四十年》（*Quadragesimo Anno*）的教皇通諭中，教宗庇護十一世（Pius XI）宣告：「剝奪個人依靠自身產業和職能可以完成的事物，是嚴重的錯誤。」由遠在天邊、坐辦公桌的官僚來處理日常生活最簡單的問題，注定了蘇聯走向分崩離析的命運。如今，權力分散至少在書面上仍是歐洲聯盟的核心原則。

微型穀倉革命奏效的原因在於，它把培瑞茲這樣的農夫擺在負責決策的位置上。咖啡如今成了一種事業，不再只是賺錢糊口的工具。「現在我愛我的咖啡。」他說：「過去，這裡沒有人會說他愛他的咖啡，因爲我們只是把咖啡賣掉以應付家計，但是現在我們對責任感和所有權的感受相當深刻。咖啡就像孩子一樣，我們費盡心血賦予它生命，每天追蹤它的情況，直到有一天跟它說：你現在已準備好去外面的世界了！」如同嚴厲督促並以子女爲傲的父親，培瑞茲從不停止找尋新方法，來解決靠咖啡養家活口的老問題。他說：「從你起床到睡覺的那一刻，你腦子裡始終想的是如何改進你的咖啡——如何用更好的方式加工、烘焙，以及如何照顧咖啡園、種出更好的咖啡。」

所有權的感受鼓舞人們解決問題。這種情況並不限於哥斯大黎加的咖啡農場。提供全體員工股票選擇權的公司，其利潤、生產力和股價上升的速度，往往比股票選擇權僅限於管理階層的公司要快得多。一份卡斯商學院在二〇一〇年的研究發現，由員工共同擁有的公司比較具有生產力，也較能抵抗經濟衰退。[4]研究顯示，當員工感覺對自己公司有擁有權時，工作表現會比較好，也會比較認眞去尋找問題，找出解決方法。[5]

旗下擁有包括百貨公司與維特羅斯（Waitrose）連鎖超市的英國約翰・路易斯集團（John Lewis group）就是一個好例子。企管專家讚揚它的「合夥人模式」是它成功的奠基石。七萬六千五百名員工每個人透過獨立信託，都擁有公司的股份，並且以選舉方式選出五人加入董事會。從執行長到清潔工，每一位約翰・路易斯的員工都可以根據薪資取得相同比例的紅利。許多人在公司任職都超過了二十年。「在我工作過的其他地方，每當出問題時，人們總是爭先閃避，等著別人出面負責或接受責罰。」十年前從賣場樓層一路晉升到現在擔任管理階層的瑪姬・夏儂（Maggie Shannon）說：「當你成爲公司的擁有者時，整個公司文化都會改變：你看到問題出現，就會想盡辦法解決它。」

實際在第一線做事的人，往往比待在角落辦公室裡、牆上掛滿裝框證書的人，更具處理問題的能力。「美國實驗室裡的專家，不會是整頓我在哥斯大黎加農場的最佳人選。」培瑞茲說：「當然專家可以幫忙，但是眞正主導的人必須是農夫本人。我們親手耕耘自己的土地，親手摘採我們的果實。我們知道這片土地裡裡外外的一切。只要給我們掌控自己命運的權力，就能找出無窮無盡的解決方案。」

培瑞茲如今有了管道和動機，可以立即回應市場上最微小的變化。不久之前，想尋找新品味的日本買家要求他們減少咖啡豆的清洗次數，以保留更多蜂蜜香氣。經過少許調整之後，培瑞茲調製出甜味微增的口味，大受東京咖啡迷的歡迎。他說：「買家總希望找些新鮮貨，如今我們有辦法回應他們的需求。我們不需因爲品味的變化，眼睜睜看著自己的咖啡價格下滑。我們可以靠自行調整脫穎而出。」

整個環境也因此受益。爲了提高產量，加上已開發國家的專家和資金的鼓勵，哥斯大黎加的咖啡農在一九七〇和八〇年代放棄了傳統的種植方法，改採所謂高科技的方式。這表示他們得砍掉大部分的樹，好讓咖啡獲得直接的日照，並且使用化學肥料和殺蟲劑。如今，微型農場的農夫讓土地回歸小型的生態系統。培瑞茲種了香蕉、莿桐和酪梨，這些植物提供咖啡樹遮蔭，創造出動物和昆蟲的自然棲息地。他的土地不再噴灑化學肥料，而是利用咖啡果肉混合附近山區土壤培養的微生物製成堆肥。自給自足的方式下，他的農場用水量也比其他大型農場要少得多。他的土地不僅對環境較友善，咖啡收成也比較好。

微型穀倉的模式也有其缺陷。當咖啡期貨價格上漲時，農夫就會開始懷疑是否需要自己加工處理咖啡豆。如果他們決定把收成的咖啡直接送到鄰近的大型咖啡廠加工，就會損及原本和咖啡商努力培養的關係。小型咖啡農和小型咖啡商直接交易的另一個缺點是，咖啡商必須承擔更多財務上的風險。而且儘管高談要與咖啡農建立關係，有些咖啡商還是比較有興趣搶購當下最流行的豆子。波爾・馬克（Poul Mark）在我家鄉亞伯塔省愛德蒙頓市開了三家店，販賣培瑞茲與其他哥斯大黎加農民的咖啡豆。他擔心一些咖啡烘焙者「用過即甩」的態度，會損害到微型穀倉運動。「還是有很多人只是想找下一個會熱賣的產品，所以他們會來農場參觀，跟農夫們拍張滿面笑容的合照，把照片放在網站上，賣掉他們的咖啡，接著明年又換另一家農場。」他說：「微型穀倉的模式要順利運作，就必須像婚姻關係而不是一夜情。你必須花時間去建立一個穩定的長期夥伴關係。不管時運高低起落都能一起合作。這完全要靠彼此的信賴。」

經營微型穀倉對農夫而言也是一種風險。精品咖啡的市場仍在成長，隨著中國這類新興國家的新富階級發展出對拿鐵和濃縮咖啡的興趣，未來市場仍可期待。不過隱憂仍在。哥斯大黎加的咖啡比越南這類競爭對手成本要高，後者也在關注精品咖啡市場。即使在自己國內，越來越多農民加入微型穀倉的行動，也讓競爭更加激烈。唯一的差別在於，培瑞茲這類農民如今覺得有能力直接面對這些問題。他說：「我們知道咖啡不會自己生出來，凡事都有風險，不過至少微型穀倉運動給了我們力量，去找出我們自己的解決方案，打造我們自己的未來。」

讓人們去解決自己的問題，符合整體文化的轉變。如今在世界各地，科技讓權力從中心擴散到邊陲，從少數擴散到多數，讓溝通與分享資訊變得容易。前所未有的資訊管道和連結程度，讓一般人可以處理在過去似乎遙不可及的問題。最明顯的例子，只消看看阿拉伯之春的民主運動，揮著手機的公民如何推翻深溝壁壘裡的獨裁者。

權力下放在職場上也同樣有效力。美國華府喬治城大學附屬醫院邀請護士一起參與研究方案，結果改善了對病患的照顧。一名護士描述她的同事如何從過去的冷漠轉變爲積極進取，每個人都開始自問：「我要如何讓這裡變得更好？」[6]康乃爾大學對三百二十家小型企業的研究發現，讓員工眞正做到自主管理的公司，比那些由高層控管指揮的公司，成長快了四倍，人事變動率則只有三分之一。對大企業而言也同樣適用。

當詹・卡爾松（Jan Carlzon）在一九八一年擔任北歐航空（SAS）的執行長時，這家公司的狀況不佳，財務虧損連連，航班誤點情形也屢受批評。卡爾松決定將重心放在商務艙市場。他精簡管理階層，投入大量時間、精力和四千五百萬美元，目的在提升商務旅客服務的種種細節。舉例來說，北歐航空是全世界第一家引入隔離式商務艙的航空公司。不過卡爾松眞正的絕招，是授權第一線員工解決自己的問題。他當時說：「問題只要一出現，當場就解決。前線員工沒有必要等待上級批准。」[7]這等於是企業界的微型農場革命——而且確實有效。一年之內，北歐航空成了全歐洲最準點的航空公司，營運也恢復獲利。再一年之後，它贏得了《空運世界》雜誌（*Air Transport World*）年度航空公司大獎。北歐航空成了企管學院的經典教材，其員工訓練模式也被引介到日本航空、惠普、馬莎百貨（Marks & Spencer）等大企業。

權力下放在工廠也同樣有道理。在傳統的生產線上，每個工人在自己的崗位上專注於自己的任務，對兩旁的人完全無暇關注。豐田汽車改變了這種模式，提供工廠員工足夠的技能、技術祕訣，以及理解和改善整個生產流程的自由[8]——就像培瑞茲一樣。豐田汽車也培養團隊精神，即使是最底層的員工，也能透過警示燈的機制，擁有處理問題的權力。結論是，在高層停止傾聽底層員工的意見之前，豐田汽車逐步成爲領先全球的汽車製造商。

許多研究顯示，如果我們對自己的工作環境有更多控制權，表現就會更好。在一項著名實驗中，研究人員要求兩組人員答題並驗證答案，同時隨機播放具干擾性的背景音樂。第一組人員的房間裡有一個按鈕，只要一按就可以關掉背景音樂；第二組人員則沒有這項選擇。你可以料想得到，第一組人員驗證答案會比較正確，而且解出的謎題數是第二組的五倍。不過這其中有個弔詭之處，他們從頭到尾都沒有按那個按鈕。光是知道他們可以按、知道自己可以作主，就足以幫助他們啓動解決問題的魔法。[9]

授權給小人物，在對抗貧窮的戰爭中也會有所幫助。許多傳統援助方案失敗的原因，在於其構思、發展和執行都是由千里之外、待在有空調辦公室的專家負責，眞正貧困的人卻只是旁觀者或是棋盤上的卒子。當一九八〇年代乾旱肆虐「非洲之角」（Horn of Africa，譯註：東北非地區），引發大批牲畜死亡和飢荒危機時，挪威的一個發展組織提出一個局外人看來非常聰明的解決方案。在肯亞西北部偏遠角落的圖卡納（Turkana），半游牧的牧牛人就住在盛產魚類的湖邊。爲什麼不幫助他們把豐富的漁產變成穩定的食物和收入來源呢？教一個肯亞的牧牛人抓魚，他就能一輩子糧食無虞。於是挪威人在圖卡納湖畔建造了一座最新穎的魚肉冷凍工廠，教導當地的牧牛人充分運用魚肉保存技術，等待他們的生活水準獲得改善。結果當地人並不領情，這個工廠也關門了。如果這些挪威人願意多花點時間去傾聽，就會瞭解，游牧民族的文化和捕魚以及在工廠工作完全無法相容。在尼羅河地區，圖卡納這類的游牧民族鄙視捕魚，只有走投無路的牧牛者才會捕魚，而且這座湖離任何一座最近的漁市場都太過遙遠。「這是老式的由上而下處理方式。」圖卡納湖的漁業官員齊納提．瓦西克（Cheanati Wasike）說：「外地人把這座湖看成一個資源，但是他們不曾和圖卡納的人討論過，也從沒問過他們對捕魚的看法。」[10]

如今最成功的援助方案，都是讓貧困的參與者來解決自己的問題。巴西的「家庭津貼」（Bolsa Familia）就是其中一例。[11]在一九九〇年代開始推行時，當時拉丁美洲國家的政府正在推動所謂的有條件現金移轉計畫（conditional cash-transfer programmes，簡稱CCT），「家庭津貼」提供窮人金錢，窮人則從事對自己最有利的事情作爲交換。從這個計畫裡，貧窮的巴西家庭每個月可以按家裡孩童人數領錢，每個小孩可領二十二里拉，最多不超過兩百里拉。而想要領取這些移轉的現金，父母就必須讓小孩上學、定期健康檢查以作爲交換。「家庭津貼」實施範圍如今擴及一千兩百萬個家庭，成了全世界最大的CCT計畫，也是最成功的計畫之一，幫助削減貧窮人口和鄉村兒童營養不良的問題，縮短貧富差距並提升了就學率——而它和過去的援助計畫金額相比，不過是九牛一毛。巴西的主要政黨都支持擴大這項方案，不僅受到世界銀行的讚譽，還有二十多個國家起而仿效。

它爲什麼會有效？它結合好幾個我們前面提到的慢速解決法要素，以全面的方式處理貧窮問題的三大關鍵——低收入、輟學和匱乏的醫療照顧。如果小孩開始翹課，或沒有準時接受健康檢查，一家人的津貼就會減少。家庭津貼也針對長期和短期的目標：今天爲生活必需品付出的錢與明天爲健康和教育做的投資相關聯。另一個關鍵是有條件的現金轉移賦予窮人自主權。他們不只是接受食物救濟，聽人們宣導教育與定期健康檢查的好處，他們也有自主決定的自由。巴西的窮人會拿錢亂花的這種擔憂，如今已證明是毫無根據。大部分的家庭把津貼用在購買糧食、衣物和小孩的學校用品。「提供金錢時有附加條件，等於是告訴他們：『你有權利但是你也有義務。我們信任你們會做到這些義務。』」聖保羅的慈善義工保羅．摩瑞拉（Paulo Moreira）說：「這在援助或福利工作的整個動能上是很大的轉變。突然間，接受幫助的人從被動等待別人幫他們想辦法，變成一個主動想辦法解決自己問題的人。」

有些援助團體更進一步以無附帶條件的方式提供資金。二〇〇六年，英國的慈善團體樂施會（Oxfam）提供一次性的援助金，給越南中部安祿（An Loc）生產稻米的八個村落、五百五十個貧窮家庭。這筆款項數額龐大，每位村民一次領到相當於工作三年的工資。除了要求他們不得把錢拿去酗酒、吸毒和賭博之外，每個家庭都可以用自認爲合適的方式支配這筆錢。

結果他們是怎麼花的呢？事實說明他們非常明智。大多數的村民把錢用在改善家庭用水和衛生，還有購買種籽、肥料和牛隻，以確保未來食物的供給。這筆一次性援助款項撥放四年之後，學校入學率提高了，貧窮人數減少了三分之二，還有更多的村民參與了社區活動。時任樂施會越南地區主任的史蒂夫・普萊斯—湯姆斯（Steve Price-Thomas）說：「我們認爲窮人顯然有權利決定錢該怎麼花。把錢交到他們手中讓他們來決定如何處理，還有什麼比這個辦法更好？」[12]

同樣的思維也是微型信貸運動的基礎。由專業的銀行、基金和仲介提交小額貸款給那些窮到無法在正規金融體系中申請到貸款的人。我最喜歡舉的例子是齊瓦（Kiva），他們的網站提供發展中國家想要借款的人與所有樂意提供借貸的人接觸的機會，有些貸款額度甚至只有二十五美元。接受這類貸款的人，展現了和培瑞茲同樣努力奮發的企業精神。借五百七十五美元給席克絲塔（Sixta），她就可以買一個放冷飲和冰淇淋的小冰箱，拓展她在尼加拉瓜經營的玉米捲餅攤生意。納夫塔里（Naftary）則會利用相同額度的貸款，給他在肯亞中部木蘭家（Muranga）的農場買一頭母牛。自二〇〇五年以來，超過六十萬人透過齊瓦的網站借了超過兩億四千萬美元。最精彩的部分是，這個社群誇耀自己的還款率絕對會讓華爾街的銀行家羨妒：將近九九％的借款人償還了貸款。[13]

授權給人們去找出自己的解決辦法，在人性衝突的戰場上特別有效。爲了讓學校教育更加民主，芬蘭設計了一套方案，讓學童自行解決遊樂場裡的紛爭。雖然老師仍要處理霸凌、受傷和公物損毀等事件，但如今大部分衝突都由學生自行溝通處理。學校每週安排固定時間在特定的教室裡舉行所謂的VERSO議程。任何學童或家長提出正式請求後，就會召開一場爲時大約十到十五分鐘的聽證會。每次的議程由年紀比當事者稍大的協調員負責督導。大人在議程中從不出席，協調員也絕不會提出解決方案。一旦協調員解釋完談判規則之後，兩邊的當事人就開始解釋自身的說法、立場，以及他們對衝突的感想。雙方提出一些徹底解決歧見的步驟。如果彼此同意其中一個解決方案，他們就會記錄下來，並簽名承諾付諸行動。[14]

和其他稱得上慢速解決法的方案一樣，VERSO需要花時間去找到問題的根源。即使一起事件牽涉到好幾位學童，聽證會永遠是一對一進行，好讓他們有足夠的時間對談。當事人在聽證之後，會協議在一到兩個星期後再進行會談，以確定問題獲得解決。一些較複雜案件的後續議程可能得持續好幾個月。事實上，堅持給學童時間去敲定一個永久的解決方法，有時會引起一些老師的反彈。「根深柢固的觀念依然存在，仍有人認爲老師擁有權力，而且不想下放權力給學童。」設計VERSO計畫的教育與青年工作專家邁亞・格林（Maija Gellin）說：「他們自己心裡會想：『我自己處理這個問題又快又容易，這樣我才可以快點回去教課。』不過這種快速解決的方式只會建立表面的和平，卻沒有解決更深層的問題。」

爲了觀察VERSO的實際運作，我拜訪了位於赫爾辛基東北方一百公里的小城拉提（Lahti）的洛提蘭中學（Lotilan Middle School）。當時是冬天，學生回到自己座位時臉頰紅通通，脫下羊毛帽時頭髮因爲靜電劈啪作響。每年大約有三十起衝突透過VERSO的制度協調。每天中午，議程都可以在一間小小的教職員室裡進行。牆上有卓別林（Charlie Chaplin）的海報和畢卡索的裸畫，IKEA風格的長桌上鋪有橘色和黃色的緞帶。房間裡有洗手台、微波爐和插了鮮花的黑色花瓶。

這一天是米可和奧斯卡的案件。這兩個十二歲男孩十一天前在體育課打架。他們是朋友，也是冰球隊的隊員。由於雙方無法化解衝突，在打架隔天向 VERSO 申請協調。

兩個人進房間時都穿著連帽上衣，看起來像受到斥責般有些緊張，他們都是首次透過 VERSO 化解糾紛。十四歲的利特瓦擔任協調員，他請兩人各自陳述事件的經過以及對事件的感想。他們已經是青春期的大男孩，因此接下來並不是情緒的宣泄。相反地，很多時候是聳聳肩，發出單音節的抱怨聲，和品特（Pinter）戲劇中的招牌停頓。不過雙方在摸索如何達成協議的過程中，也有一些真正柔情的時刻。有一段是米可提醒奧斯卡在前一晚的冰球賽裡，他曾經做球助攻讓他射門得分。奧斯卡第一次正眼注視他的朋友並露出笑容。最後他們對打架事件達成一個共識：他們兩人都固執且好勝心強，加上兩人當天心情都不好。他們的解決辦法也很簡單——彼此真心誠意地道歉，而且再也不打架了——最後兩人離開時都面帶微笑，看起來輕鬆許多。

稍後我問了他們對 VERSO 的看法，兩人似乎都很滿意。米可說：「如果我們沒有來 VERSO，事情會一直在我們腦中盤旋，一定會打更多架。像這樣子討論後，我們比較不會想去報復，會再試著與對方相處。」

奧斯卡也很開心。他說：「沒有大人在，絕對比較容易，因爲小孩比較瞭解小孩。我們用相同的語言，思考方式也一樣。這實在很酷，我們可以自己找出問題所在，自己解決。」

芬蘭如今有超過七千名受過訓練的 VERSO 協調員。每年有兩萬名學童出席聽證，有九成的人事後信守自己的承諾。每年都有新學校加入這項計畫，格林也協助俄羅斯和義大利等國家設計了類似的計畫。

其他國家也有類似方案。「和平優先」（Peace First）計畫每週排在學校課程中固定的時間，在波士頓、紐約和洛杉磯已經教導超過四萬名九到十二歲學童調解自己的衝突，處理社區裡的社會問題。雖然這項計畫有學校教職員督導，也有青年志工教導課程，然而這些學童和芬蘭 VERSO 計畫中的學童一樣，都是扮演主導的角色。參與這項計畫讓校園暴力減少了六成，而學童協調衝突和協助同儕的案例則增加了七成以上。

讓人們負責解決自己的問題，也可能有助於改造公共服務。傳統上，政府的公共服務有點像百貨公司在賣衣服。政府把方案計畫、民衆權利和福利津貼擺到架上，如果有人找到剛好適合自己的，就可以開心地拿回去。但如果沒有，就可能在這個體系裡漫遊好幾年，無止境地去試穿這些腰身太緊或袖子太短的衣服。「人們先天上會想找尋快速的解決辦法，所以會找個專家進行快速評估，給出一個答案，安排諮詢，提供服務，以便從此幸福快樂。」西澳大利亞的心理健康專員艾迪・巴特尼克（Eddie Bartnik）說：「但是顯然人生並非如此。如果你不授權人們去設計解決自己的問題，他們最後可能獲得一堆無法眞正解決他們問題的服務。這只會讓他們感到更加孤立無援。」

一九八八年，時任西澳大利亞殘障者服務委員會主任的巴特尼克，說服省政府針對殘障公民實施一項新政策。這項後來命名爲「地區協調會」（Local Area Coordination，簡稱LAC）的新制度，徹頭徹尾改造了既有的狀況。政府不再告訴人們「你們需要哪些服務」，而是用IDEO反直覺的方式問民眾：「過好的生活，對你們而言代表什麼意義？」接下來，政府會協助他們實現解答。這個制度的基礎就是「地區協調會」。他們花時間去瞭解需要服務的人，不只是把他們當成立案的資料。協調人員同時是推廣者，是知己、顧問、網絡組織者，也是朋友，扮演類似第十章裡催化的角色，是許多慢速解決法的中心人物。他們幫助服務的對象指出哪些是量身打造、適合他們的服務，然後把他們帶入當地社區，安排他們加入針織社團、合唱團或足球隊，或是到附近的教會幫忙。更積極的是，他們也會幫助他們申請到公款，設計出針對問題、量身打造的解決方案。「長久以來，專家一直告訴這些人該怎麼做、要預期哪些事、需要哪些東西。」巴特尼克說：「地區協調會把它們反轉過來，傾聽人們提出的問題，做適當的詢問，接著就授權他們打造自己需要的幫助。」

佩塔．巴克（Peta Barker）也同意。她與丈夫在澳洲伯斯郊區經營繪畫和飾品生意。他們二十歲的兒子科克（Kirk）是個自閉症患者。他三歲時，一家人因爲他的狀況不知所措。「我們試圖尋求協助，但如果條件不符，我們得到的回應就是：『不，很抱歉。我們幫不上忙。』感覺自己就像快遞包裹，被人從這個醫生送到下一個醫生，從這個部門送到下一個部門。」巴克說：「這讓人感到很挫折，因爲就算想做點什麼，也不知道要從何做起。」

地區協調會讓一切改觀。巴克一家人總算有了瞭解他們、「同時」也瞭解整個救援制度的盟友。他們的第一位協調員與他們合作了十一年，後來接手的人也合作了五年。「莎麗安（Sally-Anne）認識我先生、我的小孩、我的貓，還有我的狗。」巴克說：「她甚至會繞到後頭來問我：『妳的相思鸚鵡情況如何？』」

當我們在她家附近的地區協調會辦公室見面時，這位活力充沛、笑容具感染力的女子告訴我，這個方案簡直是天賜的禮物。地區協調會跟她第一次會面時，就鼓勵她要做認眞、全面、長期的思考。「在那些年之前，我腦子裡有一堆科克需要的東西清單，對方則是告訴我，不妨把全家人的需求作爲考量重點，因爲協調會如果沒有先支援妳，沒有先確保妳的家人得到幫助和照顧，妳就沒辦法照顧妳的兒子。」巴克說：「這讓我有如大夢初醒，因爲我從沒用這個角度想事情，但是確實很有道理。」在地區協調會從旁協助下，巴克一家人幫科克找到最理想的學校，並申請公共基金來支付他的游泳課和板球課學費。他們還申請到經費，讓他們在壓力太大的時候，偶爾能出去走走在外過夜。巴克說：「沒有這些幫助，生活會更加困難。我不確定我們一家人能不能撐下去。」

如今巴克一家人覺得他們已經盡可能安排出最好的生活方式，科克也有了進步。每個星期二，他會參加生命技能課程，也學會自己煮飯。每個星期四，有看護志工教他在馬路上騎腳踏車。每週有兩天，他會自己騎車到鄰近的援助工廠，幫忙本地商店做一些在橄欖油罐上貼標籤，或是把鞋子裝盒的工作。

許多研究顯示，地區協調會的作法大幅減少了政府協助殘障人士所需的花費。澳洲其他地區政府，乃至於紐西蘭、蘇格蘭和英格蘭，也開始執行類似的計畫。整體來說，地區協調會大受殘障人士及其家人的歡迎，他們很樂意有機會參與解決自身的問題。

即使我們的生活沒有受到身心殘疾的影響，我們同樣可以從類似的授權中得到幫助。藉由掌控自己的工作狀況、時間安排及科技應用，強化解決問題的能力。在尋求慢速解決法時，一定要自問：「我想幫助的對象是誰？我要如何參與其中，幫忙他們找到最好的解決方法？」花點時間瞭解這些人眞正的問題所在——不光是知道他們想的是什麼或說的是什麼，而是去體會他們內心眞正的「感受」。

在巴克收拾東西準備去見科克的同時，她告訴我，幫助她這樣的家庭用自己設計的方式解決問題，並不是地區協調會成功的唯一原因。同樣重要的是，它在情感上建立了強烈的連結，讓這個制度人性化。「有時候，你需要的只是有人在你身旁，在你情緒惡劣時，可以打電話過去。」她說：「地區協調會會把事情全擺到一邊，專心聽你傾訴，或許提供你一些立即的建議。突然間，你的心情就會好轉，準備好迎接生命中的挑戰。情緒上的支持眞的很重要。」

12 感受：調節情緒的溫控計

沒有情感，就沒有黑暗轉向光明，冷漠轉向行動的轉變。
——瑞士心理學家卡爾・榮格（Carl Jung）

瑪塔・高梅茲（Marta Gomez）在索菲亞王后醫院的走廊上蹣跚踱步，有如經歷轟炸震撼穿越戰場的士兵。她的母親上星期在用餐時中風後，便陷入昏迷。醫生努力搶救，但這位八十一歲的病人目前仍然狀況不明，也讓高梅茲陷入苦痛深淵。她的兩眼布滿血絲，雙手微顫，用輕如喘息的緩慢語調說話。「我輾轉難眠，整天頭痛。」她說：「內心各種感受五味雜陳，實在很難知道自己該怎麼想或是怎麼做、怎麼說。」

不過即使陷入情緒的狂風暴雨中，有件事卻無比明確：那就是一旦她母親過世了，她的家人將同意醫院為她做器官捐贈。他們做出這個決定的幕後原因，正是慢速解決法的另一項要素。

隨著器官移植手術需求的快速增加，全球各地的醫院都面臨一個嚴重問題：提供器官捐贈的人數不足。許多人是因爲宗教或文化上的理由，不願在死後破壞遺體的完整。另外，也有些人是生前沒能清楚表達自己的遺願，更多的是死者親屬不願簽名。結果在許多國家的情況是，接受器官移植需要漫長且可能致命的等待。在英國，器官移植病患平均要等上三年時間。平均每天有三人在等待的過程中死亡。在美國，每年因此死亡的人數超過六千人。

也正因爲這個原因，坐落在西班牙南部、有三十五萬人口的科爾多瓦（Córdoba）城裡的索菲亞王后醫院，才會成爲矚目的焦點。西班牙人似乎找出了不錯的辦法，能有效說服人們在死後捐出器官。想當初一九八九年時，西班牙器官捐贈的比例，以國際標準而言仍屬偏低，如今則是全世界最高，有八五%的死者家屬在死者過世那一刻同意器官捐。這個比例是歐洲平均值的兩倍，也比器官移植的領頭羊美國高出三〇%。

爲了提升器官捐比率，一個很流行的作法是所謂的「選擇退出」制度。意思是所有人在事前未經告知的情況下，都已被登記爲器官捐贈人——除非他們主動申請退出這個名單。不過在實務上，這個制度的結果有好有壞。以瑞典爲例，他們雖然採取「選擇退出」制度，卻是器官捐贈率最低的歐洲國家之一。一九八九年之前的西班牙，情況也是如此。原因何在？因爲在死者臨終的最後一刻，不管法律規定如何，大多數醫生禮貌上仍會徵求家屬同意，而往往就在這個時候遭到家屬反對。

西班牙政府理解到，解決器官捐贈危機的唯一方法，是修改生前、臨終和死後器官捐贈的相關規定。於是在一九八九年成立了全國器官移植組織（National Transplant Organization，簡稱 ONT），提供預算，並授予它全力調整器捐過程的每一個步驟：從發掘潛在的器官捐贈者、爭取家屬同意，到尋找適合的接受者並進行移植。這也讓西班牙如今成爲實驗性外科手術的先驅。一九九七年，索菲亞王后醫院的外科醫師進行了全歐洲首次單一病人的三重器官移植。西班牙的醫師也是最先用病患的自體幹細胞培植氣管。二〇一一年，巴賽隆納的外科醫師進行第一次全臉移植，爲一名打獵意外受傷的青年移植新的下顎、上顎和牙齒。

不過西班牙眞正受到其他國家矚目的，在於勸說失去摯愛親人的家屬同意捐贈器官所獲得的成功。這部分要歸功於政府的大力宣導，提升了公共意識，將器官捐贈重新塑造成一個有高貴情操、慈悲為懷、凝聚團結的行動。其中最努力推動爭取民意支持的，正是科爾多瓦這個地方。六月初，西班牙各地在慶祝器官捐贈日的時刻，索菲亞王后醫院舉辦長達一星期的器官捐贈週活動。在音樂會、遊行和街頭派對上，打扮光鮮的鬥牛士、運動明星、佛朗明哥舞者和流行歌手，向大衆宣導器官捐贈。醫院已經出版了兩本由四十位詩人合寫、以器捐為主題的詩集，並主辦知名藝術家的作品展，內容則是探索捐贈和接受器官的意義。科爾多瓦的職業足球隊別上宣導器官捐贈的紅絲帶，而市區計程車也都貼了讚揚器官捐贈的標語貼紙。每個星期二都有一整車巴士的小學生來到索菲亞王后醫院的器官移植部門，聆聽病患和醫師用歌聲歡頌器官捐贈。

在設有一千三百個病床和三十三間手術室、不斷擴增的綜合大樓裡，索菲亞王后醫院的每個角落都在宣導器官捐贈。詢求器捐的海報張貼在走廊上和候診室。有一整面牆利用照片集錦述說醫院移植手術的歷史，搭配笑容滿面的醫師和充滿感謝的病患的照片。靠近大門口，排列了一群用紙糊創作的紅色海豚：心智障礙病患以令人讚嘆的創作表達對器捐的看法。在醫院外頭的草坪上，描述十六個接受器官移植病患的故事和圖像的巨幅看板，有如展示軍威的部隊旗幟。一座宏偉的器官捐贈人紀念碑矗立在醫院大門旁邊，周圍貼滿器官接受者所寫的感謝詩歌和信件，其中一張只有簡單一句：「感謝你帶來的奇蹟。」

推動器捐意識提升的努力進行了近二十五年，完成超過七萬個器官移植手術，西班牙進入一種良性循環：人們越是瞭解有人捐贈或接受器官，就越樂於採取相同的作法。「每次移植、每位家屬都是宣傳，還有每個鄰居。」從一九九七年起一直擔任器官移植主管的羅布雷斯（Juan Carlos Robles）說：「他們就像是傳達信息的使徒，因此每天都有更多人瞭解到捐贈器官可以拯救生命。」簽署器官捐贈同意書如今幾乎和午睡（siesta）、節慶（fiesta）一樣，成了西班牙文化的一部分。甚至連阿莫多瓦（Pedro Almodóvar）這位西班牙電影界的瘋狂天才，都拍過以器官移植病房爲主要場景的奧斯卡得獎作品《我的母親》（*All About My Mother*）。在全球器官移植領域領先，讓西班牙人引以爲傲。科爾多瓦人會告訴你，這個城市的王冠上有兩顆珠寶：舊城區中興建於八世紀、富麗堂皇的清眞寺和索菲亞王后醫院。

西班牙傲視全球的公共衛生體系當然也是很大的助力。它在世界衛生組織的排名高居全球第七，全國人民都能享受最先進的免費醫療照顧。西班牙的醫院重症病房充足，病人通常可在設備完善的單人病房養病。更重要的是，西班牙的醫療團隊比其他國家的醫院，花費更多時間搶救瀕危病患。這代表在西班牙，大部分人臨終時是在醫院裡戴著呼吸器度過的，而這正是器官捐贈的理想狀況。此外，也意味著家屬來到病人臨終病榻時，會感謝一切安排。

高梅茲的情況確實也是如此。她因為心臟、膀胱和腹部的病痛，這些年來在索菲亞王后醫院已經接受過四次免費手術。如今她正看著醫生們不計代價地試圖搶救她年邁的母親。她說：「這家醫院太讓人感動了，我知道他們已經盡了一切努力幫助我母親。我非常、非常感謝他們。」

不過西班牙器官捐贈奇蹟最後的關鍵，還是在於受過密集訓練的器官移植協作網絡。在別的國家，負責尋求器官並徵求同意摘取器官的人員，往往脫離日常照顧病患的工作。在西班牙，他們則是安插在所有大型醫院裡。其中大部分人本身也是加護病房的專業醫護人員。這表示他們負責的是最可能死亡的病患，同時能給予家屬最正確、最新的病況報告。不管任何時刻，在索菲亞王后醫院的四名器官移植協調員，都能告訴你院內所有可能的器官捐贈者狀況、接受診療的情形，以及家屬目前的情緒狀態。依據傳統，醫生會爲了搶救病患而努力，西班牙的器官協調員腦中則有一個長期、更大的願景。「我們腦袋裡裝的東西有點不一樣。」羅布雷斯醫師說：「對一個協調員而言，不光是要搶救病人，他還要想到萬一病人死亡，他捐出的器官可以拯救其他人。」

最重要的是，協調員接受過嚴格的訓練，知道如何與痛失親人、情緒受到重創的家屬協商。從一位可能的器官捐贈者被送入醫院，他們就開始與家屬們建立關係。每位協調員可能有不同的方式，不過他們都是這方面的專家，結合自己的醫療專業和病榻前適當的應對，知道如何以及何時提出器官捐贈這個細膩而敏感的話題。義大利和葡萄牙的醫院採取這種西班牙式協調員的作法之後，都發現器官捐贈比例升高了。「你可以花幾百萬做宣傳讓民眾得知這個訊息，也可以二十四小時整天在街上告訴人們要捐贈器官，你還可以用全世界最好的儀器設備、最好的外科醫師和醫療體系，但是如果你不知道如何在最關鍵的時刻向病患家屬開口，那這一切都只是徒勞。」羅布雷斯醫師說：「我們這個體制的奠基石在於醫師、病患和家屬之間的關係。如果能搞定它，其餘一切就會隨之啓動。」

一個好的器官移植協調員的祕訣在哪裡？面對每位家屬都應抱持謙卑、同理心和大量的耐心。「我的個人哲學是，作爲協調員絕對不去看自己的錶。」羅布雷斯醫師說：「每位家屬都是獨一無二的，所以你有必要探索每一個管道，傾聽、關注他們的沉默之聲，因爲這樣，你才會認識你面前這些人，幫助他們處理情緒問題，讓他們對器官捐贈做出正確的決定。」

在我的訪問過程中，羅布雷斯醫師正在導引高梅茲的家人經歷這段過程。自從他們的母親一星期前送到索菲亞王后醫院後，他每天都與他們談話。他們的會談是在一間漆了療癒式桃紅色的房間，桌上擺著一只放了木雕花的花瓶，牆上掛了有關器官捐贈的海報和月曆。羅布雷斯醫師戴眼鏡，穿著綠色外科手術袍。五十二歲的他身材矮小，深色的頭髮，眼神親切而平靜，更讓人確信他已看透生死大事。他和病患家屬談話時，說話緩慢而清楚，帶著解除戒心的輕柔，此時他既是醫師，也是心理治療師。看他進行的過程，不禁讓我回想起多年前我的小嬰孩在加護病房時，醫師們對我妻子和我說話的方式有多麼笨拙。「羅布雷斯醫師是個很好的人。」高梅茲說：「前一天我哭泣時，他抱著我安慰。我可以感覺到他眞的感同身受我的痛苦。」

幾天後，羅布雷斯醫師客氣地提出了器官捐贈的話題。高梅茲的家人過去從不曾好好討論過。「我們在電視和廣播裡聽過很多關於器官捐贈的事。」高梅茲說：「我母親從沒清楚提過她死的時候器官如何處理，但我記得她聽到器官捐贈能拯救人命時，非常地開心。」

即使如此，阿姨們仍有人反對。羅布雷斯醫師提出建議後便離開了，留下時間和空間給親屬討論出共識。最後原本固執己見的阿姨們也回心轉意。「醫師把情況解釋得很清楚。他會聽我們說話，讓我們感到平和。」高梅茲說：「我們從不覺得他給我們壓力，但到最後我們都非常樂於同意。」

有些家屬則比較難以說服。一對離異夫妻的小孩子過世時，要讓爭論不休的雙親找出共通的基礎，可能就要花上好幾個小時討論、傾聽和斡旋。有一次，一名六十七歲的男子在索菲亞王后醫院過世。他的家人對於是否捐贈器官，意見正好各半，五名子女贊成，五名子女反對。就像是外交官在聯合國高峰會上爭取支持一樣，羅布雷斯醫師花了一整個下午，穿梭在這群兄弟姊妹之間，減少他們的恐懼，化解各人的自我意識，建立溝通橋梁，向他們解釋他們父親的死亡如何能拯救其他人的生命。最後終於得到全家人的一致同意。

像羅布雷斯醫師這類的協調員，從不會用恐嚇或欺騙的手段，讓人違反自己的意願捐贈器官。這種方式短期內也許會提高器官捐贈率，但是隨著越來越多家屬抱怨受到矇騙，這項制度也將受到損害。值得讚揚的是，西班牙避免了快速解決法。索菲亞王后醫院最近的一項追蹤研究，發現沒有一個家屬在事後後悔同意器官捐贈；當然，也沒有親屬抱怨被羅布雷斯醫師欺騙。「我們始終以長期來思考。意思是，我們的目標是藉由器官捐贈一事團結家庭，而不是分裂家庭。」他說：「我們需要找出人們拒絕的原因，試著讓他們回心轉意，同時讓他們以自己的決定爲傲。我們希望把他們爲失去摯愛親人所流下的悲傷淚水，轉換爲歡喜的淚水，因爲他的器官能夠拯救生命。總而言之，這完全是情緒管理。」

以這種想法和作法，羅布雷斯醫師點出慢速解決法的另一項要素：花時間去理解和溝通情緒。我們往往把解決問題簡化爲試算表、流程圖和文氏圖（Venn diagram，譯註：用集合群組表達事物相互關係的一種草圖）組成的一門科學。專家會告訴你，如果想解決某件事情，別感情用事。把數據拿來運算看看。要有邏輯。要理性。要科學。

的確，情緒失控或是陷入盲目的恐慌無濟於事，但這不表示我們處理每個問題都得像史巴克先生（Mr Spock，譯註：電影《星艦奇航記》〔*Star Trek*〕中企業號星艦的大副兼科學官）一樣。我們天生有情感。柏拉圖說過：「人類行爲來自三種主要的來源：欲望、情感與知識。」即使我們自認用理性邏輯思考的時候，也往往受情感所引導。多年來，經濟學家、社會學家和心理學家累積的大量研究文獻顯示，情感以及它可能觸發的偏見往往掌控了理性。你也許相信種族平等，但是當你在空蕩無人的街頭遇到一個長得像路易斯·普萊斯的人，用貧民窟青少年晃晃蕩蕩的步伐朝你走來時，你還是會下意識抓緊手提袋。或者想像一下「最後通牒博弈」（ultimatum game），假設拿十英鎊給兩個角色（姑且稱他們爲麥克斯和瑪麗）並邀他們分享。麥克斯提議兩個人把這筆錢分掉，而瑪麗可以接受或是拒絕這個僅只一次的提案。如果她拒絕提議，則兩個人都拿不到錢。在純粹理性的世界裡，不管兩人如何分配金額，只要不是麥克斯一個人獨拿，瑪麗都應該接受麥克斯的提議。因爲即使麥克斯的提案是自己分到九·九九英鎊，瑪麗都還可以帶走她的一分錢。但是在眞實世界裡，大部分人可能會拒絕比這一分錢還慷慨許多的提議，結果是兩邊最後都雙手空空。爲何會如此？因爲我們的決定是受我們對是否公平的感覺所左右。我們痛恨不公平的程度，讓我們寧願放棄可白拿的錢，來處罰對我們不公的人。在真實世界裡，人們多半會拒絕少於八二分帳的提議。

感覺也爲我們的工作環境設定了基調。一個接一個的研究都顯示，當我們無法把情感投注於工作時，我們的創造力和生產力都會降低。[1]當員工感覺開心，往往會產生更多嶄新的想法。對自己工作滿意的人比較會在下班時間把工作上的問題放在心裡思考，隔天一早，就會帶著前一晚醞釀的聰明解決方法上班。

我們在許多慢速解決法裡都看得到情感的作用。回想一下，佩那羅薩如何讓團隊成員感覺受到重視；在挪威和新加坡，如何以有尊嚴的方式對待囚犯以避免慣犯再犯；還有洛克中學的教職員如家人般的對待方式，帶給學生什麼樣的意義。「這感覺就像是天天都抱著一種正面的態度。」普萊斯說：「即使是在糟糕的某一天走進校門，還是會覺得：『嘿，這裡到處都有人鼓勵我，在這個充滿愛心的環境裡，我怎麼有辦法生氣？』」

當我向里卡多．培瑞茲請教關於情緒在哥斯大黎加的微型穀倉所扮演的角色時，他告訴我，對創業者來說，在他背上輕輕一拍，可能和種子資金、現代化機具或是企業計畫同樣珍貴。他在二〇〇七年拜訪了史登普城咖啡店（Stumptown Café），這一家咖啡店跟他進咖啡豆，烘焙之後銷售到奧勒岡州波特蘭的時髦商場。他在上午生意特別好的時刻站在櫃台旁邊，眼見美國的嬉皮客指名訂購賀爾薩・德・札切羅咖啡的盛況，讓他吃驚不已。「這是在我身上發生過最美妙的事物之一——看著我們自己的牌子擺在貨架上，聽到人們指名購買。想到我的家人，我的父母和祖父母多年來投注的心力，我忍不住熱淚盈眶。」他說：「幾百年來，沒有人說過我們自己特製的咖啡有多好喝，如果你年復一年做某件事都沒人讚美，那會讓你灰心喪志，害你失去追求改善的興趣。看到在別的國家有人喜愛你的咖啡，稱讚你做得好並爲世界做出了貢獻，這樣的動機會讓製造者不斷改進。情緒是人的核心關鍵。」

許多複雜問題的解決只能靠說服人們做出犧牲，或是做他們本能上不樂意做的事。訴諸理性只會讓我們離目標更遙遠。想要導引一個班級、一家公司或是一個社區在文化上出現較深層的改變，就要爭取到對大多數慢速解決法至爲關鍵的支持和參與，要切記梵谷（Vincent Van Gogh）所謂的「小小的情緒是我們生命中最偉大的領導者」。

我們要怎樣做到？辦法之一是訓練問題解決者投入他們的情感。爲了在醫療專業上建立同理心，世界各國的醫院都鼓勵職員參加藝術、音樂和攝影課程。在英國，所有腫瘤科專家現在都必須參加一個三天的課程，由專家和演員教導他們與癌症病患談話。醫學院擴大教學課程，把人文學科納入，讓學生除了漂亮的學科成績之外，也能發展情緒智商。基於同樣的精神，哈佛的醫學院修訂了入學標準，因此從二〇一六年開始，所有申請入學者必須「英語流利並具備理解語義微妙差異的能力」。

在第十一章，我們看到藉由招募人才來處理自身的問題，往往能啓發更大的創造力，同時也能在情感上支持問題的解決。即使人們設想的解決法不夠完美，畢竟還是「他們自己」的解決辦法。坦白說，我們都喜歡看到自己的想法能實現，或至少感覺到別人聽取了自己的想法。這正是心理學的入門第一守則。經濟學與行爲科學教授布魯諾·弗瑞（Bruno Frey）分析瑞士二十六個省份的幸福指數調查，以及自治與直接民主程度的研究數據時，發現一個相當清楚的相對關係：對民主程序投入越多貢獻的人，感覺越幸福。弗瑞找出其中兩個原因。首先是民主制度可能產生比較好的政府。不過眞正主要的原因是，我們的幸福感源自於我們感覺自己能夠影響生活中的事件，這正是入獄喪失自由會讓人如此沮喪的原因。弗瑞甚至發現，即使沒有選舉，瑞士人的幸福感也會增加。換句話說，單是我們的聲音「能夠」被聽到，就足以讓我們對生活以及左右生活的政治體制「感覺」比較滿意。

這可能是冰島在金融海嘯後所進行的實驗的主要正當性。即使「國民會議」沒有一條提案被納入新憲法或成爲政府的政策，群衆外包的投資仍然有所收穫。選民會感覺到他們的意見受到諮詢，他們的想法不是毫無意義，而且他們在這個過程裡有眞正的利害關係。「在過去幾年，政治彷彿是別人在我身上做的事。」在雷克雅維克教書的達古爾．強森（Dagur Jónsson）說：「現在我覺得政府不再是脫離人民運作的外在事物。我們也可以成爲政府。」這對國民會議的主要幕後籌畫人古強森而言，可說是一個甜蜜的證言。他認爲群衆外包是給全世界選舉政治注入新活力的完美藥方。他說：「在這個民主制度的新模式裡，你自群衆外包的願景和價值觀中尋求來自人民的指引。而這會讓人民在政治體制下感覺擁有自主權。」

爲了爭取對VERSO計畫的支持，籌辦者一開始就尋求學生的參與。「我們到學校的時候，會先詢問學童溝通該如何進行，接著再加入一些想法，也提出其他學校的作法，做一些比較戲劇性的呈現，慢慢營造環境。所以我們是用溫和的方式帶領他們到正確的位置，但他們會覺得這是他們自己的想法，感覺到擁有自主權。」邁亞．格林說：「如果彼此有衝突的人覺得解決辦法不是強加在他們身上，而是自行找出來的，他們會比較樂於讓它實現。」

要是一九一九年凡爾賽和約的起草人能理解到這一點就好了。IDEO的慢速問題解決者將可提供幫助。「我們對於把利害相關人帶進來談，開始有不一樣的想法，」蘇利說：「我們不能只是像頒發石板律令一樣。想從解決問題的相關人士身上找出最佳方法，最好在過程中讓他們有參與感。」

掌控我們需要被人接受的情感，是另一種爭取支持的方法。人是社會性的動物，需要從屬感。人們希望感覺到自己屬於更大整體的一部分。我們希望知道別人也依賴並在尋找自己，否則誠實商店（譯註：全憑顧客良心自己取物付款的商店）在收銀箱旁貼一雙眼睛的照片，就會讓顧客多付一些錢的原因何在？[2]或者你要如何解釋彩色寬幅領帶（kipper ties）、聚脂纖維連身裝、雞冠龐克頭（mullet）一時間的流行熱潮？爲了改變積習已久的行爲，匿名戒酒協會和慧儷輕體（Weight Watcher，譯註：一間協助減重的國際公司）透過群體聚會來鼓勵會員。微型信貸運動也是透過同儕壓力來運作，將貸款人分成小組，其中只要有人延遲繳款，就可能影響所有人的資金取得。在戰爭中，士兵不會爲了達成國家政策或上級指示就去冒會喪命的風險；他們會站上火線，全是因爲那是同袍弟兄對他的期待。在《凝聚：戰鬥的人性因素》（*Cohension: The Human Element in Combat*）一書中，西點軍校軍事心理學教授韓德森上校（Colonel William Darryl Henderson）寫道：「在戰場上唯一強大到能讓士兵在火線下前進的力量，就是他對小團體的忠誠度，以及小團體對他向前邁進的期待。」[3]

如果融入團體的需要能讓我們冒著被敵軍砲火擊中的危險，或許也能幫助我們克服攔阻我們朝慢速解決法行進的行爲與偏見。稍早，我們提到的心理醫師兼神經學家彼得・懷布羅也這麼認爲。「我們自利、被自我驅策，但同時我們也具有社會性。」他說：「如果我們能設想如何滿足我們受到他人重視的欲望，就會開始撤除自利的想法，找到適當的支點來推動長期的思維模式和解決方法。」

謙卑是贏得認同的一個方式。當位居高層的人承認自己的弱點，底下的人會更願意提供解決辦法。迪奇・帕圖納斯把北海的意外歸咎於自己，激勵了飛行中隊的其他成員承認自己。「如果他們覺得連自己的老大都不買帳，他們也不會願意，因爲這等於讓自己成了箭靶。」他說：「因此我讓大家知道這是我的錯。」

謙卑往往代表讓溝通管道保持開放。人們最不希望的就是完全不知情，特別是在危機和改變的時刻。這也是公司重整時，如果管理部門能對員工部屬開誠布公，往往能存活得比較好的原因。二〇〇一年電信業的危機，重創了達拉斯生產高科技業電熱器材的馬羅工業公司（Marlow Industries Inc.）。當訂單如墜崖般直線下滑時，公司快速重整，把部分生產線自動化，低端產品移往中國製造，並且把員工從七百七十九人砍到只剩二百二十二人。留下的人還同意減薪。公司總裁拜瑞·尼克森（Barry Nickerson）靠著一句金科玉律，維持了公司的士氣：「溝通、溝通，再溝通。」在每個月面對面的會議中，他向所有員工解釋每一項重整行動背後的想法，改變會如何進行，下一步會是什麼，以及何時會調回原來的全薪。

如我們見到的其他慢速解決問題者，尼克森每一項改革的出發點都是公司長期的願景，承諾把達拉斯的工廠打造成領先全球的高端生產中心，中國廠則支撐起低端的產業。「每次我們要改變時，都會事先開會解釋我們接下來確切要做的事。」尼克森說：「開誠布公向員工說明目前的財務狀況，並明確解釋現況和進行到什麼階段。」

馬羅工業公司度過了這場暴風雨，反彈復甦得比以往還更強大。在十多年後的今天，它已是全球電熱器科技的製造大廠。達拉斯廠的員工已達到一千一百名，而尼克森仍繼續擔任總裁。

與團隊溝通也是布蘭森爵士（Sir Richard Branson）集團運作模式的一部分。和佩那羅薩一樣，這個留著山羊鬍子、全球走透透的企業家談到，維京集團每一名員工都有機會和他對話的重要性。「良好的成效依賴良好的溝通，這應該從最高層開始做起。」他最近寫道：「要勇於任事：公布你的電子郵件信箱和電話號碼。你的員工會知道不該濫用或是拿來騷擾你，而且這樣的作法對他們的心理士氣是很大的提振——他們會知道每當有問題出現、需要你注意時，可以聯絡上你。」[4]

有時候，即使最小的情感連結都可以產生戲劇性的效果。許多領域的研究都顯示，團隊成員知道彼此姓名時，解決問題的效果更好。[5]有些醫院外科團隊在執行手術前會先自我介紹——「我是主治醫師莎明娜．特瓦里」……「我叫瑞秋．詹考斯基，開刀房護士」……「我是麻醉師，我叫保羅．張」——結果顯示，手術時的溝通有顯著的改善，每個人都會比較願意點出問題和提供解決辦法。

從每種慢速解決法得到的心得是，一旦有事需要溝通就馬上溝通。連鎖特許學校「綠點」就是從挫折中獲得這個寶貴的教訓。由於一開始未及早發動魅力說服攻勢，結果讓瓦特茲內部抱持懷疑否定觀點的人影響了當地人的看法，進而反對他們在洛克中學的計畫。學校的業務經理艾倫．林說：「我們應該早一步把訊息傳遞出去。」

學會調節情緒的溫控計，每個人都做得到。就從更多的傾聽開始。在討論問題時，事先約定當別人解釋自己的論點時不准打斷。不只注意他們說的話，也要注意他們背後的情緒。盡可能開誠布公。排定足夠的時間和你的慢速解決法的重要參與者建立連結。花更多精神去關注私生活中的各種關係，讓自己多接觸文學、音樂、大自然、藝術——任何可以幫助你調整情緒感應器的事物。

不過你也要記住，動之以情的處理方式未必足夠。要打破積習已久的行爲模式，往往還需要激勵人們採取行動。在民營企業的長年經歷讓馬可．佩特魯茲瞭解到，要搶救一個直線下滑的公司是極端困難的——那些能夠扭轉局勢的公司在復甦一開始，往往必須面對整個體制短暫而尖銳的震撼。他說：「沒有一開始的激勵作用，無力感將會出現，而你會被一團混亂吞噬。」

爲了在洛克中學製造適量的震撼與驚懾，綠點先確認所有要改變的元素從一開始就準備就緒——包括學生制服、新老師、有草坪的學校庭園、重新油漆和整修、加強保全人員。「我們的想法是，當孩子從第一個暑假結束回到學校時，一切都截然不同。如此讓人吃驚的不同，可以讓他們注意到這是一個全新的世界，他們需要有新的行爲表現和回應，而且對他們的要求也會更多。」佩特魯茲說：「在開學第一天介紹這個全新的環境，是我眞正想從企業經營知識中帶進來的東西。」

路易斯・普萊斯記得，在走進學校新大門的第一天，他感覺到洛克中學爲他也爲瓦特茲社區開啓了新的一章。「我們以爲新的洛克中學會像我們的社區一樣，要時時小心提防，這裡的人會惹麻煩或是輟學。不過在這第一天，我們知道一切都將改觀。」他說：「我們走進大門時，他們是如此友善地歡迎我們，就像是一家人一樣。校園整潔美麗又有各種設備，每個人都穿著制服。」

這眞的能刺激普萊斯和他的朋友改變思考模式嗎？

「當然。所有的一切『感覺』都不一樣了，因此我們知道必須『有』不一樣的表現。」他說：「這就像一場比賽——他們有了動作，而我們也必須做出反應。」

13 遊戲：解決問題，一次闖一關

除非覺得自己做的事情是有趣的，否則很難成功。

——戴爾·卡內基（Dale Carnegie）

《人性的弱點》（*How to Win Friends and Influence People*）作者

全世界最困難的問題是什麼？有些人也許會把氣候變遷、貧窮或恐怖主義列在最前面。有人可能覺得是犯罪、種族主義或消費主義。不過在許多人家裡，也許會覺得做家事是人類最棘手的問題。

麻煩的並不是在於家事本身。擦擦洗洗、用吸塵器吸地或是粉刷牆壁，都是直截了當的工作，你應該沒聽過有人需要上家庭清潔課程吧？真正的問題在於如何公平地分攤工作分量。歷經幾波女性主義革命之後，婦女至今仍是負責家務的主力。一份二〇一〇年西班牙的研究發現，在雙薪家庭裡，超過半數的婦女負責全部或是絕大部分的家務，而三分之一的男性完全不做家事。[1]在義大利有七成的男性從沒碰過爐子，還有九五%的男性從沒用過洗衣機。即使在北歐這一類男女分工不是如此涇渭分明的國家，男性分擔的家務也是不到一半。

這難免引起摩擦。一項研究發現，如果分攤的家務超過自認該做的分量時，做家事比上班開會還容易讓人血壓高。[2]在全世界的家庭裡，婦女都在抱怨不公的家務分擔。各類論壇反覆出現對家務重擔的憤怒。在一個關於養育子女的網站，一個化名「家庭奴工」的蒙特婁婦女對家人抱怨不已：「他們不做『任何』家事，這簡直要把我他X的氣瘋了！」有研究顯示，男性做越多家事的夫妻，婚姻以離婚收場的比例就越低，[3]我想這結果毫不令人意外。即使在雇得起幫傭的家庭，家務事的分攤仍會引發憤怒。當歐巴馬在二〇〇八年參選美國總統時，他的妻子就曾公開斥責他把髒襪子丟在地板上。

這些事情是否似曾相識？對我而言，確實如此。在我家，老婆是發難的一方。並不是說我不幫忙做家事。我會煮飯，還會而且幫忙清潔廚房。我負責住家的維修，有時也幫忙洗衣服。雖然我不喜歡一大堆枕頭墊子，但我也常常整理床鋪。不過問題是我理當可以做得更多，至少是該撿起地板上的髒襪子。我們的孩子也沒盡到自己的責任。在我家裡，除了我老婆之外，每個人做家事的成績單都是：還有進步的空間。

爲什麼我不多做一點？看看我的辦公室狀態就知道，乾淨整潔對我而言不是最重要的事。我的書桌堆滿紙張和筆記本，點綴著餅乾與乾果的碎屑。裝著自製沙拉醬的罐子裡擺著黏膩的叉子。在我腳下，沿著牆壁擺放的是一排運動器材，還有乾淨程度不一、沒摺好的衣服。

雖然我知道這種單身漢雜亂脫序的狀態絕不能帶進家門，但我對做家務事的熱情還是很難被激發。除了煮飯做菜，我對其他家事都沒有興趣。也不喜歡踏進整潔的房間。我的孩子跟我一樣。我的女兒有一次跟我說：「如果做家事很重要，爲什麼沒有人發明一個方法讓它變得更有趣？」

其實在二〇〇七年有人這麼做了。一個叫「家事大作戰」（Chore Wars）的線上遊戲，把做家事變成你可能想做的事。要玩這個遊戲，必須由眞實世界裡共享一個空間的人們合組團隊，比如同一家人、同一間辦公室，或是同一個社交俱樂部。每人選擇自己在遊戲裡的身分，接著所有人一同列出該做的勞務，以換取提升分身能力的虛擬金幣或點數。你也可以把這些遊戲裡的寶物兌換成實際世界的獎品，比如帶小孩去看電影，或是請另一半幫你按摩腳底。

和所有角色扮演的電玩遊戲一樣，「家事大作戰」給現實生活染上了一點史詩英雄的壯麗。勞務變成了「冒險」。例如出去倒垃圾，在遊戲中可能被形容爲「將有毒廢棄物移出國境」，而清理陽台融化的積雪可能被稱爲「逐退城門外的洪水」。

我知道你在想什麼，因爲我想的跟你一樣。無聊、愚蠢、幼稚。你不可能因爲它是《龍與地下城》（*Dungeons and Dragons*）版的家事，就變得喜歡做家事。我的確也沒想到。「家事大作戰」激勵了世界各地討厭做家事的人拿起拖把和雞毛撣子。遊戲玩家的報告指出，孩子從床上跳起來整理房間並且去晾洗好的衣服；辦公室同事提早上班，清洗公司廚房的杯盤；甚至學生也在爭奪刷洗宿舍廁所的權利。玩「家事大作戰」的人自己都驚訝於爭取電玩棋盤上的分數，會轉化成打掃、刷洗、吸塵的樂趣。一個美國德州的母親驚嘆道：「我從沒見過我八歲的兒子整理自己的床鋪，而我看到老公清理烤麵包機時，簡直要昏倒了。」

我並不熱中於花更多時間坐在電腦螢幕前，但是「家事大作戰」給人的承諾實在太誘人了。當我第一次跟孩子們提到這個遊戲時，我以爲他們會嘟囔著抱怨我想騙他們做家事，不過他們的反應恰恰相反。我還來不及解釋遊戲規則，他們已經開始設想可能的獎勵——牛奶糖、水果糖、果凍豆。我還沒說出「我眞喜歡我們一起想出來的計畫」，他們已經拿出一張紙設定自己的人物角色。

這本書教我們的一課是，鼓勵人去做通常不會做的事是慢速解決法的核心要素。召集人們來解決他們自己的問題是達成目標的一個方式。回想一下，VERSO的計畫是如何讓芬蘭的小朋友在遊樂園的紛爭裡，協調出自己的和平協議。還有一個例子是西班牙的器官捐贈制度如何做到情緒管理。「家事大作戰」的成功說明遊戲有類似的效果，這將帶領我們認識下一個慢速解決法的要素：駕馭人們對遊戲的愛好。

我們遊戲的本能是與生俱來。童年時期的遊戲幫助建構腦部發展之後，我們仍然熱愛遊戲，從填字遊戲、數獨到比手畫腳和下棋。荷蘭的社會學家尤翰·赫伊津哈（Johan Huizinga）七十年前在他的著作《遊戲的人》（*Homo Ludens*）中，就提出遊戲是人的基本需求：「你無法抗拒遊戲。如果你願意的話，你可以拒絕幾乎所有的抽象觀念：正義、美、眞理、善、心靈、上帝。你可以拒絕認眞，但無法拒絕遊戲。」

你當然無法否認，一項遊戲的革命正席捲我們的文化。如今，所有人一星期玩電玩的時間加起來有三十億小時。[4]線上遊戲的營收如今比電影和DVD加起來還多。對年過四十的一些人來說，這聽起來可能有些難以理解。老一輩的人只記得他們小時候的電動玩具：單調轟炸聲的「太空侵略者」（Space Invaders）或是如催眠般節奏的「乒」（Pong）。電玩遊戲的發展早已一日千里。

如今的許多遊戲令人炫目、複雜且容易沉迷上癮。刻板印象中，打電玩的人都是獨自躲在房間裡打怪的宅男，現在也已經不成立了。因爲許多遊戲有強烈的社交元素：想想看「模擬市民」（The Sims）或是那些「農場鄉村」（Farmville）裡邀請你幫忙澆水的朋友。遊戲社群如今的平均年齡是三十歲，而且五十歲以上的人超過四分之一。有近一半的電玩迷是女性。[5]

經過四十年來的改良，電玩設計者如今更瞭解如何從心理學和神經學下手，讓我們對遊戲更加投入。在「家事大作戰」裡，完成冒險的獎勵非常即時，而且可以隨時觀察分身的能力變得有多強大。這聽起來也許沒什麼，不過持續、可觀測、不斷累加的進展，正是我們腦部所渴求的。

爲了說服玩家做些平常不想做的事，「家事大作戰」傾向用胡蘿蔔（獎勵）代替棍子（懲罰）。每一次冒險都有不同的獎勵，玩家可以自己決定要闖哪一關。這去除了強制性帶來的不快，同時把家事轉變成一連串自願的行動和有創意的策略規畫。

「家事大作戰」也有深遠的社交性。玩家們可得到對手的反饋，比如破解關卡時出現大拇指表示讚，或者逃避困難關卡時遭到一些輕鬆的挖苦。作爲社會性動物，人們最喜歡的事，莫過於在遊戲中與其他玩家互動，尤其是當它傳達了同儕的認可。

我的老婆對我登錄「家事大作戰」抱著懷疑態度。「把家事變成遊戲，道理何在？」她問：「爲什麼不乾脆提供做家事的人獎勵或獎金？」我女兒馬上看出了重點，她說：「因爲變成遊戲才會有趣。」

因爲我老婆選擇不加入，我們其他人就自創了一個「班納里團」的幫派。我在遊戲裡的分身是打扮像羅馬帝國百夫長的大鬍子農夫。我兒子選的是眼神冷酷、戴面具的魔法師。我女兒則是穿著紫色斗篷光彩炫目的騎兵。我們列出一連串冒險，從擺餐具、清理餐桌，到收拾襪子與鋪床。然後設定獎勵。完成一項冒險就可以獲得固定的經驗值，但同時也會得到數量不等的金幣，和贏得隱形斗篷、神奇藥水或寶劍等寶物的機會。

如此一來，你沒辦法事先知道全部的獎勵有多少，這在腦神經方面有其誘人之處。研究顯示，當我們達成一個目標、贏得一個獎品或拿下一場勝利時，腦部會釋放讓人感覺舒暢的多巴胺。不過當獎勵是新奇且無法預先確定時，多巴胺會釋放得更多，這也是賭博會讓人成癮的原因。在家事大作戰這類遊戲中，甜蜜而不可預知的勝利讓腦中充滿多巴胺，使我們想贏得更多勝利。

班納里團一開始就出現盛況。我們三人分頭在家中尋找各種冒險。我的兒子抱了一堆髒衣服放進陽台的洗衣籃，我女兒則把廁所三個用完的衛生紙捲筒放進回收筒。對這兩個小孩來說都是第一次。同時間，我自己正迅速整理衣物間所有的鞋子、靴子和溜冰鞋，對我來說這也是第一次。我對新鮮感消失後興趣會消退的擔心顯然是過慮了。在遊戲開始五天後的晚上，我不小心偷聽到孩子們互相威脅明天要鋪對方的床。遊戲開始一個星期後，早餐時我發現大門不時開開關關。我一開始還以為有人闖進來，結果是我女兒把早晨送來的牛奶拿進廚房，賺到了十點經驗值、二十四個金幣和一把匕首。

我們同意我們的金幣和寶物可以兌換成真實世界裡的禮物，比如一首 iTunes 的歌曲，去冰淇淋店吃冰淇淋，或是一張雀爾西球賽的門票。不過很顯然，獎品只是這個遊戲迷人的一部分原因。我們自己也喜歡上了這個遊戲，享受它的刺激、一起同樂的樂趣，在競賽中分數領先或是得到意外寶物的喜悅。我的兒子傳簡訊向我炫耀整理房間後，他的金幣總數已經超越我。稍後，我發現自己竟在上班時間上「家事大作戰」的網站，查看自己的排名，並計畫晚上的冒險行動。我必須承認，當我在遊戲中第一次得到寶物——一個魔術羅盤時，完全出乎我意料之外，我興奮地振臂揮舞。決定性的一刻出現在遊戲實驗的第十天，我的女兒在廚房堵住我，做了一個玩「家事大作戰」之前絕對想像不到的請求：「拜託，拜託，求求你，我們一起整理洗好的襪子好不好？」

這或許說明了，「家事大作戰」的現象只是冰山一角。在世界各地的學校都發現，電玩遊戲教學有助於學童開心地對付家庭作業。不需要任何催促，我的女兒會打開廚房的電腦，在一個叫 Mathletics 的線上遊戲中，與全世界的小朋友一起較量數學能力。二○一○年，當英國國會議員爆發浮報天文數字的公帑時，媒體需要立刻召集大批研究人員，從將近五十萬頁的文件中找出其他不法訛詐的證據。如果只是把文件用巨大的PDF檔案傳輸出來，有多少憤怒的公民會自願站出來幫忙？道理就在這裡。《衛報》（*Guardian*）把這項追查假報公帳的任務變成一場網路遊戲。結果，超過三萬人參加這場比賽，揭發每一個暗藏在文件裡的弊案，而它除了遊戲的刺激感之外，沒有其他回報。[6]

到底什麼動機會驅使能力高超的程式設計員，無酬投入幾百個小時參加MATLAB的競賽？當然不會是爲了贏得大獎——一件MathWorks的T恤。眞正驅動他們的是對遊戲的熱愛，以及與同儕一同競爭所得到的樂趣和榮耀。

遊戲甚至可以幫我們克服因爲怠惰積習而養成的壞習慣。拿簡單的計步器來說好了。跟眞正的遊戲玩家一樣，粉絲會用書呆子般的偏執來計算自己的步數，並在許多線上社群相互競爭、加油鼓勵、交換祕訣。如此下來，計步器使用者平均每天會多步行兩千步。[7]二〇一一年，住在英國布萊頓同一條街的居民，開始記錄每天的用電量。靠街頭塗鴉藝術家的幫忙和一盒顏色粉筆，他們利用電玩遊戲風格的圖表，在馬路中央記錄平均用電量。爲了增加競爭成分，這圖表把整條街的能源消耗跟英國其他地區及其他國家比較。每個居民都面臨了要比鄰居更節能的壓力，對整條街來說，則是要追求比世界其他地區更環保。在幾個星期之內，這條街的平均用電量減少了一五％。[8]

醫學界也開始熱中於遊戲的樂趣。如今讓醫師、保險業者和製藥業最感到困擾的問題之一，就是人們不願意接受醫師的指示用藥。我們從醫院拿藥回家後，大約有一半的人不會按照指示服藥。在美國，這一類「不遵醫囑」的行爲至少導致十二萬五千個原可避免的死亡案例，以及政府醫療保險一千億美元的額外支出。[9]

遊戲或許可爲這種情況帶來改變。第一型糖尿病患者，尤其是青少年病患，常常會忽略自己的血糖值，這決定他們該注射多少胰島素。畢竟在學校時，誰會想一天四次用血糖機刺破自己的手指？要解決這種厭惡不快，多倫多的全球 e 化醫療創新中心（Centre for Global eHealth Innovation）設計了一套智慧型手機應用程式，在過程中加入了遊戲成分。青少年病患每測一次血糖，螢幕上就會出現拍背的鼓勵，同時贏得可在 iTunes 商店兌換的積點。結果：使用者做血糖偵測的頻率增加了五〇%。

當我們談到改變慣性行爲時，遊戲中的一個元素特別有效，那就是回饋（feed-back）。開車時，你是否注意過馬路上會顯示行車時速的電子裝置？一開始，你也許覺得它毫無道理，畢竟汽車儀表板的計速器就會顯示你開得有多快。而且這些標誌並沒有強制意味：沒有超速攝影機，也沒有拿著雷達測速槍的警察躲在附近，所以沒有被開罰單或罰錢的風險。頂多提醒你「開慢一點」。不過，在世界各地，這類號誌提醒人們遵守速限卻是出奇地有效。當號誌的數字閃動時，開車人平均會減速一〇%，而且隨後幾英里的路上都會開得慢一點。[10]我的倫敦住家附近最近也出現一個這種號誌，就固定在一條寬敞筆直的大馬路電線杆上，人們一不注意很容易就會超速。事實上這個說法也不完全對。在這個號誌啟用前，我超速時自己也會知道，還會注意附近有沒有超速照相機或警察。不過現在，每當號誌閃動時，我就會放鬆油門。每一次時速落在合法速限底下，我就會有一股小小的快感。當號誌告訴我達到時速三十英里的魔術數字時，我會體驗到電玩迷坐在螢幕前幾個小時破解關卡的那種滿足感。

你也許覺得這正好證明了我應該多出去走走。不過我跟電子號誌玩的這個遊戲，正是心理學家所謂反饋迴路（feedback loop）最自然的反應。從最古早的洞穴人拿石頭與木棍四處晃蕩開始，我們不斷透過嘗試錯誤來解決問題。快速、明確、規律的回饋正是這種過程的核心：你需要知道自己「現在」是怎麼做的，才有辦法找出「以後」可以做得更好的方法。換句話說，人類大腦的先天構造，就是要回應「你的時速」號誌閃動時所蘊含的挑戰。

當你回收瓶罐或報紙，或者拿舊衣服到慈善單位，反饋迴路並不存在。沒有人告訴你每個星期減少了多少碳排放，只是籠統地知道自己做了正確的事。與其相反的，像是戴計步器就會告訴你即時行進的步數，或是開豐田的油電混合車普銳斯（Toyota Prius），儀表板會追蹤並顯示每加侖汽油的里程數，而且每五分鐘更新一次。放鬆踏板，數字會增加；加速或打開空調，則會下降。就是這種反饋迴路把一件無聊單調的差事變成個人的挑戰，甚至是一場遊戲。就像使用計步器的人一樣，普銳斯的車主會上網吹噓自己每加侖的里程數，與他人交換提升里程數的祕訣。例如在舊金山開業的餐廳老闆丹尼・賀南德茲（Danny Hernandez），每當儀表板顯示每加侖跑六十英里的數字時，他就會哼起皇后合唱團的〈我們是冠軍〉（We Are the Champions）。他說：「看到里程數上升，知道自己辦到了，會覺得很酷。這可讓我變成全心追求里程數的怪咖。」同時也讓他成爲一個較優秀的駕駛，解決他從青少年時期就有的超速習慣。

不是所有反饋迴路都一樣。若太過細微，就會化成日常生活裡的白色雜訊；若太過強勢，我們則會自動把它過濾掉。祕訣在於適中，就像「你的時速」這樣的號誌或是普銳斯汽車的儀表板，會讓你注意到、同時又不至於太難承受。不管是要勸告別人開車開慢一點、按規定服藥、節約能源、戒菸或是養成健康的飲食習慣，反饋迴路大約可以改善一成左右的行爲。這當然不是大地震一般的大改變，但足夠在每個慢速解決者的工具箱裡占有一席之地，也正因爲如此，回饋在前面討論過的許多解決方案中，扮演了要角。回想一下波哥大的路人拿著拇指向上或是拇指朝下的標語，對路過的汽車駕駛做立即的評判，還有英國皇家空軍的話務人員在二十四小時內呈報飛行錯誤或缺失，之後隨時通報案例進展的程度。

舊金山的電玩設計師、三十來歲的珍．麥戈尼格爾（Jane McGonigal）是鼓勵運用遊戲的重要推手。她的書《遊戲改變世界》（*Reality Is Broken: Why Games Make Us Better and How They Can Change the World*）就是一道徵召令，一篇關於線上遊戲如何幫助解決眞實世界問題的宣言。各種各類的機構，從世界銀行到美國國防部到麥當勞（McDonald's），都熱切地想向她請益。

我和她在倫敦碰面。她有著讓人驚豔的藍眼珠和濃密鬈曲的金髮，穿著黑色牛仔褲、黑色T恤和羊絨臂套，看起來就像是矽谷版的前拉斐爾時期（Pre-Raphaelite）繆思女神。滿腔傳道的熱誠，連珠砲的講話方式就如同股市收報機在傳發訊息。我們一坐下，她就開始告訴我，電玩遊戲如何讓人轉換、進入解決問題的思考框架。

「我們玩遊戲的時候，感覺就像自我的最佳版本。我們會覺得自己聰明、有能力又有自信。我們有這麼多盟友幫忙解決問題，讓我們更可能設定雄心勃勃的目標並努力實踐，在面對失敗時毫不畏懼。」她說：「這是一種很特殊的能量。花同樣的時間看電視，並不會讓人想從沙發上跳起來去拯救世界。電玩遊戲讓我們進入一種心智狀態，促使我們在眞實世界裡做一些不同凡響的事。」

麥戈尼格爾進一步解釋，電玩遊戲爲何是慢速解決法的關鍵要素。她說，電玩不僅會激勵我們從沙發上跳起來，迎接平常會躲避的挑戰（以及家庭勞務），也會讓我們發揮尋求最佳解決方法所需的創意能量。「遊戲都和解決問題有關。」麥戈尼格爾說：「最好的遊戲教導我們，在瞭解所有參數之前就開始動手解決問題；去探索世界，測試不同的資源可以提供什麼幫助，與整套系統互動以推測它們的運作方式；以開放的態度面對各式各樣的挑戰；以好奇心和沉著的態度去處理問題；全心全意關注整個環境和遠景；即使一開始的辦法行不通，也能全力以赴；並且抱持樂觀和正面的能量。」

這聽起來也許沒啥神奇。遊戲也可以是我們與世界、與自我深刻互動的方式。藝術家都知道，遊戲的心態往往可以開啓最豐饒的祕密。畢卡索說過，爲了繪畫必須維持童眞的心態。馬諦斯（Henri Matisse）則提到，「強大的冒險精神和對遊戲的熱愛」是有創意的重量級人物的特徵。在科學界也是一樣，對研究領域的邊際做遊戲性質的測試，往往是點亮靈感、贏得諾貝爾獎的第一步。牛頓寫過：「對我自己而言，我似乎只是個在海邊玩耍的小男孩，心思晃動不定，尋覓著一顆比較平滑的石子或是比較漂亮的貝殼，而眞理的偉大海洋就在我的面前開展。」愛因斯坦說得更加簡潔：「要刺激創造力，人們必須發展出孩童般的遊戲本性。」賈伯斯自己的格言則是：「保持飢渴，當個傻瓜。」（Stay hungry. Stay foolish.）

這有神經學上的道理。在遊戲時釋放的多巴胺不只讓我們感覺愉快，也幫助我們集中注意力去學習，並激發腦部控制創意思考和解決問題的部位活動。從生理學的角度來看，麥戈尼格爾是對的：遊戲讓人進入慢速解決法的思考框架。

當然，不是所有的遊戲都能讓我們的腦部充分活動。許多遊戲提供的，僅只是雲霄飛車般短暫的刺激感，追求紅利、獎勵和高分成了唯一的目的。不過其他很多遊戲就像是慢速解決法的訓練營。最讓人著迷的遊戲，不是迎合人們短暫的快感需求，而是需要好幾個小時的高度專注和努力。遊戲玩家會變成嘗試錯誤這門藝術的專家，並始終保持開放的心態。大約有八〇%的時間，他們無法完成任務，比如說，收集寶物或是屠龍，不過他們會從錯誤中學習，並在隨後得到更多。[11] 爲了避免贏者全拿的思維，許多主要遊戲會在競爭與協作之間、個人努力與眾人合作之間求取平衡。一旦最新的版本上市之後，遊戲迷就會蜂擁至網站去相互比較個人的筆記，協助彼此玩得更好。像「家事大作戰」這類遊戲之所以成功，是因爲玩家是在有共同任務的情境下相互競爭，而不是以鄰爲壑、自由搏擊式的對戰。「競爭是遊戲中有益的部分，不過淪爲割喉戰時，就失去了它的益處。」麥戈尼格爾說：「所以我設計的遊戲裡，不會讓別人的失敗變成自己的好處，反倒是別人的成功也能給你帶來助益。如此一來，你不會希望人們彼此相互損害，而是希望每個人都努力，以便讓大家一起變得更好。」

我們已經在許多慢速解決法中看到遊戲的意味。回想一下，波哥大讓調皮的默劇演員上街頭，幫忙改變汽車駕駛人和行人的態度；還有救援組織如何爭取「聰明失敗獎」；在創意思維活動中，最佳解決法融合了嚴肅的思考和遊戲式的表現。正如麥戈尼格爾所說：「從趣味到諾貝爾獎是一個流動的連續體。」

這確實也是電玩玩家們的態度。在二〇〇三年，經濟合作暨發展組織（OECD）測試全世界各國十五歲少年在學校課程之外的問題解決能力，南韓的表現高居榜首。[12] 原因何在？沒有人能確定。南韓強調考試，有得是折磨人的漫長學習時間和注重背誦的教育制度，並不是以培養創意思考而出名。是否南韓全國熱中電玩成了背後的因素？

南韓是全世界網路最發達的國家，電玩遊戲也成了國家運動，電玩競賽總會吸引成千上萬的觀衆和電視實況轉播。頂級玩家成了家喻戶曉的名人，受到粉絲的崇拜，並獲得大量的廠商贊助。所有這些電玩遊戲也有其黑暗面。有幾個南韓人因爲不眠不休馬拉松式的電玩對戰而喪命，南韓政府設立了諮詢中心和營隊，來幫助重度上癮的電玩迷克服「網路成癮症」。不過遊戲社群引述證據指出，花長時間在虛擬的地底城和線上的異形世界，讓南韓的小孩變得更聰明——也更會解決問題。

爲了找尋更多資料，我前往了距離南韓首都首爾東北方七十五公里的春川市。即使是陽光燦爛的日子，大街兩旁的網咖依然生意鼎盛。「Zone and Zone」就是典型的一家。爬上老舊的樓梯，走過「星海爭霸」、「天堂」和「魔獸世界」這類經典電玩的海報，遊戲場是個發霉的洞穴，燈光昏暗，還飄散著香菸和運動鞋的氣味。門邊一台大冰箱裝滿男生宿舍常見的飲料：紙盒裝的牛奶和罐裝汽水，還有冰茶和果汁。一只鍋子正在煮速食湯，還有微波爐可以熱披薩。一排又一排的年輕人——絕大部分是男性，坐在附座墊的椅子上玩著螢幕上的遊戲。每張桌子前都有電子呼叫器，讓玩家眼睛不用離開螢幕就可以呼叫女服務生。

Zone and Zone一天二十四小時全天候開放，許多客人一玩就是好幾天，遊戲的空檔便坐在椅子上打盹。待在這裡最久的紀錄是兩星期。「他們離開時的模樣跟殭屍很像。」一名女服務生說。

不過玩家們在打電動時絕不會像殭屍。相反地，他們似乎充滿了創意和天才。我坐下來看三位朋友玩「瑪奇」（Mabinogi），那是一個包含打怪和尋寶的複雜奇幻遊戲。其中兩人選擇扮演武士，另一人則是穿著短裙一頭黑髮的魔法師。在他們進入細節精緻的虛擬地底城之後，一個牛頭人身怪獸從陰影中出現發動攻擊。「我們先一起把牠帶出去，其他的待會再來煩惱。」第一個男孩說。他的兩名同伴一起加入戰鬥，直到牛頭人身怪的手腳被砍斷倒臥地上。接著彷彿地獄之門洞開，包括北極熊和妖怪等一大群敵人逼近。戰場殺聲四起，刀劍交錯，爆炸聲、哀嚎聲此起彼落。「你對付左邊那個。」第二個男孩對第一個男孩大喊：「我先解決這兩個，等一下再來幫你。」沒經過事先商量，第三個男孩就退出這場混戰，拿小型砲彈丟入戰場之中。當其中一名武士發現自己被一隻紅色大蜥蜴節節進逼，他就問魔法師：「你有沒有任何治療藥水？」他得到的是匆促的輕聲回應：「有，但是我們得等到更大的敵人來再用。現在先讓我們一起把牠殺了。」當他的分身開始召喚咒語、治療受傷的同伴時，他本人笑著對他說：「你怎麼了？怎麼會這麼弱？」

這三個人一星期大概花二十五個小時一起在 Zone and Zone 玩「瑪奇」。他們已經晉升到第五十三關，希望在六個月內突破最高的第七十關。這是他們的休閒娛樂。不過三人也都相信，電玩遊戲可以教導他們在眞實世界裡更有辦法解決問題。

趙顯泰穿著等於是電玩迷制服的牛仔褲、T恤和球鞋，他從十二歲起，每週就至少玩二十個小時的電玩。如今他已經十九歲，負責控制遊戲中的魔術師，而他對「瑪奇」也似乎最有心得。「任何遊戲開始玩的時候，你就會感覺自己的腦子進入了解決問題的模式。」他這麼跟我說：「其他所有事情都會安靜下來，你會完全專注。你必須設想遊戲要如何進行，一切事情該如何配合，要怎樣應付行動之後產生的後果，還有如何在短期勝利和長期戰略之間求得平衡。你會忘掉時間，完全投入這一刻。這幾乎就像禪一樣的東西。」

這幾個男孩都很熱中於驅動許多慢速解決法的團隊合作。他們在當地大學研讀影像製作，也認爲花幾個鐘頭一起玩電玩，可以幫助他們在做學校作業時更有創意地合作。「在遊戲中，我們並不是眞的在競爭，而是像團隊一樣合作，因爲協作是解決問題的關鍵。」趙顯泰說：「團隊的每個人都有自己的角色、強項、弱點、想法和經驗。一同遊戲教會我們如何共處，把不同的才能全部發揮出來。」

扮演其中一名武士的朴智也附和：「在遊戲中，你會學到放下自我意識。你有麻煩就會大喊求救，你會承認自己的錯誤，不斷地學習，同時也協助你的夥伴學習。謙虛的遊戲玩家才是最好的遊戲玩家。」

趙顯泰熱烈地點頭同意。他大口牛飲了紙盒裡的牛奶，再回到主題。「正因爲如此，你跟陌生人一起玩總是不容易，也不自在。」他說：「這時候你就會明白，你對隊友瞭解的程度、共同的經驗及立即的溝通是你成功的關鍵。」就如同一級方程式賽車的維修團隊。

遊戲甚至也可以幫助解決棘手的科學問題。Foldit是一個線上遊戲。在這裡，所有人都可以用新的方式摺疊複合的蛋白質鏈，成爲化學上穩定的立體形狀，這也是發展新藥物的第一步。它具有許多遊戲的基本成分，包括色彩豐富的圖表、輕快的音樂、不斷變化的排行榜，以及許多協同合作。雖然二十五萬個玩家之中，絕大部分過去沒有摺疊蛋白質的經驗，但是有許多人從遊戲中掌握了訣竅，甚至比最好的演算法做出來的還要好。研究人員以最好的羅塞塔軟體（Rosetta）挑戰遊戲玩家，比賽解答十道蛋白質難題，結果遊戲玩家贏了五題，有三題平手，另外兩題仍舊懸而未決。科學家如今正在尋找方法，把這些Foldit業餘玩家的解答技巧整合到羅塞塔的演算法之中，比如組合化學上不穩定的臨時結構。

二〇一一年，Foldit的玩家做出了第一項科學突破，破解了複製HIV病毒的關鍵蛋白質結構。製作反轉錄病毒蛋白酶，多年來一直困擾著主流科學界；Foldit的遊戲玩家則是只花十天就破解了密碼。在《自然結構與分子生物學》（*Nature Structural and Molecular Biology*）期刊中，設計這套遊戲的科學家讚揚這項重大突破是歷史性的一刻：「雖然近來人們已經開始關注眾包與遊戲的潛在發展，不過這還是第一次由線上遊戲玩家解決了長期以來的科學難題。」幾個月後，Foldit的遊戲玩家又贏得一次重大的勝利，從無到有地設計出一個全新的蛋白質。

如今人們開始談論遊戲帶動的新科學革命。認同這個方向的《自然》（*Nature*）雜誌也修改規則，在一篇討論 Foldit 解決問題特性的文章中，將遊戲玩家列入作者名單。「我們最終的目標是讓一般人也來玩遊戲，最後成爲諾貝爾生物學獎、化學獎或是醫學獎的候選人。」華盛頓大學電腦科學與工程教授、同時也是 Foldit 研究計畫的主要研究員佐蘭・波波維奇（Zoran Popovic）這麼說：「我們期待科學研究的方式及參與科學研究的人出現改變。」

麥戈尼格爾認爲科學還只是個開始。在二〇一〇年，她與世界銀行研究所共同發起了 EVOKE，這是一個鼓勵玩家解決發展中國家社會問題的遊戲。某個星期的任務可能是爲一個村落找出可再生能源，下個星期可能是改善人們取得食物和乾淨用水的方式。雖然 EVOKE 運用的是跟「瑪奇」同樣的方法，包括酷炫的圖表、任務、獎勵、關卡、回饋，但後者讓玩家坐在螢幕前好幾天，前者的設計則是希望盡量縮短使用鍵盤的時間。平均而言，遊戲玩家在螢幕前花一小時，就得在眞實世界花五到六個鐘頭去執行任務。麥戈尼格爾說：「我們試著讓自覺無法在全球事務中扮演積極角色的普通人，也能感受到個人的貢獻使世界變得更美好。」

不過 EVOKE 也是在演練如何發掘未經雕琢的璞玉，找到社會企業的「約翰・哈里森」。最佳遊戲玩家可以獲得贊助經費，並由社會創新家親自指導。麥戈尼格爾說：「我們想找出最有天分、最聰明、動機最強的人，投資他們的社會資本、發展和樂觀態度，因爲說不定有一天，他們會成爲諾貝爾獎得主。」

雖然我們大部分人都不會設計自己的線上遊戲，但我們每個人都可以運用遊戲的本能。在私人生活中，把更多時間用在遊戲性質的活動上，比如參加即興喜劇課程，或者與朋友或家人固定舉辦遊戲之夜。下一次有小朋友邀你參加幻想的遊戲，記得走下樓來讓想像力恣意馳騁。如果你雇不起像麥戈尼格爾這樣的人幫你設計遊戲，找找其他方式，將遊戲的元素注入你的慢速解決法之中，像是幽默感、趣味性、競爭、回饋。

要成爲在眞實世界中處理問題的工具，遊戲仍有一段漫漫長路。不過設計師不斷持續精進瞭解哪些東西會奏效、哪些不會。當我們談到圖表、故事、使用者經驗、調色盤和社群管理時，每一個新遊戲都是從前一個遊戲發展出來的。「談到運用遊戲能做到的事，我們仍處於黑暗時代，不過我們一直越變越好。」麥戈尼格爾說：「這是不斷演化的過程。」

14 演化：我們到了嗎？

不管是多複雜的問題，當我用對的方法看待時，它肯定會變得更加複雜。

——美國科幻小說家普爾·安德森（Poul Anderson）

馬可·瑟哥維亞（Marco Segovia）第一次是在客廳裡看到這隻蟲子。牠從一張沙發底下匆匆探出身來，在泥土地上移動，形成一個小小的弧線，馬上又快速躲回藏身處。牠看來像是一隻有黃色條紋的蟑螂或甲蟲。

瑟哥維亞是智利聖菲利普·德·阿孔卡瓜省（San Felipe de Aconcagua）的一名農夫，住在白雪封頂的安地斯山腳下的貧瘠土地上。這裡的景致活脫脫是「義式西部片」（spaghetti western）的場景——乾旱、岩石密布、長滿仙人掌和矮小灌木。頭頂上，慵懶的蒼鷹翱翔於亮眼的藍空。瑟哥維亞在這裡養雞養羊，和妻子、兩個小孩住在小小的鐵皮屋裡。蟲子在這兒很常見，不過客廳見到的蟲子卻引發了他的警覺。他說：「我們立刻知道出問題了。」

他在這天看到的蟲子是一隻錐椿蟲（vinchuca），牠會傳播美洲最致命的寄生蟲。克氏錐蟲（*Trypanosoma cruzi*）是在一九〇九年由巴西醫師查加斯（Chagas）發現，所引發的疾病便以他的姓氏命名：查加斯病。這種寄生蟲的發源地不明。有人說牠最早出現在玻利維亞，隨後由印加人或歐洲的殖民者散播到美洲大陸各地。有人則認爲牠一直存在於拉丁美洲各地。可以確定的是，錐椿蟲是一個狡猾的殺手。牠會倏忽爬上熟睡中獵物的臉上，用針管般的口器穿透皮膚，然後吸取讓自己體型脹大好幾倍的血液。這種吸血鬼般的行動會持續超過二十分鐘，但不會引發疼痛，也絕少驚醒受害者。有些人把錐椿蟲稱爲「親吻蟲」，不過這有可能是死亡之吻。在牠吸吮的同時，錐椿蟲釋出的排泄物有時含帶克氏錐蟲，會隨之進入受害者的體內組織與器官。大約有一成的感染者會發展出完整的查加斯病。除了被咬的部分腫脹外，初期症狀還包括發燒、嘔吐、痙攣，之後會讓人呼吸急促和頸部肌肉僵硬。有些時候緊接而來的就是器官衰竭死亡。不過查加斯病還有第二種更爲險惡的運作模式。在許多病例中，病人出現不名腫脹後，繼續過著看似健康的生活——直到幾年之後才因器官衰竭而死亡。在一九九〇年代我搬到南美之前，我的醫生給了我所有書上提到的疫苗和唯一一項建議：絕不要在小土屋的地板上睡著，那是錐椿蟲最喜愛的狩獵地。有些人推測達爾文在十九世紀初到南美洲研究時染上了查加斯病。他一生中爲各種不同的病徵所苦，包括肌肉痙攣、嘔吐、濕疹、耳鳴和腸絞痛等不一而足，最後死於心血管衰竭。一八三五年的一篇日誌中，他提到在阿根廷，也就是瑟哥維亞農場另一側的安地斯山山腳下發生的事件：「夜晚我經歷了一次Benchuca（原文如此，應是vinchuca）的攻擊（確實值得如此一提），……牠是一種彭巴草原（the Pampas）上的大黑蟲。是一種讓人感覺最噁心的柔軟無翅昆蟲，大約一英寸長，會爬到人體上。在吸血之前非常瘦，但吸了血之後全身鼓脹成圓形。」

幸運的是，瑟哥維亞這家人知道如何躲避這危險的攻擊。他們殺死了錐椿蟲，把牠放進罐子裡，送到首都聖地牙哥的實驗室分析。雖然這隻蟲子沒有找到查加斯寄生蟲，當地衛生機關仍派出團隊到他們家裡消毒了三次。體型瘦長、帶著謹慎微笑的瑟哥維亞說道：「我們之後沒再發現附近出現錐椿蟲。知道自己可以在床上安穩睡覺，實在是很大的解脫。」

對抗傳染性疾病是人類所面對最急切也最複雜的問題之一。每一年，瘧疾、肺結核、痢疾、愛滋病等疾病奪走一千一百萬人的性命，並危害數百萬人的健康。面對這些數字，人們忍不住想找尋快速解決法，用一帖神奇靈藥在轉瞬間消滅一種疾病，或是找出一顆藥理學的神奇子彈。不過到目前爲止，這樣的追尋之旅至少教會我們一件事——想要解決最困難的問題需要時間、耐心，還得花費許多心力。

在對抗查加斯病的戰役中，智利比其他國家獲得更大的勝利。在一九九〇年代初，錐椿蟲生活在全國約一八%的住家中，在傳染最嚴重的地區比例更高達四〇%，而今平均值已降至將近〇．一%。最近一樁人類因錐椿蟲感染查加斯病的病例，發生在一九九九年。[1]

智利抑制傳染病，運用了許多慢速解決法的要素：採取全面性的處理法，把對抗查加斯病的重點放在更廣泛地改善生活環境。錐椿蟲喜歡在貧窮鄉村地區住家的黑暗角落出沒。只要改善住家建築，加裝電力照明，就能迫使昆蟲遷移。如今大多數錐椿蟲喜歡棲息在牆壁裂縫間的傳統土製小屋，已成爲牲畜的住處而非人的居所。

每個智利人都讚揚一位二十二年來在對抗查加斯病的戰役中扮演催化作用的魅力領

袖，不過其中也包含許多團隊合作的努力。智利在一九九一年加入整個南錐地區（the Southern Cone，包括巴西、阿根廷、玻利維亞、巴拉圭、祕魯和烏拉圭）消滅查加斯病的聯合行動。這七國合作爲幾百萬住家消毒，阻止了跨國性傳染。還創立專家委員會，發展出一套強大的知識資料庫、健全的回應和自我評估模式，以及堅定的團隊精神。這群所謂的「錐椿蟲軍」（vinchuqueros）對敵人的瞭解，就像霍奇曼對一級方程式賽車瞭若指掌的程度。

智利也召募了醫藥界之外的人士加入行動。在偏遠地區，邊界警察局和礦業公司宣傳錐椿蟲的相關知識，並且把蟲子帶回來檢驗。智利也努力向大衆推銷慢速解決法。在傳染地區，醫療人員定期在地方電視台和廣播電台宣導，並且在公共活動的場合發送T恤、鑰匙環和小手冊。學校裡的衛生教育則把小朋友訓練成小小捕蟲大隊。

智利可以教教波頓男孩如何在細節上用心。全國所有捐贈的血液，以及高風險區所有新生兒的血液，都要做查加斯病篩檢。智利對錐椿蟲同樣採取零容忍的態度。發現任何一隻蟲，就會啓動蟲害管制單位的全面行動：會有一個小隊到家中消毒三次，三年後再複檢消毒一次。過去二十年來，爲聖菲利普·德·阿孔卡瓜地區住家消毒的阿斯圖迪憂（Eduardo Astudillo），見證了努力的成果逐日浮現。他說：「我們過去進入住家做例行檢查時，掀開牆壁往往會發現一整群錐椿蟲的巢穴，現在再也找不到蟲子了。相反地，可能是屋主在地板發現一隻蟲而要求我們來查看。蟲害的威脅如今已經非常非常小。」

因此，當我來到智利，我預期自己會看到衛生部長以下的官員振臂慶功的場面。但我所見到的卻是十足的淡定：淡淡地以自己的進展爲榮，同時嚴厲提醒這場戰爭還沒結束，甚至永遠沒有所謂徹底的勝利。

目前仍沒有對抗查加斯病的疫苗，而且治療方法依然昂貴、不確定有效，而且易有副作用。拉丁美洲每年仍有大約一萬四千人死於這個疾病，而且錐椿蟲頑強的韌性也超乎預期。如今牠們在巴西和玻利維亞部分地區被發現的頻率又開始增加，這種帶黃色斑紋的蟲子甚至出現在墨西哥坎昆（Cancún）郊區有錢人的住家。觀光業和跨國際的遷移，讓查加斯病傳播擴散，目前全球可能有一千萬人被感染，每年有超過一萬人因此喪命。[2]

再回頭看看智利，對抗查加斯病的戰爭如今失去了一些動能。在傳染地區的孩子，現在比較可能在臉書上找尋朋友，而不是在家裡黑暗的牆角搜捕昆蟲。智利的政治人物可能對肥胖流行病興趣更大，因爲比較容易吸引媒體注意並爭取醫療預算。南錐地區倡議推動二十年之後，首都聖地牙哥的許多人只隱約知道，查加斯病在偏遠地區是一種威脅。

如此一來，大家的期待減低了。原本矢志要完全消滅錐椿蟲和查加斯病的夢想被束之高閣，甚至光是想要徹底消滅住家的錐椿蟲，現在也被認爲是野心太大。如今，智利的衛生官員談的只是「控制」傳染，想辦法讓人與錐椿蟲離得越遠越好。

這種轉變並不讓人意外。人類唯一曾消滅的疾病只有天花，如今只祕密保存在俄羅斯和美國的實驗室裡。麥地那龍線蟲病（Guinea worm disease）和小兒痲痺症也許有一天也會跟進，但是消滅另外四種傳染病的戰役——黃熱病、霍亂、鉤蟲病和雅思病（yaws），則是不了了之。

負責領導聖菲利普地區對抗查加斯病的卡德拉醫師（Dr Loreto Caldera），對錐椿蟲的頑強不屈毫不意外。「昆蟲擅長求生，我們不可能把牠們從自然中消滅。」她說：「我們已經學到，絕不可能靠消滅蟲類來解決查加斯病的問題。相反地，我們要想辦法與這個問題共存，如何和錐椿蟲共同生活並調整我們的行爲模式，把牠們出現在住家的機率降到最低。」

這也許正說明了尋求慢速解決法中最讓人不解的眞相：不管你做了多少計畫、思考、協作、群衆外包和試驗，不管你如何努力在情感上投注、啓發、鼓舞你周遭的人，也不管你如何謙卑、從錯誤和失敗中學習，更不管你是緊盯細節斤斤計較，還是充分享受其中的樂趣，不變的眞理是，有些問題永遠解決不了，至少不可能完全解決。其代價可能是我們不願或不能做出的犧牲。

在人際關係研究上領導群倫的高特曼博士（Dr John Gottman）說，伴侶間的衝突有六九％來自永遠無法修補的「永久性問題」。[3]我們都可以理解這類的事：他覺得很難表達自己的感受；她覺得自己很難控制自己的情緒；他們對個人財務的意見總是不一樣。要建立一段持久的婚姻關係，高特曼提供的祕方是設法與無法解決的差異共存，就如同智利政府尋找與錐椿蟲共存的「權宜之計」。

今天我們面對的許多大問題可能都複雜到無法解決。我們能否眞正解決貧窮問題？或者貧窮將永遠與我們長相左右？解決問題也取決於看待事情的角度。我們對於終結貧窮後應是何種光景，是否有共識？或者「解決」氣候變遷到底是什麼意思？「生命中最大且最重要的問題，就某些意義上，都是無法解決的。」榮格說過：「它們永遠無法解決，只會被超越。」

我們並不是在宣揚注定論。這不過是普通常識。複雜的問題要永久解決並且讓人人滿意，無疑是赫丘利式的考驗（Hercules，譯註：希臘神話中的英雄人物，通過天神考驗完成十二件苦差），或者根本是傻瓜的差事。這類問題往往是一團混亂，充滿流動性且不易界定。你永遠不可能控制所有的可變數或預測每一次的結果。往往光是要處理問題或是將解決方法付諸行動，就可能造成參數的變動，引發非預想的後果。當波哥大禁止部分開車族在交通尖峰時段進入市區，街道突然變得安靜、清潔、順暢。接著，因應之道出現了。當地的開車族爲了規避法規，開始設法買第二部、甚至第三部車子。總體的結果是，波哥大繼續爲嚴重的交通壅塞所苦。即使是純粹依賴數據資料和實證眞理運作的科學，也不免涉及不確定性、不斷更換景致的領域。我們距離理解每個科學問題都還很遠，更不要說是要解決它們，即使我們最珍視、認爲顚撲不破的道理有朝一日也可能被推翻。自從愛因斯坦公開他的相對論後，所有物理學界的觀點都認定沒有任何物體能比光速更快，但之後中微子（neutrino）出現了。

這不代表我們應該放棄解決問題。相反地，智利對查加斯病所做的努力提醒我們，解決部分問題往往比什麼都沒解決要好多了。更重要的是，絕大多數解決方案和創意思維活動的世界決賽不一樣，沒有一個非勝即敗的所謂最後期限。相對地，他們在眞實世界中糾纏。就像科學本身一樣，我們面對的絕大多數慢速解決法都是持續進展的工作，需要不斷修補、精鍊、重新創造。造船公司挪塞夫設計了一個管理團隊來督導其轉型，老闆蓋爾・史卡拉說：「世界不斷在變化，因此我們的解決方法也必須跟著調整趕上。」我們在洛杉磯的洛克中學同樣看到這種演化的精神。當一些學生明顯無法跟上進度時，「綠點」便創立了「開明途徑學院」。當學院無法奏效了，就把較缺乏學習動機的學生分別放在不同的學程。「我們很自豪自己一直走在最前端，所以事情一有不對勁，我們不會枯等，會立刻回頭調整。」馬可・佩特魯茲說：「我們無時不刻都在修正我們的模式。」

想要長期存活，即使是根基穩固的解決方法也需要調整。以西班牙的器官移植模式爲例。二十年前，有八〇%的器官捐贈者都是年齡在三十歲以下的交通事故罹難者。如今由於道路安全的革命，八〇%的器官捐贈者年過四十歲，其中許多在入院時就有各種不同的健康問題，這意味著低口徑的器官更難取得。在此同時，西班牙的經濟發展遲緩，讓原本就嚴重的青年失業率升高、超過了四〇%，引發許多年輕人對政府的反感。

「我們越來越常見到年輕的家屬說：『別想要求我任何事，因爲我不想把我媽、我爸、我姐妹或任何人的器官捐出來。』」羅布雷斯醫師說：「我們的經濟問題導致國民喪失團結的心志，以及對整個體制憤怒不滿的情緒。」要趕上這些時局變化，西班牙政府已經介入各醫院，分享鼓勵器官捐贈以及與堅決抗拒的家屬應對的訣竅。官方版的器官移植「最佳施行導引準則」目前正在制定中。衛生當局同時針對年輕人大打公關宣傳戰。「不管做得多成功，沒有一種解決方法是完美或完全的。」羅布雷斯醫師說：「必須不斷地尋找改進和調整的方式。」

這也是演化成爲慢速解決法最後一帖良藥的原因。當然，它也是「大自然天性」這個最佳問題解決者所採用的運作模式。在自然的世界裡，每一個物種出現的突變都只有短暫的時間能自我證明。無法存活的很快就被遺棄；而一些代表明智、屬於長期解決方式的突變，很快會擴展到整個物種。接著，整個生態系統會自我調整，以吸納改變帶來的衝擊效應。即使在這個階段，調整和修補的過程仍持續進行。

我們日常生活裡使用的每個產品幾乎都在演化中。想想看蘋果的筆記型電腦 MacBook 或是 Xbox，是如何從前一代開闢出新的路徑，想想每個作業系統，從 Linux 到蘋果的OS，到微軟的Windows系統都是不斷地進展，想想維基百科的內容如何被一大群志願者持續地審查修飾。科學本身也是以類似的方式進展，不斷創造、測試、重新修改假設。每一次的實驗都讓我們更進一步地去蕪存菁。即使是平凡無奇的牙刷也是日新又新。五千多年前的埃及人和巴比倫人嚼小木棍的一頭讓它的纖維外露。到了十六世紀，中國人有了新的改良版本，他們把豬鬃黏在竹片或獸骨的尾端。尼龍刷毛的塑膠牙刷在一九三〇年代上市後，如今被對付各種齒列死角的不同牙刷取代。去年，我開始升級使用電動牙刷。總有一天，毫無疑問它也會被某個實驗室研發的產品所取代。

演化的關鍵在於嘗試與錯誤，這對我們而言是天生自然。想想我們自己如何學會綁鞋帶。父母的指導往往只是起步而已。我們眞正學會將鞋帶翻轉扭折，繫上或拉開繩結，忍受前幾天鞋子綁得太鬆或太緊，直到最後掌握訣竅。實作永遠勝過理論。我們是怎樣學會電玩遊戲的？絕不是靠預先閱讀規則說明或部署策略。我們直接進入遊戲、測試、探索、從錯誤中學習，在實際體驗中理解規則、創造出解法。

當然，沒有人會希望外科醫師、消防員或是客機機師在實驗過程中完成工作。通往專業的道路必然是經歷多年的嘗試與錯誤。從訓練過程中的錯誤學習，好讓我們在實際工作時不會犯下相同的錯誤。

一些智慧產業必然熟習於嘗試錯誤。從製作軟體、研發藥物到金融業，最佳問題解決者的箴言是：「早一點失敗，快一點失敗。」風險資本家原先就預期他們投資的許多公司會失敗。蘋果電腦研發新產品時，每個機種都會設計多種原型機，接著進行「適者生存」的馬拉松測試。最後通過考驗的原型機將用來製成 iPhone 手機或是 iPad 平板電腦。

有些人則是對終端使用者進行嘗試與錯誤的測試。政府機關、救援組織和醫院都必須用小規模的先驅試驗計畫測試方案。美國主要的信用卡公司 Capital One 每年都會就行銷、產品設計、收款、交叉銷售，進行數千次隨機試驗。大部分實驗都會失敗，但是附帶效應是許多實用的學習經驗。[4]設計公司 IDEO 也喜歡用測試理念作爲找出最佳解決方法的踏腳石，不管是重新設計醫院的部門或是行銷策略。「我們不會停留在抽象階段太久，我們會分享理念，尋求回應、反饋，並且從中學習。」蘇利說：「我們自己知道我們即將建構多種原型並犯下錯誤，不過在過程的初期製作出具象且實驗性的事物，可以幫助我們打造問題的思考和處理方式。」OpenIDEO 的五項指導方針之一就是「始終在試用版」（Always in Beta.）。換句話說，就是始終在演化。

這代表的意義是，處理複雜的問題時，有時會不確定自己在做什麼、爲何要這麼做，或者接下來會發生什麼。浪漫詩人濟慈（John Keats）說，人將踏上成就之路——如果他「能處於不確定、神祕、懷疑之中，而不會無度追求事實和理性」。我們可以在各個領域聽到類似的說法。雖然科學家向來追求事實和理性，然而他們追求經驗中清晰明白的過程裡，也會經歷模糊混亂的階段。「我們所能體驗的最美好事物是神祕不可解的。那是眞正的藝術和所有科學的源頭。」愛因斯坦說：「若有人對這種情緒感到陌生，無法再流連探問、驚嘆狂喜，這種人雖生猶死：他的雙眼已經緊閉。」

最有創新精神的問題解決者能夠享受往前邁進時的混沌不明，原因正是在此。在IDEO一個方案開始時，每個人都會丟出他的意見，不論如何天馬行空，每項意見都會被改寫成草案或註記貼在計畫室的牆壁上。「一開始必然會有許多的分歧看法，因爲我們要衍生醞釀出一些意見。這些意見會被收集起來，但我們不會立刻判斷或是太過投入。」蘇利如此說道：「這代表『它可能會這樣』或是『它可能會那樣』，存在著許多不確定性。」IDEO也喜歡用故事作爲探索和評估意見的方式。「人們喜歡多層次的敘事，因此人們對秩序和過程的渴望，以及保留部分模糊空間的需求，這兩者之間所產生的張力也得以緩和。」

在讚嘆和驚奇之中暫停，也是巴黎 Le Labo 部分的工作內容。「有時候你臣服於不確定的狀態下，只是單純地與事物遊戲互動，卻往往會出現令人意外的結果。」參與維基細胞方案的主要設計師阿尚博說：「你會發現，不曾預期會奏效的解決方法發揮了功能，或者湊巧想出一個從未想過的解決方法。」換個方式來說：有時候，過程比最後的結果還要重要，探索的旅程比目的地更能帶來豐饒的寶藏。如果這聽起來有點虛無縹緲，愛德華茲絕對是堅信不疑。「發明家喜歡一切捉摸不定，一切都在流動之中，每個想法都有自己的正當性和夢想的空間。」他說：「我們在 Le Labo 處理問題時，並不知道結果會如何，更不知道完成的確切步驟。我們在過程中一邊學習。我們的方法論被理解且清楚的那一天，就是我們喪失『存在理由』（raison d'être）而停止存在的那一天，因爲簡單的祕訣或神奇的配方並不存在。奧祕是必不可少的。」

即使是最數據導向的公司也明白這一點。谷歌廣爲人知的作法，是鼓勵工程師分配五分之一的上班時間在個人的計畫方案上。沒有鎖定的目標，沒有截稿的期限，也沒有失敗之後的懲處。正好相反，這所謂「二〇%的時間」就是用來追尋靈感、冒些風險、犯點錯誤，從中學習一點教訓——而且往往不知道最後的結果會通向何處。[5] 其重點在於給員工自主權，讓他們盡情發揮解決問題的魔法。雖然大多數方案最後並無所謂成果，但是谷歌許多大受歡迎的產品，像是谷歌電子郵件（Gmail）和谷歌新聞（Google News），都是在這「二〇%的時間」發想出來的。

不過，我們還是得實話實說。放棄掌控權、讓事物自然發生，注重過程而非結果——這些在熱中追求目標、時程、結果的文化裡，都不是容易做到的事。我們偏好井然有序，喜歡把所有事化約成一套流程圖或是簡報幻燈片。我們習慣大吼：「把數字告訴我。」即便是谷歌「二〇%的時間」計畫，也曾被批評過度限制員工的自由。但是數字告訴我們的，並非故事的全貌，而且往往可用各種不同的方法詮釋。我們能夠把孩童的學習簡單化約成考試分數嗎？一個國家的經濟體質好壞，是否能光靠信評公司的評等？42這個數字眞的是生命、宇宙和萬有事物的終極解答嗎？當然不是。最複雜巧妙的演算法，也無法捕捉解決問題時主觀和情緒的向度。即使在解決一個問題之後，仍需要我們費力證明，何以它算是被解決了。以過去三十年紐約犯罪率急速降低爲例，即使經過多年的資料探勘，研究學者對確切的原因仍然沒有共識。是因爲警方的處理技巧改變了？是因爲零容忍政策？是入獄率提高造成的？還是因爲種族關係改善？經濟改善？破窗理論的巧妙運用？或者是一九七三年人工流產法案通過後非自願生子（unwanted children）數目減少的影響嗎？是上述幾個可能原因綜合得出的結果？或者有其他我們未曾察覺的更深層趨勢或成因？我們永遠無法得知答案。在這個複雜萬端的世界，唯一可確定的就是不確定性。

正因爲如此，最優秀的問題解決者絕少會爲了個別的偉大勝利而孤注一擲。美國新墨西哥州聖塔菲研究所複雜度理論（complexity theory）的專家們認爲，在參數和可能性不斷變化的情境下展開研究探索，就像結合許多嬰孩的步伐，偶爾才會出現一次大躍進。[6]換句話說，大部分問題的解決，牽涉長期努力累積的許多小勝利。如亨利．福特所言：「沒有所謂的大問題；有的只是許多的小問題。」

柯林斯多年來研究一些企業何以跨出大躍進的一步而得到持久的成功，他最後也得到相同的結論。「不管最後的結果多麼驚人，從『好』變成『偉大』的轉變絕非一蹴而幾。」他寫道：「世上並不存在單一的決定性行動、宏大的計畫、殺手級的犀利創新，或是獨次的幸運一擊或奇蹟時刻。相對地，過程像是努力推動一個巨大沉重的飛輪，朝某個方向前進，一圈復一圈，不斷累積動能，直到它突破並超越了關鍵的那一點。」

步步爲營的前進顯然是洛克學院的目標。在職員辦公室裡，老師在幾塊黑板上寫下一些想法和見解。其中一條寫道：「不要尋求快速的大進步。」另一條則是：「有什麼小步驟能啓動我的動機？」

這都是賢哲給我們的建議。在處理任何問題時，採取演化式的處理方式必會有所回報。一開始要測試、測試、再測試各種不同的想法，每個轉折點上，把這些想法再回收重新運用。認眞寫下筆記，但不用太在意整理歸檔是否有條有理——此時看似互不相關的想法，稍後並置在雜亂的書桌上時，也許會隨著機緣巧合帶來有創造力的突破。與其立下宏大的志願，不如清楚認知慢速解決法將是一種永遠進行中的工作。最重要的是，要承受得住壓力，不急於宣布成功或擴大任務的規模。

在這個喪失耐心的世界裡，所有人——政府、企業、機構——都想找出可複製、可以立刻實行、一招見效的解決方法。不過，在某處能發揮神效的解決方法在別的地方未必適用，可能需要一些調整才會有重大進展。以波哥大這個城市而言，它有寬闊的街道、高密度的人口和歷史悠久的巴士交通傳統，自然成爲「千禧運輸系統」這種快速公車運輸系統的發祥地。同樣的情況在歐洲的古老城市便不適用，因爲它們沒有辦法調配足夠的道路空間來規畫公車路線。在北美洲，因爲人口分布較分散，也讓快速公車運輸系統無法成爲地方上主要的交通設施。洛杉磯興建了類似版本的快速公車運輸系統，不過是爲了補強原有的鐵路系統，所以刻意捨棄波哥大系統的封閉式車站和其他一些特色。

這也正是佩特魯茲堅持要在美國推動洛克中學革命的原因。他希望把工作規模擴大到全國之前，能有更多迴旋的空間。另一個特許學校團體「知識即力量計畫」（Knowledge Is Power Program，簡稱 KIPP），花了六年時間仔細調整它在紐約和休士頓的運作模式，才向全美國推廣。如今「知識即力量計畫」在全美已有超過一百所學校，同時仍不斷地在修改調整課程內容。

「我完全不是因爲畏怯，我是非常成長導向的，我也相信我們能把洛克的模式推動到全國。」佩特魯茲說：「但是一開始就一頭栽下去，未免太傻了。必須有眞正良好的動力、準備就緒了，才會擴大我們的規模。」

用白話文說：既然是慢速解決法，那就絕對急不得。

結語　慢速修正未來

不是我有多聰明，只不過我對付問題的時間比較久。

——愛因斯坦

日本在一九四一年曾經遇到一個問題。爲了持續在東亞的征戰，必須奪取英屬馬來亞和荷屬東印度群島的石油和橡膠礦藏，但是又擔心入侵行動會惹惱美國，向它宣戰。解決辦法是：偷襲珍珠港，癱瘓美國海軍艦隊，並嚇阻美國人發動進一步衝突。日本對於一擊奏效、去除美國軍事威脅的信心滿滿，以至於他們根本沒考慮轟炸儲油槽、海軍碼頭或是其他港口的作戰基礎設施。

空襲珍珠港在歷史上留下汙名，不光是因爲那是對非交戰國一次野蠻而陰險的攻擊，也是教人驚嘆的重大失敗。美國不僅沒有敗陣退縮、自舔傷口，反而隔天就向日本宣戰，而珍珠港也成了美國宣傳戰的重點內容。在日軍轟炸下仍完好無缺的作戰基礎設施，日後證明是反攻勝利的關鍵。一名日軍元帥後來寫道：「我們在珍珠港贏得一場戰術上偉大的勝利，卻也因此輸掉了整場戰爭。」

投靠快速解決法而付出代價並不是什麼新鮮事。日本在一九四一年的這招歷史性失誤，與今天不同的地方在於，希望快速解決問題的壓力和胃口，在今天都是等比級數地增加。不論各行各業，需要處理問題時，都希望一擊中的，馬上拿下決定性的巨大勝利。但儘管得到一些戰術上的勝利，到頭來卻會輸掉很多戰爭。回頭看一下半生不熟的解決法，對我們企業、學校和私人生活，乃至於政治、外交和醫療問題，造成了多少損害。或者看看我們地球現在環境生態的樣子。

沒必要如此做不可。即使在凡事匆忙的文化中，快速解決法也不是強制必要。每個人都可以選擇去徹底地解決問題。

好消息是：世界演進的方向相當適合慢速解決法。如今我們比以往的人受到更好的教育。科技為解決問題提供了強大的新工具箱。全球化讓世界變小，讓我們更易於合作、分享想法。甚至休閒娛樂的方式也朝正確的方向發展。過去花在電視機前面的大量時間，如今投入在寫部落格、打電玩或其他線上活動，對我們認知能力的鍛鍊，是收看《六人行》（*Friends*）電視影集時絕對辦不到的。而人類所面對極端迫切的問題，也有助於我們專注心智。甚至二〇〇八年爆發的經濟危機都可能有其正面的意義：沒有資金可以花費在「本日特定」的快速解決法上，我們只好變得更謹慎、更有創意。或者就像核子物理學之父拉塞弗（Ernest Rutherford）在一九二〇年代因大蕭條而施行撙節措施時所說的：「我們沒有錢，所以只好多動動腦筋。」

我們甚至開始改寫資本主義的規則。英國與美國六個州已經修改公司法，讓那些把社會責任置於公司獲利之上的企業成立，歐洲幾個國家也正考慮類似的立法。合作社也將慢速解決法的精神注入資本主義中，強調成員的協同合作，並且把成員、社區、環境的長期福祉置於獲利之前。隨著全球會員逼近十億，合作社如今擁有德國半數的可再生能源，同時在美國幾個地區推動太陽能板和其他綠色的先驅設施。[1]

很快地，我們甚至將有一個紀念物，標誌我們跳脫時空思考的智慧。在美國德州西部的偏遠山區，社運人士正在打造一座可以運行一萬年的時鐘。每隔一陣子，鐘聲會變換不同的旋律。[2]亞馬遜的創辦人貝佐斯也爲這個計畫籌措資金，他說要提供給世界

「一個象徵長期思考的標誌」。

在這樣的背景下，隨著越來越多人挑戰快就是好的迷思，一個「慢的運動」逐漸獲得動能。想要加入這個運動的人，不需要拋棄現有工作，丟掉 iPhone 手機，加入公社。慢的生活並不是活得像蝸牛一樣，而是根據正確的步調來做事——或者快、或者慢，只要能達到最好的效果。圍繞在慢速的旗幟下已有許多微型運動正在蓬勃發展：慢食、慢城市、慢工作、慢性愛、慢科技、慢教育、慢養育、慢設計、慢旅遊、慢時尚、慢科學、慢藝術。[3]

結論是，雖然我們可能覺得一切事物變得越來越快，在二十一世紀的開端，我們應該把慢速解決法置於文化的核心。不過，想達到這個目標，我們要先克制對快速解決法的依賴。就人類的生理機制及當今世界的生存環境而言，這一點並不容易，但是仍有一些方法可讓我們對匆忙的病毒免疫。首先我們應該改革教育，讓孩童從小就學習有耐心並完整地處理問題。我們要擺脫組織機構安於現狀的心態，鼓勵員工接受新的考驗。

是否還記得那些把我們導引到快速解決法的惱人偏見？即便我們無法將其徹底根除，只要提醒自己注意人腦先天設計的缺陷，就可以防範它們有害的影響。經濟學家丹尼爾・康納曼相信，在日常語彙裡增加「現狀偏誤」、「正統問題」和「定勢效應」，可以更容易防止它們扭曲我們的判斷。研究顯示，光是點出醫療上的種族偏見，就可以促使醫生在治療黑人病患時更加平等地對待。[4]凡事豫則立，不豫則廢。

在解決問題時，有一些簡單的方法可以避免快速解決法的反射反應。仿效豐田汽車一再追問的精神，直到查出問題的根本原因爲止。培養詩人艾略特（T.S. Eliot）所謂的「謙卑的智慧」（wisdom of humility），強迫自己檢驗與自己觀點相衝突的觀點。每天都保證自己會這麼做：每次諮詢討論，一開頭便先說「我錯了」，或「我不知道會這樣」，以營造出一個「柯林頓式的時刻」。列出一份你用快速解決法導致失敗的清單，每當自己又想拿出膠帶黏貼式的解決法時，就輕聲提醒自己。在自己的行事曆上註明慢速思考的時間。

把本書提到的人物和故事當成試金石、靈感啓發或是警惕。要記住飛行員迪奇・帕圖納斯是如何公開自己的錯誤，使得颱風型戰機的飛航變得更安全。蓋爾・貝瑟爾森是如何花時間去分析瞭解公司失敗的根源，進而拯救了挪塞夫。綠點是如何從研究整體諸多的錯誤中，讓洛克中學步上軌道。專注於囚犯再教育的長期目標，是如何讓挪威達成令人妒羨的低再犯率。范海倫搖滾樂團的樂手是如何利用M&M巧克力來提醒團隊注意細節。大衛．愛德華茲如何把多領域的人才集結成團隊，在Le Labo發明新的飲料容器。冰島如何運用群衆外包重新啓動民主體制。安利奎．佩那羅薩如何扮演催化的角色，帶領波哥大轉型。里卡多．培瑞茲如何接掌家族事業，讓自己成爲更優秀的咖啡農。璜恩．卡羅斯．羅布雷斯醫師如何用心與用腦，說服西班牙人同意捐贈親愛家人的器官。智利是如何因應局勢變化、調整作法來對抗查加斯病。像「家事大作戰」和Foldit這類電子遊戲與珍．麥戈尼格爾這類設計師，又如何運用遊戲本能來解決問題。

要提醒批評者——還有你自己——慢速解決法一定是明智的投資。現在就投注心力，好爲將來省下時間和金錢。回想一下，綠點如今經營洛克中學比過去輕鬆多少。技術上的努力，如何讓一級方程式賽車的工程師解決令人屏息的高速下的問題。博學計畫的數學家如何利用協作，在短短六星期內找出海爾斯–朱特定理的新證明。

不過，要克服對快速解決法的依賴，最好的辦法需要翻天覆地的深度改變。如果我們的生活仍只是朝著終點毫無止境地衝刺，更好的解決辦法又有什麼用呢？要想精通慢速解決法，我們必須用更合理的步調來生活。這意味著對每個時刻給予應有的時間和關注。與其被匆忙生命中顯得無比龐大的瑣碎小事困擾——我的鑰匙跑哪去了？這次塞車要塞到什麼時候？這電梯爲什麼這麼慢？——我們應該開始面對真正的大哉問：我的目的是什麼？我想要留下的世界是什麼樣子？我們又該如何變換路徑到達那裡？如果地球需要負擔八十億、九十億、甚至一百億的人口，我們需要一場生活、工作、旅遊和消費方式的革命——並且努力去思考。將之實現是一項最偉大的慢速解決法。

該是我認錯的時候了。在我開始這趟旅程時，我內心一部分的自我期待是，只要把許多聰明的解決方法擺在顯微鏡下，就可以找到開啓所有問題的萬能鑰匙。按照這個配方，做這個，做那個，再做下一個，慢速解決法就會是你的了。結果並非如此，原因很簡單：一個普遍、單一、按部就班的公式，與慢速解決法的精神正好背道而馳。從這本書中的案例，我們學到的是，解決複雜問題是一個棘手的工作——光是漫不經心的照表操課，正好落入了快速解決法的窠臼。正如同IDEO的蘇利說的：「你無法光靠遵循清單上的步驟就找到解決方法。」

這也不代表你不應該有一套配方——問題在於，你得用正確的態度加以運用。想一下如何烘焙麵包。即使按照配方精確無誤地用幾公克麵粉、加多少水，也不能保證做出最好的麵包。麵粉、水、酵母、鹽、糖、爐子和氣壓環境都會使成品有所差異，所以最好的麵包師傅會全方位地調整並修正，這裡多加一點A，那裡少放一點B。同樣地，處理複雜的問題，像是全球貧窮問題、失敗的婚姻關係或中東和平進程，也必須如此。祕訣在於從慢速解決法的配方中找出各要素適當的結合比例。

讓我們重新歸納一下這些要素。處理任何複雜問題，要花時間：承認錯誤；找出眞正的錯誤所在；留意細節，做長期思考，將「虛線」連起來，以建立整體性的解決方法；尋找來自各方的意見，與他人合作並共享榮譽；建立專業知識的同時要對專家存疑；單獨思考與集體思考；投注情感；找出一個扮演催化角色的人物；諮詢甚至招募與問題關係最密切的人；把尋找解決方法變成一場遊戲；享受樂趣，跟隨靈感，調適，運用嘗試與錯誤，接受不確定性。在需要快速解決法的時候，就毫不猶豫地運用，不過絕對要先做好測試。有餘裕時再回頭看看，找出一個更持久的解決方法。而且不管時間壓力有多大，永遠不要信任好到難以相信的解決方法，因爲它們通常不會是眞的。美國記者暨評論家孟肯（H. L. Mencken）切中要害地提出過警告：「所有關於人的問題都會有一個簡單的解決方法——簡單明瞭，看似合理，但偏偏是錯的。」

不過經驗的累積確實會讓慢速解決法變得比較容易。你學習打造出來的解決方法，往往可以轉用在別地方類似的問題上。多年來對都市更新和打造波哥大轉型的研究，讓佩那羅薩如今成了環遊世界、照顧各個失敗城市的南丁格爾。「我現在就和醫生一樣，光看病人膚色，就知道他哪裡生病了。」他說：「我開車穿過一個城市，只消看看窗外的情況，就可以告訴你這座城市哪裡有問題，要怎麼做才ＯＫ。」

慢速解決法的知識祕訣（know-how）在不同的領域也可以互通。運用 Foldit 把新手訓練成操作蛋白質的專家之後，佐蘭．波波維奇在實驗室外，也設計一些能召喚類似魔術的遊戲。「最讓我們振奮的是，同樣的專業培育也可以運用在社會上。」他說：「我們目前正在研究專業培育的遊戲，來解決教育、醫療、甚至氣候變遷和政治的重要問題。」

在工作上運用的慢速解決法，也可以改變你在家裡處理問題的方式。霍伊達爾描述自己在哈登監獄外頭是個「慢速思考者」。「在我的私生活裡，我設定長期的目標，慢慢努力達成。」他說：「一步一步來，這是我做事的方式。」挪塞夫公司的一名經理如今在家裡，也採用貝瑟爾森先停再想的方式。她女兒和她的伴侶最近發生爭執時，所有人都聚集到餐桌前，共同討論到底哪裡出了問題。她說：「作爲一家人，我們不得不含淚大吵一架，但我們也需要啓動警示燈，花時間去瞭解爲什麼我們要對彼此大吼大叫，並找出一個解決方法。」他們就這樣做了，家庭也恢復了和諧。「從慢速解決法看出工作與家庭之間的關聯，這種感覺很酷。」

觸類可以旁通，艾希莉．古德在設立 AdmittingFailure.com 這個網站之後，她在私生活中也變得比較勇於冒險，開始從事攀岩、鐵人三項和繪畫。她也變得更加謙卑。「眞正個人的變化比較微妙，本質上是逐日逐月累積而來。」她說：「現在承認錯誤和弱點與承擔責任，對我來說變得容易許多，即使百分之百的誠實有時不免會帶來一些風險。但現在，我發現自己已能接受自身知識上的侷限，因此不管我提出什麼意見，都會設想自己有可能犯錯。」

我們每個人都將以自己的方式找出慢速解決法。一開始，你或許會運用本書的經驗來處理工作或社區的問題。你可能對再生能源和都市貧窮問題有不同的想法，並且希望你選出的民意代表與你有相同的作法。或者，運用慢速解決法面對健康和關係的問題之後，你也可能變得與家人更親近。我個人認爲，一旦開始花時間好好解決某一領域的問題，同樣的精神將會擴散到你所做的每一件事。

我自己的情況又是如何呢？經過幾年未經深思熟慮、只求過關的敷衍了事之後，我終於開始把慢速解決法加入我與背部疼痛的長期抗戰。首先便是承認，立即見效這種方法絕對不會見效。放棄自己多年來浪費的時間、金錢和精力，沒有想像中容易，不過這也幫助我從頭來過。在自認錯誤之後，我終於可以開始長期地認眞思考，哪種治療法最適合我，包括詳細閱讀一些科學相關報導，諮詢專家以及和我有相同背痛苦惱的人的意見。在評估所有狀況之後，我認定固定的瑜伽課程應該是我最好的選擇。過去我也嘗試過瑜伽，不過事先付費報名課程有助於強化我的決心。如今即使是最想賴床的早晨，我還是會強迫自己爬起來。即使在旅遊途中，我也常找時間參加可隨時加入的課程。

爲了要採取整體性的處理方式，我讓瑜伽滲透到生活的每個部分。現在我運動前後都會做瑜伽伸展動作，並且整天追蹤觀察自己的姿勢，每當感覺肌肉緊繃，就扭轉身軀做幾個瑜伽姿勢，甚至肌肉沒問題時也做。這倒不是說，我每天都像電視裡的瑜伽老師一樣，時不時採取地「下狗式」的姿勢（downward dog，譯註：一種瑜伽姿勢，以手足四支撐地），不過我確實會刻意去覺察自己行住坐臥的姿勢。

結果有效嗎？就如同所有慢速解決法一樣，用瑜伽改善我的背痛是一個持續進展的功課。中間也曾遭遇一些問題。做瑜伽三個月後，我曾因爲伸展太用力而拉傷鼠蹊部，幾乎有一個星期無法走路。操之過急的壞習慣很難改掉。

不過進展確實在發生。下一次瑜伽老師要我們做胯下肌肉伸展時，我小心翼翼地屈身，讓肌肉做好充分準備以免受傷。我的背部幾年來從沒感覺這麼好過。我現在的柔軟度好多了，可以坐得比較久，也有一年多沒腿痛了。我的背部要回復完全的健康，還有很長的路要走，可能永遠也無法完美。或許就像智利對抗查加斯病，或是「一輩子有問題」的夫妻，我能期待的最好狀況，或許是找出一個與背痛共處的「妥協之道」（*modus vivendi*）。不過到目前爲止，診斷的狀況良好：從我十幾歲以後，這是我第一次感覺自己正在復元中。

即使是要求嚴格的吳師父也很滿意。當我回到他的診所做指壓按摩時，他正坐在診療室等待下一位針灸的患者。「你上哪去了？」他問：「好久沒看你來這兒了。」

我告訴他瑜伽的事，以及我背部改善的情況。他緩緩點頭，面帶微笑。「瑜伽對身體很好。」他說：「我看得出來你現在活動比較自在了。」

一陣些許緊張的靜默出現。沒有好好接受針灸，我覺得自己可能讓吳師父失望了。他察覺到我的不自在，反過來安慰我。

「沒問題的。我很高興你的背好多了。」他像長輩一樣把手搭在我的肩上，說：「不過拜託答應我一件事：這一次不要失去耐性、太早放棄。」

他的話帶著溫和的警告意味，但這回不再刺耳——而且很有分量。就我治療背痛的過程，快速解決法已成爲逐漸淡忘的回憶。經過多年錯誤而愚蠢的摸索，我現在對健康有了長期的計畫，而且認眞執行。我不再是缺乏耐心的病人，終於敢看著吳師父的眼睛說話了。

「不用擔心，我已經得到了教訓。」我告訴他：「你說得沒錯：有些事欲速則不達。」

而且這一次，在長期的體驗之後，我是認眞的。

註釋

導言　啓動警示燈

1 根據「英國藥典」（Pharmacopoeia）爲二〇〇三年大英博物館展覽所進行的研究報告〈從搖籃到墳墓〉（Cradle to Grave）。

2 Traci Mann, Janet A. Tomiyana 等合著〈有效治療肥胖的醫療保險研究：節食不是解答〉，《美國心理學家》六十二卷三期（二〇〇七年四月），頁二二〇—二二三〔'Medicare's Search for Effective Obesity Treatments: Diets Are Not the Answer,' *American Psychologist*, Volume 62, Number 3 (April 2007), pp. 220-223〕。

3 Teri L. Hernandez, John M. Kittelson 等合著〈抽脂術後的脂肪回流：體脂肪防禦機制與回復模式〉，《肥胖》十九卷（二〇一一年），頁一三八八—九五〔'Fat Redistribution Following Suction Lipectomy: Defense of Body Fat and Patterns of Restoration,' *Obesity*, Volume 19 (2011) pp. 1388-95〕。

4 根據美國物質濫用與精神健康服務管理局應用研究處所做的二〇一〇年全美藥物使用與健康研究調查。

5 根據美國國家藥物濫用研究所（National Institute on Drug Abuse (NIDA)）二〇〇九年的一份報告。

6 根據蘭德公司二〇一一年的報告《教育家的大蘋果》（*A Big Apple for Educators*）。

7 Franco Gandolfi 著〈解讀裁員：我們對它瞭解多少？〉，《國際比較管理評論》十卷三期（二〇〇九年七月）〔'Unravelling Downsizing – What Do We Know about the Phenomenon?' *Review of International Comparative Management*, Volume10, Issue 3. (July 2009)〕。

8 二〇一二年華威商學院（Warwick Business School）的 Sue Bridgewater 爲足球聯盟教練協會做的年度統計。

9 根據阿波羅月球表面期刊（Apollo Lunar Surface Journal），網址：http:// www.hq.nasa.gov/alsj/a13/a13.summary.html。

10 根據美國參議院《航太科學委員會聽證會對阿波羅十三號任務的評估》，一九七〇年六月三十日第九十一屆第二會期。

1 追求速效原因何在？

1 Alexander Chernev 著〈節食者的悖論〉，《消費者心理學期刊》二十一卷二期（二〇一一年），頁一七八—八三〔'The Dieter's Paradox', *Journal of Consumer Psychology, Volume* 21, Number 2 (2011), pp. 178-83〕。

2 Paul Rousseau 著〈否認死亡〉，《臨床腫瘤期刊》二十一卷九 S 期（二〇〇三年五月一日），頁五二一三〔'Death Denial', *Journal of Clinical Oncology*, Volume 21, Number 9S (1 May 2003), pp. 52-3〕。

3 Pride Chigwedere, George R. Seag, Sofia Gruskin, Tun-Hou Lee 與 M. Essex 合著〈南非抗逆轉錄酶病毒效益損失評估〉,《後天免疫系統不全症候群期刊》四十九卷四期(二〇〇八年十二月),頁四一〇—一五〔'Estimating the Lost Benefits of Antiretroviral Drug Use in South Africa', *Journal of Acquired Immune Deficiency Syndromes*, Volume 49, Issue 4 (December 2008), pp. 410-15〕。

4 博斯公司(Booz & Company)對企業主管替換的年度調查,第六十三期,二〇一一年夏。

5 Adrian Ott 著〈社群媒體如何改變職場〉《*Fast Company*》(二〇一〇年十一月十一日)。

6 BBC 廣播節目《論壇》(*The Forum*)訪問 Daniel Kahneman,二〇一一年十一月二十日播出。

7 根據 AXA 二〇一一年的研究。

2 坦承錯誤:犯錯與認錯的魔法

1 根據美國運輸安全委員會一九九四年出版的安全調查:〈美國與機組員相關空中重大意外事故評估,一九七八年至一九九〇年〉('A Review of Flightcrew-Involved Major Accidents of US Air Carriers, 1978 Through 1990')。

2 根據經濟學人智庫二〇一一年報告〈積極式回應——成熟金融服務公司如何處理棘手方案〉('Pro-active response – How mature financial services firms deal with troubled projects')。

3 James Surowiecki 著《群眾的智慧》,頁二〇五〔*The Wisdom of Crowds* (New York: Anchor, 2004), p. 205〕。

4 James Surowiecki 著《群眾的智慧》,頁二一八。

5 這場廣告活動的詳細內容可參考網站 http://www.pizzaturnaround.com/。

6 部落客貼文與影音道歉內容在網站 http://blog.fedex.designcdt.com/absolutely-positively-unacceptable。

7 M.C. Whited, A.L. Wheat 等合著〈寬恕與道歉對心理壓力誘發之心血管疾病復元之影響〉，《行爲醫學期刊》三十三卷四期（二〇一〇年八月），頁二九三—三〇四〔'The Influence of Forgiveness and Apology on Cardiovascular Reactivity and Recovery in Response to Mental Stress', *Journal of Behavioral Medicine*, Volume 33, Number 4 (August 2010),pp. 293-304〕。

8 Virgil Van Dusen 與 Alan Spies 合著〈爲專業道歉：困局或機會?〉《美國藥學教育期刊》六十七卷四期一一四篇（二〇〇三年）〔'Professional Apology: Dilemma or Opportunity?' *American Journal of Pharmaceutical Education*, Volume 67, Issue 4, Article 114 (2003)〕。

9 Thomas Gilovich,Victoria Medvec Husted 合著〈社會判斷中的聚光燈效應：評估個人行動與外表是否傑出時的自我膨脹〉，《人格與社會心理學期刊》七十八卷二期（二〇〇〇年），頁二一一—二二二〔'The Spotlight Effect in Social Judgment: An Egocentric Bias in Estimates of the Salience of One's Own Actions and Appearance', *Journal of Personality and Social Psychology*, Volume 78, Number 2 (2000), pp. 211-22〕。

3 認真思考：退一步是為了跳得更遠

1 John M. Travaline, Robert Ruchinskas, Gilbert E. D'Alonzo Jr. 合著〈醫病溝通：爲何與如何進行〉，《美國骨科醫學協會期刊》一〇五卷一期（二〇〇五年一月一日）〔'Patient-Physician Communication: Why and How', *Journal of the American Osteopathic Association*, Volume 105, Number 1 (1 January 2005)〕。

2 根據英國運輸部二〇一〇年八月二十六日新聞稿〈市議會促請減少路上阻礙物〉（'Councils urged to cut street clutter'）。

3 Guy Claxton 著《兔子腦，烏龜心：爲何想越少智慧越高》（英國第四權出版社，一九九七年），頁七六—七〔*Hare Brain, Tortoise Mind: Why Intelligence Increases When You Think Less* (London: Fourth Estate, 1997), pp. 76–7〕。

4 Scott H. Decker 與 Allen E. Wagner 合著〈巡邏員警配置對警民傷害與部署的影響〉，《刑事犯罪期刊》十卷五期（一九八二年），頁三七五—八二〔'The Impact of Patrol Staffing on Police-Citizen Injuries and Dispositions', *Journal of Criminal Justice*, Volume 10, Issue 5 (1982), pp. 375-82〕。也參考 Carlene Wilson 著〈一人與二人巡邏研究：分辨事實與杜撰〉，澳洲全國警察研究局報告第九十四期（一九九〇年七月）〔'Research on One- and Two-Person Patrols: Distinguishing Fact from Fiction', Australian National Police Research Unit Report Number 94 (July 1990)〕。

5 Brian Gunia, L. Wang 等合著〈思索與對談：對道德決定的微妙影響〉，《管理學院期刊》五十五卷一期（二〇一二年）頁一三—三三〔'Contemplation and Conversation: Subtle Influences on Moral Decision Making', *Academy of Management Journal*, Volume 55, Number 1 (2012), pp. 13-33〕。

4 全面思考：把虛線連起來

1 美國教育部二〇一二年的報告〈扭轉輟學生製造廠：提升中學畢業率〉。

2 根據美國麻省理工學院的史隆管理學院生產力專家 Erik Brynjolfsson 所做的研究。

5 長期思考：未雨綢繆

1 William Lee Adams 著〈在挪威判刑去過好日子〉，《時代雜誌》二〇一〇年七月十二日（'Sentenced to Serving the Good Life in Norway', *Time*, 12 July 2010）；Bouke Wartna 與 Laura Nijssen 合著〈全國再犯率：國際性的比較〉，《歐洲犯罪學》五卷三期（二〇〇六年十二月），頁一四〔'National Reconviction Rates: Making International Comparisons', *Criminology in Europe*, Volume 5, Number 3 (December 2006), p. 14)〕。

2 M. Berg 與 B.M. Huebner 合著〈重返社會與建立聯繫：社會聯繫、就業、與累犯之觀察〉，《司法季刊》二十八卷二期（二〇一〇年)〔'Reentry and the Ties that Bind: An Examination of Social Ties, Employment, and Recidivism', *Justice Quarterly*, Volume 28, Issue 2 (2010)〕。

3 David Downes 與 Kirsten Hansen 合著〈社福與懲戒：社會福利支出與獄政關係〉（'Welfare and punishment: The relationship between welfare spending and imprisonment'），倫敦國王學院犯罪與社會基金會所做的報告（二〇〇六年十一月）。

4 Daniel Pink 著《驅策力：引發動機的驚人眞相》(倫敦 Canongate 出版社，二〇一〇年），頁五七〔*Drive: The Surprising Truth about What Motivates Us* (London: Canongate, 2010), p. 57〕。

5 Marianne M. Jennings 著《企業倫理：案例研究與文選》第六版（西南學院，二〇〇九年），頁五〇五〔*Business Ethics, Case Studies and Selected Readings*, Sixth Edition (South-Western College, 2009), p. 505〕。

6 Hans Breiter, Itzhak Aharon 等合著〈對金錢得失體驗與預期之神經反應的功能性成像〉，《神經元》三十卷（二〇〇一年五月），頁六一九—三九〔'Functional Imaging of Neural Responses to Expectancy and Ex-

perience of Monetary Gains and Losses,' *Neuron*,Volume 30 (May 2001), pp. 619-39〕。

7 倫敦政經學院管理系 Bernd Irlenbusch 在二〇〇九年六月發表的研究。

8 Daniel Pink 著《驅策力：引發動機的驚人真相》，頁四五。

6 思索細微之處：魔鬼就藏在細節裡

1 根據 Steinway & Sons 官方網站：http://www.steinway.com/about/history/。

2 Brigid Grauman 著〈變互動的包法利夫人〉，《前景》二〇〇九年五月四日（'Madame Bovary Goes Interactive', *Prospect*, 4 May 2009）。

3 Malcolm Gladwell 著〈修飾者——賈伯斯的真正天賦〉，《紐約客》二〇一一年十一月十四日（'The Tweaker – The Real Genius of Steve Jobs', *New Yorker*, 14 Novermber 2011）。

4 Robert Bacon 等合著〈低收入戶的能源花費〉，世界銀行《可發展的採掘業》系列十六，二〇一〇年六月十六日（'Expenditure of Low-Income Households on Energy', *Extractive Industries for Development*, Series 16,World Bank, 16 June 2010）。

5 Claudia Goldin 與 Cecilia Rouse 合著〈公正的大合奏：盲眼徵選對女性音樂家的影響〉，《美國經濟評論》九十卷四期（二〇〇〇年九月），頁七一五—四一〔'Orchestrating Impartiality: The Impact of "Blind" Auditions on Female Musicians', *American Economic Review*, Volume 90, Number 4 (September 2000), pp. 715-41〕。

6 Kees Keizer, Siegwart Lindenberg 與 Linda Steg 合著〈混亂的擴散〉，《科學12》三二二卷五九〇八期（二〇〇八年十二月），頁一六八一—八五〔'The Spreading of Disorder', *Science 12*,Volume 322, Number 5908

(December 2008), pp. 1681-5〕。

7 Atul Gawande 著〈頂尖運動員和歌手都有教練，那你呢？〉（'Top Athletes and Singers Have Coaches. Should You?'），《紐約客》二〇一一年十月三日。

8 Jacob Ganz 著〈范海倫與棕色 M&M 巧克力的眞相〉，美國公共廣播電台《唱片》（二〇一二年二月）〔'The Truth about Van Halen and Those Brown M&Ms', NPR's *The Record* (February 2012)〕。

9 根據在全國兒童醫院發起這項計畫的醫務部副主任 Dr J. Terrance Davis 的訪談內容。

7 準備：讓一切就緒

1 Malcolm Gladwell 著《眨眼之間：不假思索的力量》（倫敦艾倫巷出版社，二〇〇六年），頁四—八〔*Blink: The Power of Thinking without Thinking* (London：Allen Lane, 2006), pp. 4-8〕。

2 同上，頁一八—二三。

3 Frank Partnoy 著《等待：拖延的實用技藝》（倫敦 Profile 出版社，二〇一二年），頁八八—九〔*Wait: The Useful Art of Procrastination* (London：Profile, 2012), pp. 88-9〕。

4 Malcolm Gladwell 著《眨眼之間：不假思索的力量》，頁一〇八。

5 根據美國全國交通安全委員會。

6 Gary Klein 著《力量的來源：如何做決策》（麻州劍橋 MIT 出版社，一九九九年），頁一六三〔*Sources of Power: How People Make Decisions* (Cambridge, MA：MIT Press, 1999), p. 163〕。

7 同上，頁四。

8 Jessica Leavitt 與 Fred Leavitt 合著《改善醫療結果：醫病探視心理學》（紐約 Rowman & Littlefield 出版社，二〇一一年），頁一〇三〔*Improving Medical Outcomes: The Psychology of Doctor-Patient Visits* (New York: Rowman & Littlefield, 2011), p. 103〕。

9 Philip Tetlock 著《專業政治判斷：有多好？如何知道？》（紐澤西普林斯頓大學出版社，二〇〇五年）〔*Expert Political Judgement: How Good Is It? How Can We Know?* (New Jersey: Princeton University Press, 2005)〕。

10 Donald A. Redelmeier 與 Simon D. Baxter 合著〈多雨季與醫學院入學申請口試〉，《加拿大醫學會期刊》一八一卷十二期（二〇〇九年十二月八日）〔'Rainy Weather and Medical School Admission Interviews', *Canadian Medical Association Journal*, Volume 181, Number 12 (8 December 2009〕。

11 Leva, Danziger 與 Avnaim-Pesso 合著〈司法判決的額外因素〉，《國家科學院訴訟程序》一〇八卷十七期（二〇一一年），頁六八八九－九二〔'Extraneous Factors in Judicial Decisions', *Proceedings of the National Academy of Sciences*, Volume 108, Number 17 (2011), pp. 6889-92〕。

12〈不尋常的嫌疑犯——如何讓證人更可信〉，《經濟學人》二〇一二年三月三日（'Unusual Suspects – How to Make Witnesses More Reliable', *Economist*, 3 March 2012）。

13 Malcolm Gladwell 著《眨眼之間：不假思索的力量》，頁二三五。

8 協作：一人計短，兩人計長

1 Michele 與 Robert Root-Bernstein 合著〈經濟刺激方案中失落的一塊：蹣跚的藝術窒礙了創新〉，《今日心理學》，二〇〇九年二月十一日（'A Missing Piece in the Economic Stimulus: Hobbling Arts Hobbles Inno-

vation', *Psychology Today*, 11 February 2009）。

2 Matt Ridley 著〈從腓尼基到海耶克到「雲」〉，《華爾街日報》二〇一一年九月二十四日（'From Phoenecia to Hayek to the "Cloud" ', *Wall Street Journal*, 24 September 2011）。

3 Evan Polman 與 Kyle J. Emich 合著〈爲他人決策比爲自己決策更有創意〉，《人格與社會心理學公報》三十七卷四期（二〇一一年二月），頁四九二—五〇一〔'Decisions for Others Are More Creative than Decisions for the Self,' *Personality and Social Psychology Bulletin*, Volume 37, Number 4 (February 2011), pp. 492-501〕。

4 Ivan L. Tillem 著《猶太名錄與年鑑》第一冊（紐約太平洋出版社，一九八四年），頁二二一〔*The Jewish Directory and Almanac*, Volume 1 (New York：Pacific Press, 1984), p. 221〕。

5 Bill Breen 著〈創造力之六個迷思〉《*Fast Company*》二〇〇七年十二月十九日（'The 6 Myths of Creativity', *Fast Company*, 19 December 2007）。

6 Phillip A. Sharp, Charles L. Cooney 等合著〈第三次革命：生命科學、物理科學與工程學的匯流〉（華盛頓州麻省理工學院出版，二〇一一年）〔'The Third Revolution：The Convergence of the Life Sciences, Physical Sciences, and Engineering' (Washington：MIT, 2011)〕。

7 Stefan Wuchty, Benjamin F. Jones and Brian Uzzi 合著〈知識生產中團隊日益擴增的主導地位〉，《科學快車》二〇〇七年四月十二日（'The Increasing Dominance of Teams in Production of Knowledge', *Sciencexpress*, 12 April 2007）。

8 Lee, Kyungjoon, Isaac S. Kohane 等合著〈共同場域啓動協作效應？〉，《公共科學圖書館 ONE》五卷十二期（二〇一〇年）〔'Does Collocation Inform the Impact of Collaboration?', *Public Library of Science ONE*,

Volume 5, Number 12 (2010)〕。

9 Jonah Lehrer 著〈團體迷思：腦力激盪的迷思〉，《紐約客》二〇一二年一月三十日（'Groupthink: The Brainstorming Myth', *New Yorker*, 30 January 2012）。

9 衆包：群衆的智慧

1 完整名單可查詢德國語言學會網：http://www.gfds.de/aktionen/wort-des-jahres/。

2 James Surowiecki 著《群衆的智慧》，頁 xii-xiii。

3 同上，頁 xx-xxi。

4 同上，頁二七六。

5 根據本人對 Scott Page 的訪問。

6 完整內容可查閱 Dava Sobel 著《經度：解決當代最偉大科學難題之孤獨天才的眞人實事》（倫敦第四權出版社，一九九八年）〔*Longitude: The True Story of a Lone Genius Who Solved the Greatest Scientific Problem of His Time* (London: Fourth Estate, 1998)〕。

7 Jake Andraka 贏得二〇一二年英特爾國際科展（Intel International Science and Engineering Fair, Intel ISEF）的首獎，這項活動是由科學與公衆學會（Society for Science and the Public）主辦。

8 根據公司網站：https://www. collaborationjam.com/。

9〈創新大獎——得獎的是……〉，《經濟學人》二〇一〇年八月五日（'Innovation Prizes – And the Winner Is', *Economist*, 5 August 2010）。

10〈讓客戶爲你設計產品的案例〉，《Inc. 雜誌》二〇一一年九月二十日（'The Case for Letting Customers Design Your Products', *Inc. Magazine*, 20 September 2011）。

11 根據我對本地汽車（Local Motors）的 Ariel Ferreira 所做的採訪內容。

12 根據《商業週刊》一九九八年五月二十五日該期的採訪。

13 根據 Tom DeMarco 與 Timothy Lister 對〈戰爭遊戲編程〉（'Coding War Games'）的研究。

14 Susan Cain 著〈新團體迷思的興起〉，《紐約時報》二〇一二年一月十三日（'The Rise of the New Groupthink', *New York Times*, 13 January 2012）。

10 催化：同輩中的領袖

1 根據《總結二〇三〇年環境展望》〔*Environmental Outlook to 2030 Summary* (OECD), 2008〕。

2 根據丹麥建築師中心對永續城市計畫的案例研究。

3 Jon Cohen 著〈馴服波哥大殺人街道的交通〉，《科學》三一九卷八期（二〇〇八年二月），頁七四二—三〔'CalmingTraffic on Bogotá's Killing Streets', *Science*, Volume 319, Number 8 (February 2008), pp. 742-3〕。

4 Alasdair Cain, Georges Darido 等合著〈波哥大千禧運輸快速公車系統對美國的可應用性〉，美國聯邦公共運輸管理局（二〇〇六年五月），頁二四—五〔'Applicability of Bogotá's TransMilenio BRT System to the United States', Federal Transit Administration (May 2006) , pp. 24-5〕。

5 Kelly E. See, Elizabeth Wolfe Morrison, Naomi B. Rothman and Jack B. Soll 合著〈權力對信心、採納建議與準確性的不利影響〉，《組織行爲和人類決策過程》一一六卷二期（二〇一一年十一月）〔'The Detrimen-

tal Effects of Power on Confidence, Advice Taking, and Accuracy', *Organizational Behavior and Human Decision Processes*, Volume 116, Number 2 (November 2011)〕。

6〈成爲全方位領導人?〉,《哈佛商業評論》二○○四年一月（'What Makes a Leader?', *Harvard Business Review*, January 2004）。

7 Adam Bryant 著〈谷歌如何打造更好的老闆〉,《紐約時報》二○一一年三月十二日（'Google's Quest to Build a Better Boss', *New York Times*, 12 March 2011）。

8 Alfred Lansing 著,《堅毅號:薛克爾頓不可思議的南極之旅》（倫敦鳳凰出版社,二○○○年）〔*Endurance: Shackleton's Incredible Voyage to the Antarctic* (London: Phoenix, 2000)〕。

11 權力下放:自助（用好的方式）

1 Debarati Roy 著〈星巴克說:咖啡炒作哄抬價格影響需求〉,《彭博社》二○一一年三月十八日（'Coffee Speculation Inflates Price, Hurts Demand, Starbucks Says', *Bloomberg*, 18 March 2011）。

2 James Surowiecki 著《群衆的智慧》,頁七一。

3 Don Fier 著〈權力分散原則與福利國家〉（The Principle of Subsidiarity and the "Welfare State"）,文章出自 CatholicCulture.org。

4 根據〈模式成長:員工所有制企業能否維持長久表現?〉（Model Growth: Do Employee-Owned Businesses Deliver Sustainable Performance?）,由卡斯商學院二○一○年爲約翰·路易斯集團所做的報告。

5 James Surowiecki 著《群衆的智慧》,頁二一○。

6 V. Dion Haynes 著〈護士們要什麼〉，《華盛頓郵報》二〇〇八年九月十三日（'What Nurses Want', *Washington Post*, 13 September 2008）。

7 根據 Jan Carlzan 著《關鍵時刻，今日消費者導向的經濟新策略》（紐約 Harper & Row 出版社，一九八九年）〔*Moments of Truth, New Strategies for Today's Customer-Driven Economy* (New York：Harper & Row, 1989)〕。

8 James P. Womack, Daniel T. Jones 與 Daniel Roos 合著《改變世界的機器：精實生產的故事》（紐約 HarperCollins 出版社，一九九一年）〔*The Machine That Changed theWorld: The Story of Lean Production* (New York：HarperCollins, 1991)〕。

9 James Surowiecki 著《群衆的智慧》，頁二一二。

10〈肯亞圖卡納從錯誤漁業方案學到的教訓〉，《路透》二〇〇六年四月（'Kenya's Turkana learns from Failed Fish Project', *Reuters*, April 2006）。

11 完整的世界銀行報告在 http://web.worldbank.org/WBSITE/EXTERNAL/NEWS/0,,contentMDK:214470 54~pagePK:64257043~piPK:437376~theSitePK:4607,00.html。

12 Rowena Hunphreys 著〈發展計畫匯款的定期評估〉，《越南的英國樂施會》，二〇〇八年十二月（'Periodical Review of the Cash Transfers for Development Project', *Oxfam Great Britain in Viet Nam*, December 2008）。

13 齊瓦（KIVA）所提供的數字是到二〇一一年七月爲止，已完成的二四五、九〇五、三七五美元貸款還款率爲九八．九八%。

14 資料由 Maija Gellin 提供。

12 感受：調節情緒的溫控計

1 James K. Harter 與 Frank L. Schmidt 合著〈組織底層員工職場感受的因果影響效應〉，《心理學觀點》五卷四期（二〇一〇年七月），頁三七八—八九〔'Causal Impact of Employee Work Perceptions on the Bottom Line of Organizations', *Perspectives on Psychological Science*, Volume 5, Number 4 (July 2010), pp. 378-89〕。

2 Melissa Bateson, Daniel Nettle 與 Gilbert Roberts 合著〈眞實環境中可見的提示有助提升合作〉，《生物學書札》第二冊（二〇〇六年），頁四一二—一四〔'Cues of being watched enhance cooperation in a real-world setting', *Biology Letters*, Volume 2 (2006), pp. 412-14〕。

3 William Darryl Henderson 著《凝聚：戰鬥的人性因素》（華府國防部大學出版社，一九八五年），頁二二—二三〔*Cohesion: The Human Element in Combat* (Washington, DC: National Defense University Press, 1985), pp. 22-3〕。

4 根據《創業家》（*Entrepreneur*）專欄，二〇一一年四月二十日。

5 Atul Gawande 著《檢查清單宣言：怎樣把事情弄對》（倫敦 Profile 出版社，二〇一〇年），頁一〇八〔*The Checklist Manifesto: How to Get Things Right* (London: Profile, 2010), p. 108〕。

13 遊戲：解決問題，一次闖一關

1 Salomí Goñi-Legaz, Andrea Ollo-López 與 Alberto Bayo-Moriones 合著〈西班牙雙薪夫妻的家事分工：測試三理論〉，《性別角色》六三卷七—八期（二〇一〇年），頁五一五—二九〔'The Division of Household

Labour in Spanish Dual Earner Couples：Testing Three Theories’, *Sex Roles*, Volume 63, Numbers 7-8 (2010), pp. 515-29〕。

2 Rebecca C. Thurston, Andrew Sherwood 等合著〈上班族男女家事責任、收入與血壓診療研究〉，《心身症醫學》七十三卷二期（二〇一一年二／三月）頁二〇〇—二〇五〔‘Household Responsibilities, Income, and Ambulatory Blood Pressure Among Working Men and Women’, *Psychosomatic Medicine*,Volume 73, Number 2 (February/March 2011), pp. 200-205〕。

3 Wendy Sigle-Rushton 著〈男性的無償工作與離婚關係：重估英國家庭的分工與交易活動〉，《女性主義經濟學》十六卷二期（二〇一〇年）頁一—二六〔‘Men’s Unpaid Work and Divorce：Reassessing Specialization and Trade in British Families’, *Feminist Economics*, Volume 16, Number 2 (2010), pp. 1-26〕。

4 Jane McGonigal 著《遊戲改變世界》（紐約企鵝出版社，二〇一一年），頁六〔*Reality Is Broken: Why Games Make Us Better and How They Can Transform the World* (New York：Penguin, 2011), p. 6〕。

5 根據娛樂軟體協會（Entertainment Software Association）二〇一一年的數據。

6 參見最新的數據在 http：// mps-expenses.guardian.co.uk/。

7 Dena M. Bravata, Crystal Smith-Spangler 等合著〈使用計步器增加體能活動改善健康——一個系統性的評估〉，《美國醫學會期刊》二九八卷十九期（二〇〇七年）〔‘Using Pedometers to Increase Physical Activity and Improve Health – A Systematic Review’, *Journal of the American Medical Association*, Volume 298, Number 19 (2007)〕。

8「整齊街道」的完整報告參見 http：//www.changeproject.info/projects.html。

9〈遵循長期療法〉（'Adherence to Long-Term Therapies'），世界銀行報告（二〇〇三年）。Lars Osterberg 與 Terrence Blaschke 合著〈藥物療法：遵照指示服藥〉，《新英格蘭醫學期刊》三五三卷五期（二〇〇五年），頁四八八〔'Drug Therapy: Adherence to Medication', *New England Journal of Medicine*, Volume 353, Number 5 (2005), p. 488〕。

10 Thomas Goetz 著〈駕馭回饋圈的力量〉，《*Wired*》二〇一一年六月十九日（'Harnessing the Power of Feedback Loops', *Wired*, 19 June 2011）。

11 Jane McGonigal 著《遊戲改變世界》，頁六三。

12 根據二〇〇三年 OECD 報告〈明日世界的問題解決法——從「學生能力評量計畫」第一次評估跨課程學習能力〉（'Problem Solving for Tomorrow's World – First Measures of Cross-Curricular Competencies from PISA'）。

14 演化：我們到了嗎？

1 關於查加斯病的所有事例和數據，都是由智利衛生部環境衛生局病媒防治主任 Alonso Parra Garcés 所提供的文件和評論。

2 關於國際間的數據是由日內瓦世界衛生組織研究查加斯病的專家 Pedro Albajar Viñas 所提供。

3 來自 John Gottmam 在《讓婚姻奏效七原則》（*The Seven Principles for Making Marriage Work*, London: Orion, 2007）一書中所做的研究。

4 Charles Fishman 著〈這是一場行銷革命〉，《*Fast Company*》一九九九年四月三十日（'This Is a Marketing

Revolution', *Fast Company*, 30 April 1999）。

5 David Goldman 著〈前谷歌員工說 Google+ 毀了公司〉，《*CNNMoney Tech*》二〇一二年三月十四日（'Ex-Google Employee says Google+ Has Ruined the Company', *CNNMoney Tech*, 14 March 2012）。

6 Tim Harford 著〈正面的黑天鵝〉，《*Slate*》，二〇一一年五月十七日（'Positive Black Swans', *Slate*, 17 May 2011）。

結語　慢速修正未來

1 根據世界觀察研究中心（Worldwatch Institute）的 Gary Gardner 所做的報告。

2 更多詳情參見 http://longnow. org/clock/。

3 歐諾黑在前一本書《慢活》（*In Praise of Slow* ,London：Orion, 2004）做了相關探討。也請進入底下相關網站參考：www. carlhonore.com 與 www.slowplanet.com。

4 Frank Partnoy 著《等待：拖延的實用技藝》(倫敦 Profile 出版社，二〇一二年），頁九九－一〇〇〔*Wait: The Useful Art of Procrastination* (London：Profile, 2012), pp. 99-100〕。

參考資料

在研究解決問題這門藝術的過程中，我閱讀了許多書籍、部落格、文章與學術論文。我把比較重要的一部分列在底下。

Butler-Bowdon, Tom. *Never Too Late To Be Great: The Power of Thinking Long.* London: Virgin Books, 2012.

Cain, Susan. *Quiet: The Power of Introverts in a World That Can't Stop Talking.* London: Viking, 2012.

Chang, Richard Y. and Kelly, Keith. *Step-By-Step Problem Solving: A Practical Guide to Ensure Problems Get (And Stay) Solved.* Irvine: Richard Chang Associates, 1993.

Collins, Jim. *Good to Great: Why Some Companies Make the Leap... and Others Don't.* London: Random House, 2001.

Collins, Jim. *Good to Great and the Social Sectors*. London: Random House, 2006.

Edwards, David. *Artscience: Creativity in the Post-Google Generation.* Cambridge, MA: Harvard University Press, 2008.

Edwards, David. *The Lab: Creativity and Culture.* Cambridge, MA: Harvard University Press, 2010.

Fraenkel, Peter. *Sync Your Relationship: Save Your Marriage*. New York: Palgrave MacMillan, 2011.

Gawande, Atul. *The Checklist Manifesto: How to Get Things Right.* London: Profile, 2010.

Gladwell, Malcolm. *Blink: The Power of Thinking without Thinking.* London: Allen Lane, 2006.

Gladwell, Malcolm. *Outliers: The Story of Success*. London: Allen Lane, 2008.

Heath, Chip and Dan. *Made to Stick: Why Some Ideas Survive and Others Die*. New York: Random House, 2007.

Hewitt, Ben. *The Town That Food Saved: How One Community Found Vitality in Local Food.* New York: Rodale, 2009.

Howe, Jeff. *Crowdsourcing: How the Power of the Crowd Is Driving the Future of Business*. London: Random House, 2008.

Johnson, Steven. *Where Good Ideas Come From: The Natural History of Innovation*. London: Allen Lane, 2010.

Jones, Morgan D. *The Thinker's Toolkit: 14 Powerful Techniques for Problem Solving*. New York: Three Rivers Press, 1995.

Kay, John. *Obliquity: Why Our Goals Are Best Achieved Indirectly.* London: Profile, 2010.

Kay, John. *The Hare and The Tortoise: An Informal Guide to Business Strategy*. London: Erasmus, 2010.

Klein, Gary. *Sources of Power: How People Make Decisions.* Cambridge, MA: MIT Press, 1999.

McGonigal, Jane. *Reality Is Broken: Why Games Make Us Better and How They Can Transform the World.* New York: Penguin, 2011.

Micklus, Dr Sam. *The Spirit of Creativity*. Sewell: Creative Competitions, 2006.

Neustadt, Richard E. and May, Ernest R. *Thinking in Time: The Uses of History for Decision Makers*. New York: Free Press, 1986.

Partnoy, Frank. *Wait: The Useful Art of Procrastination*. London: Profile, 2012.

Pink, Daniel. *Drive: The Surprising Truth about What Motivates Us*. London: Canongate, 2010.

Roam, Dan. *The Back of the Napkin: Solving Problems and Selling Ideas with Pictures*. London: Marshall Cavendish, 2009.

Robertson, Ian S. *Problem Solving*. Hove: Psychology Press, 2001.

Ridley, Matt. *The Rational Optimist*. London: Fourth Estate, 2010.

Rosenberg, Tina. *Join the Club: How Peer Pressure Can Transform the World.* New York: W.W. Norton & Company, 2011.

Schulz, Kathryn. *Being Wrong: Adventures in the Margin of Error.* London: Portobello, 2010.

Shirky, Clay. *Here Comes Everybody: How Change Happens When People Come Together.* London: Allen Lane, 2008.

Silard, Anthony. *The Connection: Link Your Deepest Passion, Purpose and Actions to Make a Difference in the World.* New York: Atria Books/Beyond Words, 2012.

Steel, Dr Piers. *The Procrastination Equation: How to Stop Putting Things Off and Start Getting Things Done*. Harlow: Pearson Education, 2011.

Surowiecki, James. *The Wisdom of Crowds*. New York: Anchor, 2004.

Thaler, Richard H. and Sunstein, Carl R. *Nudge: Improving Decisions about Health, Wealth and Happiness*. London: Penguin, 2008.

Watanabe, Ken. *Problem Solving 101: A Simple Book for Smart People*. New York: Penguin, 2009.

Whybrow, Peter. *American Mania: When More Is Not Enough.* London: W.W. Norton & Company, 2005.

致謝

這是一本難寫的書，不得不仰賴許多人的大力幫忙。

一如既往，我的經紀人派屈克・瓦許（Patrick Walsh）以他慣常的魅力、智慧和商業敏銳度推動這本書的進展。我有幸有一個了不起的編輯團隊：英國 HarperCollins 的 Jamie Joseph 和 Iain MacGregor、舊金山 HarperOne 的 Gideon Weil，以及加拿大 Random House 的 Craig Pyette，他們的耐心、想像力和熱情是天賜的禮物。也非常感謝校訂編輯 Steve Dobell 和 Diana Stirpe 幫我修飾文字。

我要謝謝這本書最早的讀者，包括 Annette Kramer、Peter Spencer、Jane McGonigal、Anthony Silard、Geir Berthelsen 和 Benjamin Myers，他們的意見幫助我構思這本書。我要特別感

謝我的老朋友 Thomas Bergbusch 協助爬梳整理手稿。他的絕招是把我逼瘋，又強迫我進一步雕琢我的想法。

我很幸運能說服 Cordelia Newlin de Rojas 與我一路同行。她是完美的研究者：聰明、有說服力、謹慎、觸類旁通、堅持、眼光銳利、有創意，而且能很快看出事物的趣味之處。她也是敏銳且能慷慨分享的讀者。當我們不想再討論慢速解決法，我們就會聊一下美食。少了她，這本書會截然不同。

當然，如果沒有世界各地的許多人爲了我的研究與我交談，這本書也不可能存在。我眞心感謝他們每一位願意花時間分享他們的故事和洞見——同時還得忍受我無止境地追問問題並確認資料。即使是這本書裡沒提到的一些人，也提供了解謎的寶貴資訊。我還要謝謝許多協助安排我在世界各地參訪的人。特別是 Douglas Weston、Henry Mann、María Teresa Latorre、Alonso Parra 和 Park Yong-Chui。

我也要感謝我父母的協助，讓我的這本書能夠成形。我的母親非常注重語意和文法，每次我準備開始寫作，耳邊彷彿都會傳來她的訓誡。然而和以往一樣，我最深的感謝要獻給我的愛侶 Miranda France。

國家圖書館出版品預行編目資料

快不能解決的事／ Carl Honoré 著；謝樹寬譯．
-- 初版． -- 臺北市：大塊文化， 2013.05
面；　　公分．--（from ；90）
譯自：The slow fix : solve problems, work smarter, and live better in a world addicted to speed
ISBN 978-986-213-437-5（平裝）

1. 思考　2. 時間管理

176.4　　102006665

LOCUS

LOCUS